安徽教育评估实证研究

汪开寿　武庆鸿　林禄明　等著

合肥工业大学出版社

图书在版编目(CIP)数据

安徽教育评估实证研究/汪开寿等著．—合肥：合肥工业大学出版社，2014.4
ISBN 978-7-5650-1724-7

Ⅰ.①安…　Ⅱ.①汪…　Ⅲ.①教育评估—研究—安徽省　Ⅳ.①G40-058.1

中国版本图书馆 CIP 数据核字(2014)第 004552 号

安徽教育评估实证研究

汪开寿　武庆鸿　林禄明　等著　　　　责任编辑　朱移山　霍俊樯

出　版	合肥工业大学出版社	版　次	2014 年 4 月第 1 版
地　址	合肥市屯溪路 193 号	印　次	2014 年 8 月第 1 次印刷
邮　编	230009	开　本	787 毫米×1092 毫米　1/16
电　话	总　编　室：0551-62903038	印　张	16.5
	市场营销部：0551-62903198	字　数	391 千字
网　址	www.hfutpress.com.cn	印　刷	安徽联众印刷有限公司
E-mail	hfutpress@163.com	发　行	全国新华书店

ISBN 978-7-5650-1724-7　　　　定价：48.00 元

前　言

《中华人民共和国教育法》规定，国家实行学校及其他教育机构教育评估制度。我国的教育实践证明教育评估对促进学校发展、提高教学质量，深化教育改革具有重要作用。近年来，国家对教育评估工作越来越重视。《国家中长期教育改革与发展规划纲要（2010—2020年)》和《国家教育事业发展第十二个五年规划》分别提出，要“完善教育质量监测评估体系”，“分门别类建设一批教育教学质量监测评估专门机构”。“深入推进管办评分离，委托社会组织开展教育评估监测”已被写入《中共中央关于全面深化改革若干重大问题的决定》。

安徽省教育评估中心2007年经省编办批复成立，2010年正式挂牌运行。几年来，开展了内容丰富的教育评估实践活动，成功组织了涉及各级各类教育项目的评估工作，并在多年评估实践的基础上，深入开展教育评估科学研究，拟订了一系列教育评估指标体系和评估方案，大多数已运用于安徽省的教育评估工作。为了更好地进行工作总结，促进交流学习，我们对近年来省教育评估中心承担的省级教学研究重大委托项目、研发的教育评估指标体系和撰写的部分评估报告进行了梳理汇总，形成了这本《安徽教育评估实证研究》。书中教育评估指标体系的范围涉及基础教育、中等职业教育和高等教育等多个领域。为了便于读者准确理解教育评估指标体系，部分评估指标体系增加了说明与背景介绍。

在项目研究和评估指标体系研发过程中，得到了委厅领导和有关处室的大力支持和精心指导，吸取了来自方方面面专家的宝贵意见和国内外有关专家学者的研究成果。合肥工业大学出版社和本书责任编辑朱移山博士在本书统稿、修改、编排方面做了大量的工作。在此，向所有参与和支持这项工作的领导和同志们一并表示感谢。尽管我们做了不懈努力，但书中难免有错误和疏漏之处，敬请各位读者谅解。

作　者

2014年4月

目　录

省级教学研究委托重大项目

教育评估指标体系研发

评　估　报　告

省级教学研究委托重大项目

安徽省普通本科高校审核评估方案研制

导　语

2003 年到 2008 年，教育部开展了我国高等院校本科教学工作水平评估，确立了“以评促建，以评促该，以评促管，评建结合，重在建设”的评估方针。为做好新一轮评估工作，教育部 2011 年出台了《关于普通高等学校本科教学评估工作的意见》（教高〔2011〕9 号），提出：“建立健全以学校自我评估为基础，以院校评估、专业认证及评估、国际评估和教学基本状态数据常态监监测为主要内容，政府、学校、专门机构和社会多元评价相结合，与中国特色现代高等教育体系相适应的教学评估制度”，“院校评估包括合格评估和审核评估。合格评估的对象是 2000 年以来未参加过院校评估的新建本科学校；审核评估的对象是参加过院校评估并获得通过的普通本科学校。”

新一轮审核评估的突出特点是“管办评分离”的原则。教育部〔2011〕9 号文件中明确要求：“按照中央和省级政府两级分工负责以及‘管办评分离’的原则，形成科学合理、运行有效的评估工作组织体系。”具体而言就是“中央部委所属院校的审核评估由教育部高等教育教学评估中心负责实施；地方所属院校的审核评估由各地具备条件的专门评估机构负责实施。”

2013 年，安徽省在全国率先开展审核评估试点，完成了对安徽科技学院和皖西学院本科教学工作审核评估的试点工作；同时委托安徽省教育评估中心开展省级教学研究重大项目：安徽省普通本科高校审核评估方案研制（课题编号：2012jyzd05w）工作。

安徽省普通高等学校本科教学审核评估工作规程

为做好安徽省普通高等学校本科教学审核评估工作，根据教育部《关于普通高等学校本科教学评估工作的意见》（教高〔2011〕9号）和教育厅《关于普通高等学校本科教学评估工作的实施意见》（皖教高〔2012〕3号）等有关规定，结合安徽省实际，制定本规程。

第一部分　评估的组织与实施

一、评估组织

（1）省教育厅评估中心负责组织省属普通本科院校审核评估工作，实施对评估的宏观管理与指导。

（2）省教育厅评估中心根据本科教学审核评估实施方案制定相关工作指南，并充分依靠专家组织实施具体评估工作。

（3）省教育厅评估中心组织专家组进校考察，一般每年两批，进校考察时间一般为期4天。

（4）成立安徽省本科教学审核评估工作委员会。研究和讨论省属普通本科院校审核评估工作的重大问题，为省教育行政部门提供建议和咨询，向省教育行政部门提交评估工作书面考察报告。

（5）建立本科教学审核评估条件核查和评估回访机制，加强对评估院校的指导和检查。

二、评估程序

阶　段	内　　容	备　注
1. 学校申请	审核评估分2012年下半年、2013年、2014年和2015年四个时间段。符合审核评估条件的高校根据自身情况，申报参加审核评估的时间，教育厅根据申报情况统筹安排审核评估工作	

（续表）

阶　段	内　　容	备　注
2. 学校自评	各高校在准确理解本科教学审核评估相关文件精神、掌握实质内涵的基础上，认真总结教育教学改革与发展的思路、成果、经验和特色，对本科人才培养质量保障监控体系进行全面自查，找出存在的问题，提出解决问题的对策。完成学校教学基本状态数据库的填报，发布上一年度（或学年度）本科教学质量报告，形成学校自评报告等 各高校自评工作结束后，需向省教育行政部门提出要求接受专家进校考察的申请报告	
3. 学校提交材料	已确定接受评估的学校，在专家组进校前30天向省教育行政部门提交自评报告（含分项自评情况），“高等学校本科教学基本状态数据库”最新数据，学校“十二五”事业发展规划及配套子规划，近3年各专业学生志愿报考率、报到率、考研率、就业率等情况分析报告，学校上一年度本科教学质量报告	
4. 组建评估专家组	安徽省普通高等学校本科教学审核评估专家组（以下简称专家组）由熟悉本科教育教学及管理工作的专家，行业、企业、校外教育评估机构、省外专家等构成，专家组人数一般为9人（含秘书1人），外省专家不少于1/3。由省教育行政部门根据审核院校特点和规模、专业等情况，从评估专家库抽取专家组成，承担前期考察和实地考察评估任务。专家组成员名单提前7天通知审核学校	
5. 学校办学条件和教学状态分析与核实	由省教育评估中心成立审核评估前期考察小组，根据学校提交的教学基本状态数据库、自评报告、本科教学质量报告等有关材料，对学校的基本办学条件（指标应达到教育部《普通高等学校基本办学条件指标（试行）》（教发〔2004〕2号）规定的合格标准）、本科教学状态等情况进行分析和现场考查核实，形成分析报告和初步审查意见，确定学校是否具备审核评估基本条件。若学校办学条件达不到教育部合格评估办学指标要求，则暂停评估；待办学条件达标后，再组织专家进校考察	
6. 专家现场考察评估	专家组在审核学校提交的各项材料基础上，通过深入访谈、听课、查阅相关原始材料、召开座谈会、现场考察等形式，全面了解学校教学工作情况，重点考察学校办学定位与社会需求的符合度，高校四项职能对办学定位的支撑度，人才培养各环节之间的吻合度，教学资源对人才培养的保障度，学生、社会和政府对人才培养的满意度，以及人才培养质量保障体系建设及运行状况，学校深化本科教学改革的措施及成效等。考察结束后，专家组将考察意见及时反馈给学校，同时将专家组考察意见和考察报告上报省教育行政部门和普通本科院校本科教学审核评估委员会	

（续表）

阶　段	内　　容	备　注
7. 学校整改	学校根据专家组审核评估报告中提出的相关问题及改进建议，开展整改工作。评估结束1个月以内，学校将整改方案报省教育行政部门备案	
8. 审议专家组考察结论	专家组进校考察结束后，形成写实性的专家组考察评估报告，提交评估专家委员会审议。专家组考察评估报告重在分析学校办学思路与定位、“三个地位”落实情况、“五个度”的落实情况、内部质量保障体系建设情况、本科教学工作存在的主要问题，提出改进建议	
9. 公布评估结论	评估专家委员会召开会议审议专家组考察评估报告，向省教育行政部门提出审核评估报告，由省教育行政部门审定后予以公布	

三、评估结论及其使用

（一）评估结论

审核评估结论不分等级，主要分析评估院校在办学中取得的成绩与特色、存在的主要问题和需要改进的地方，提出整改意见和建议。

（二）结论使用

省教育行政部门对评估院校的整改工作进行指导和检查。评估院校整改期限为一年，整改结束后，需向省教育行政部门提交整改报告，省教育行政部门将视整改情况组织专家到审核院校进行回访。

对不能如期完成整改工作的，省教育行政部门将采取系统内通报、限制各级各类项目申报数、减少招生计划数、暂停申报新设本科专业、暂停申报硕士学位（博士学位）授权点等措施，促使其尽快完成整改工作，努力提高人才培养质量。

第二部分　学校自评与材料准备

一、自评要求

学校要认真学习教育部《关于普通高等学校本科教学评估工作的意见》（教高〔2011〕9号）和教育厅《关于普通高等学校本科教学评估工作的实施意见》（皖教高〔2012〕3号）等有关评估文件精神，准确理解和把握开展普通高等学校本科教学审核评估的精神实质，坚持“以评促建，以评促改，以评促管，评建结合，重在建设”的方针，通过评估，认真总结学校教育教学改革与发展的思路、成果、经验和特色，进一步明确办学目标和定位，加强学校的教学基本建设，深化教育教学改革，促进各项管理工作的规范，建立人才培养质量自我保障和监控机制，不断提高人才培养工作水平。学校自评结束后，要对人才培养工作作出基本判断，找出存在的主要问题，提出解决的对策，形成自评报告。

二、状态数据及资料准备

1. 高等学校本科教学基本状态最新数据。

2. 本科教学质量报告。

3. 自评报告。要实事求是，简明扼要，重点突出，并客观、全面、综合地反映学校教学工作和教育教学质量。内容主要包括：

(1) 学校办学定位与办学思路；

(2) 高校办学定位与社会需求的符合度；

(3) 科学研究、社会服务、文化传承创新职能对人才培养的贡献度；

(4) 高校人才培养目标、方案、教学运行、质量及质量监控各环节与定位的吻合度；

(5) 高校师资队伍、教学仪器设备、实践教学基地、图书资料等教学资源对教学水平的保障度；

(6) 学生、社会、用人单位、政府对教学质量的满意度；

(7) 存在主要问题和改进措施（篇幅不少于三分之一）。

4. 根据评估项目、内容、要素、参考要点整理近3年相应原始资料备查，保证资料与数据的原始性、真实性和实时性。

第三部分　专家组现场考察评估

一、评估专家组

1. 专家组的工作职责和具体任务

(1) 了解学校自评工作情况，对审核学校提交的自评材料进行审阅，与学校充分交流，对学校提交的各项材料进行深入分析，确定现场考察内容。

(2) 通过深度访谈等途径和方法，对学校构建人才培养质量保障体系进行现场考察，准确掌握学校人才培养工作的实际情况。

(3) 以掌握的实际情况为基础，通过充分讨论，对学校人才培养情况，以及人才培养质量保障体系进行系统分析，肯定成绩，找出问题，提出改进意见，形成考察评估反馈意见，并与审核学校及其主管部门交换意见。

(4) 按照审核评估范围对学校人才培养工作进行评定，并向省教育行政部门提交书面考察评估工作报告和评估相关材料。

2. 专家组成员守则

(1) 专家组受省教育厅评估中心委派，对省教育行政部门负责。按照独立、公平、公正的原则，严格坚持标准，坚决排除来自外界的各种干扰，讲究客观证据，注重了解实际。

(2) 尊重学校办学自主权，不干预、不介入学校内部事务。在与审核院校交换意见时，尽可能具体地提出问题，并提出改进的意见和建议。

(3) 与学校密切合作，相互配合、平等交流，共同完成审核评估任务。

(4) 坚持廉洁自律，专家之间要互相尊重、密切配合、团结协作，不搞特殊化。

(5) 自觉接受省教育行政部门和社会以及评估学校的监督，努力改进评估工作。

二、评估专家组成员分工

专家组人数一般为 9 人，设组长 1 名、副组长 1 名、秘书 1 人。

1. 专家组组长的职责

专家组组长全面负责、领导专家组工作，副组长协助组长工作。组长的职责是：

(1) 主持专家组工作，就评估工作和结果对省教育行政部门全面负责。

(2) 制定前期考察和现场考察工作计划、日程安排和专家组成员内部分工安排，负责与学校联系协商有关事宜，并负责组织实施。

(3) 召集全体成员会议，交流情况，按照评估范围进行评定。

(4) 组织撰写对学校的考察评估反馈意见，经过全体会议讨论通过后代表专家组向学校和省教育行政部门反馈总体考察意见，组织专家组成员搞好个人发言。认真听取学校和学校主管部门对考察意见的反映。

(5) 组织撰写向省教育行政部门提交的现场考察评估工作报告，对考察评估反馈意见的准确性全面负责。

2. 专家组成人员分工

专家组每位成员都要尽量获取直接相关的主要信息，并按规定对评估各项要素评定结论。

专家组成员原则上分成三个小组：

第一小组（组长所在组）主要负责考察高校办学定位与社会需求的符合度，学生、社会、用人单位、政府对教学质量的满意度；

第二小组（副组长所在组）主要负责考察高校人才培养、科学研究、社会服务、文化传承创新对办学定位的支撑度，高校师资队伍、教学仪器设备、实践教学基地、图书资料等教学资源对教学水平的保障度；

第三小组主要负责考察高校人才培养目标、方案、教学运行、质量及质量监控之间的吻合度。

为避免因分工而带来的视角偏差，专家组内部应加强沟通和协作。实地考察时，可根据具体情况进行调整。

3. 专家组秘书

评估秘书是受评估机构委派，在普通高等学校本科教学工作审核评估专家组进校考察期间协助专家组高质高效完成各项评估考察工作的专家组工作人员。

(1) 要求与职责

秘书是专家组工作人员，主要职责是做好专家组服务及与学校的沟通协调工作。在评估期间受专家组组长的领导，做好各项工作。秘书不参与评估各项结论的评议，不承担《审核评估报告》的撰写工作。秘书要做好评估材料的归档整理，对涉及的学校和专家组的各种评估信息做好保密工作。

(2) 任职条件

有较为丰富的高教工作经验；熟悉评估工作；工作积极主动、严谨认真；具有较强的沟通能力和服务意识。

(3) 秘书工作的内容

① 进校考察前做好准备工作。做好专家组进校前的各项准备工作：进校前一周内确认专家组内各位专家的联系方式，做好通讯录并发给各位专家，方便专家组内的联系；进校前3天向专家组专家确认到达时间；与学校联系做好接站工作。

② 进校考察期间做好专家组、学校、评估机构之间的沟通和服务工作。在正式考察前一天抵达参评学校，查看专家工作条件及会议室，打印相应的文件及表格。在评估期间秘书要主动、细致地关心专家的身体健康和生活，保证专家考察活动的顺利完成。

准备好相关材料（预备会时发给专家）：专家组联络表、考察工作整体安排、各种考察用表（各种活动通知单、各种评价表），做好预备会的记录及服务工作。

做好每日的会议纪要。根据专家各自的工作安排及填写的“专家考察工作通知单”，汇总协调专家第二天工作安排，需要提前告知学校的应提前通知学校进行相应的安排和准备，事先协调好专家用车等问题。应注意专家的个人安排和集体活动有无时间和空间上的重复和脱节。将专家个人的每日考察活动于第二日一早交给各位专家。

根据组长的指示，随时进行组内的沟通协调；做好与学校及时沟通，确认专家调阅材料的到位情况，出现情况及时反馈。

做好各种考察材料、评审意见、专家评估结果等材料的收集、汇总和统计工作。

按照标准为每位专家发放评审费并进行登记，评审费发放表需要由专家及秘书签字后存档。

确认每位专家的返程时间并根据专家的要求与学校协调，及时订好返程票，确认学校的送站工作。

离开学校前，提醒专家注意删除计算机中全部与评估有关的文档材料。

③ 进校考察后期，应在规定时间内将归档材料整理好上报评估机构。完成专家组离校后有关工作。

④ 资料保管和保密工作。对参评学校评估背景材料要妥善保管，用毕归还学校；妥善保管反映参评学校评估结果的所有材料和表格；妥善保管各种会议记录和各种统计分析结果；离开学校前，注意删除秘书计算机中的全部与评估有关的文档材料；对专家组进校考察的讨论、评价和结论保密。

三、评估工作的安排

1. 现场考察评估前的准备工作

(1) 组织开展专家培训，认真学习有关评估文件，熟悉《教育部关于普通高等学校本科教学评估工作的意见》《关于普通高等学校本科教学评估工作的实施意见》《安徽省普通高等学校本科教学审核和评估工作指南（试行）》，准确理解和把握评估指标的内涵、关键点和重点考察内容。

（2）对学校上报的自评报告、自评材料、评估内容等材料进行认真审核分析，拟定考察提纲。

（3）秘书提前与学校做好联系，做好评估工作的各项准备工作。

（4）专家组组长要提前草拟考察评估工作计划和具体的日程安排，根据专家和审核学校的特点，提出个性化分工建议、考察重点和注意事项，供专家组预备会议讨论决定。考察评估的具体日程安排，应与审核学校协商确定。

（5）专家组考察前要开好预备会议，统一认识，对工作日程和分工做出详细的安排，并提出具体要求。

2. 学校办学条件和教学状态分析与核实

专家组组长牵头，从进校专家组人员中抽调3名左右专家，成立审核评估前期考察小组，根据学校提供的材料和现场考察，参照教育部合格评估办学条件指标和本科教学状态等情况对学校的基本办学条件进行分析和现场考查核实。

（1）初步确定学校的办学条件是否达到教育部合格评估办学要求；

（2）初步审查学校审核评估相关材料准备是否齐备；

（3）对学校本科教学状态进行分析和现场考查；

（4）形成分析报告和初步审查意见，确定专家是否进校考察。

3. 现场考察评估

专家的现场考察是在学校自我评价和前期办学条件和教学状态分析与核实的基础上，根据学校提供的自评报告、本科教学质量报告、教学基本状态数据等材料，进一步印证、补充、复核学校教学工作的信息、资料与数据，对学校本科教学工作水平进行判断。

专家组现场考察评估时间为4天，须完成以下环节的考察评估任务：

（1）听取学校自评情况的汇报（不超过30分钟）。

（2）实地考察。

（3）查阅原始资料。

（4）专业剖析。

（5）深度访谈。

（6）根据需要和审核学校的实际情况，灵活开展听课、访谈或召开座谈会等工作。

（7）专家组全体会议和工作小结。在各位专家汇报基础上，经过民主讨论，形成专家组对学校的考察评估反馈意见。

（8）召开考察评估情况通报会。由专家组组长代表专家组向学校及省教育行政部门反馈考察评估总体意见，每位专家发表个人的意见和建议，并听取学校和省教育行政部门的意见。

（9）有关评估材料整理及归档工作。

四、现场考察评估工作的方法和要求

1. 实地考察：除参观学校基础设施和实训基地外，根据要求有针对性地对校园文化、秩序、教风、学风、校风、教师教研和学生课内外学习活动等方面进行观察，获得相关信息。

2. 查阅资料：除学校上报的自评报告和相关材料外，主要查阅学校提供的各项主要信息材料（原始材料）。若信息量不够或遇到不清楚的问题，可另向学校索要相关资料查阅，也可请相关部门负责人作进一步解释说明。对学校提供的材料中出现矛盾或不一致的地方，要仔细认真核对。

3. 深度访谈：专家根据学校的实际情况，拟定访谈提纲，提纲包括访谈主题、访谈目的、访谈对象和访谈要点等。

4. 专业剖析：由专家组在征求学校意见的基础上确定3～5个最能体现学校建设理念、建设思路、建设水平的特色专业，进行重点剖析。听取专业带头人汇报（不超过20分钟），召开专业教师和学生座谈会，根据需要查阅相关资料、听课、访谈等。

5. 听课、个别访谈、座谈会等：专家根据需要，可以按学校的当日课表随机选择听课，约请学校领导、中层管理干部、学生、教职工进行个别访谈，可就专业建设或其他有关问题召开座谈会。

五、考察评估反馈意见和考察评估工作报告

1. 考察评估反馈意见

在考察评估工作结束前，经专家组集体讨论形成对审核学校的考察评估反馈意见，在考察评估情况通报会上，每一位专家就自己考察的主要观测点和要素进行反馈，专家组组长向学校进行总体反馈。

考察评估反馈意见的内容包括：

（1）考察评估工作概况；

（2）对学校评估工作的总体印象；

（3）学校人才培养工作的主要成效；

（4）“五个度”对提高人才培养质量的保障情况；

（5）学校人才培养工作存在的主要问题和改进工作的建议；

（6）向学校主管部门提出的有关建议。

2. 审核评估工作报告

专家组审核评估报告由组长综合汇总成员个人考察评估报告基础上形成，重点就考察学校办学条件、本科教学质量与办学定位、人才培养目标的符合度、学校内部质量保障体系建设及运行状况、学校深化本科教学改革的措施及成效等，并对学校人才培养目标与培养效果达成度的总体情况作出判断和评价，形成写实性的审核评估报告。其主要内容一般可包括学校教学工作值得肯定、需要改进和必须整改的方面以及建议等内容。撰写审核评估工作报告，应注意内容的真实性、一致性、简明性，审核评估报告总体篇幅要求在5000字左右，其中对改进和整改的内容及整改建议需达到总字数的1/2。其内容一般可包括以下四个组成部分：

（1）总体情况：简要描述专家考察评估工作概况，学校对评估的重视程度、对评估的态度和评估工作的指导思想以及以评促改、评建结合的情况和成果。

（2）主要成绩：肯定学校在教学改革和建设等方面所取得的成绩，指出学校办学的主要特点，教学工作的中心地位、教学改革的核心地位、教学建设的优先地位的落实情况，

人才培养质量自我保障和监控机制。避免形式主义，不停留在一般性的肯定上，应该具有促进参评学校继续保持和发扬成绩的激励作用和针对性。

（3）需改进和整改的内容。要准确抓住影响参评学校改革、建设、发展以及人才培养质量提升方面存在的突出问题，进行必要的分析，避免成为表面现象的简单罗列。

（4）提出的建议。改进建议要有较强的针对性，并对参评学校的整改工作具有指导作用，切实体现教学工作评估的“把脉开方”功能。

六、评估纪律

评估工作严格执行国家和省教育行政部门关于加强高等学校教学评估工作纪律的各项规定，特别应遵守以下纪律要求：

1. 专家组成员要坚持评估原则和要求，客观、公平、公正地进行评估，廉洁自律，自觉抵制社会不良风气的干扰，对有碍评估工作公正性、严肃性的不正当做法，应予以抵制并向上级部门反映。

2. 专家食宿由学校统一安排，须经专家组组长审核同意。学校对专家组的接待应简朴、节俭、注重实效，坚决反对铺张浪费、形式主义。不搞礼仪迎送，不搞开幕式，不搞任何形式的汇报演出，不送礼品和额外酬金。专家组一律住校内招待所，在校内就餐（须安排1～2次到学生食堂就餐）。如学校无招待所，应就近安排专家住宿。不得宴请专家、安排旅游。专家交通用车和相关工作人员配备必须从简安排，不配专车和专门秘书。

3. 省教育行政部门在组织评估过程中，对审核院校和专家组成员严格纪律要求，对有违反评估纪律的应及时严肃处理。

安徽省普通高等学校本科教学工作审核评估要点

项目	内容	评估要素	评估参考要点	备注
1. 定位	重点考察办学定位与社会需求的符合度	1.1 学校的办学定位与思路	(1) 学校办学定位与目标的确定依据 (2) 学校出台的与办学定位以及办学特色有关的重要文件与规章制度	
		1.2 学校事业发展规划及子规划	(1) 学校事业发展规划及子规划 (2) 办学定位在学校发展规划中的体现 (3) 学校人才培养总目标及确定依据	
		1.3 学校学科专业（尤其是优势特色学科专业）与地方行业、产业的关系	(1) 各专业建设情况 (2) 各专业人才培养目标、标准及确定依据 (3) 学校发展规划与本区域有关规划的关联度 (4) 学校专业发展与专业设置对接地方产业、行业发展需求情况分析	
2. 职能	重点考察人才培养、科学研究、社会服务、文化传承创新对办学定位的支撑度	2.1 四大职能关系处理	(1) 学校在四大职能关系处理上的有关政策和执行情况	
		2.2 三个地位的落实情况	(1) 学校落实三个地位的政策措施 (2) 学校在人、财、物、政策等方面落实三个地位的体现与成效	
		2.3 其他职能对办学定位和人才培养的支撑	(1) 科学研究、社会服务、文化传承创新促进人才培养措施与成效 (2) 科研在促进教学工作方面的政策举措 (3) 学校鼓励学生参与科研工作的有关规定	
		2.4 奖惩机制和制度建设对办学定位的支撑	(1) 学校引导教师投入教学奖励制度与执行情况 (2) 学校科研奖励制度建设与执行情况 (3) 学校加强教风、师德师风、学风建设举措及执行情况	

（续表）

项目	内容	评估要素	评估参考要点	备注
3. 过程	重点考察人才培养目标、方案、教学运行、质量及质量监控之间的吻合度	3.1　培养方案及执行情况	（1）各专业人才培养方案 （2）人才培养方案修订与执行情况	
		3.2　课程建设对人才培养的支撑情况	（1）课程建设规划与执行 （2）课程的数量、结构及建设 （3）课程教学大纲的制定与执行情况 （4）教材建设与选用	
		3.3　教学研究与改革	（1）教学研究与改革的主要做法 （2）教学改革的总体思路及保障措施 （3）教学内容、方法与手段、考试等改革 （4）教学改革的示范性与应用性	
		3.4　教学管理情况	（1）学校教学管理制度建设 （2）教学管理队伍建设情况	
		3.5　学生毕业（学位授予）、转专业、淘汰情况	（1）近 3 年学生毕业率、学位授予率分析 （2）近 3 年学生转专业、辅修专业开展情况	
		3.6　教学质量监控与保障	（1）主要教学环节质量标准建设与执行情况 （2）质量保障体系的组织、制度建设 （3）教学质量监控与保障队伍建设 （4）质量监控的过程与实施效果 （5）教学质量监控信息的统计、分析、反馈 （6）教学状态数据库建设与年度质量报告	
4. 资源	重点考察师资队伍、教学仪器设备、实践教学基地、图书资料等教学资源对人才培养的保障度	4.1　教师数量、结构、水平与趋势	（1）全校及各专业师资队伍的数量与结构 （2）师资队伍建设规划及发展态势 （3）专任教师的专业水平与教学能力 （4）提升教师教学能力、专业水平和服务教师职业生涯发展的政策措施 （5）教授、副教授为本科生上课情况 （6）学校支持教师开展教研、教改政策及执行情况 （7）近 3 年实践教学队伍数量与结构 （8）学校师德师风建设措施与效果	
		4.2　教学设施、图书、设备投入与利用	（1）实验设备和实验用房等教学设施满足教学需要情况 （2）教学、科研设施的开放程度及利用率 （3）图书资料数量、结构与使用情况	

（续表）

项目	内容	评估要素	评估参考要点	备注
4. 资源		4.3 教学经费投入与比重	(1) 教学经费投入及保障机制 (2) 学校教学经费年度变化情况 (3) 教学经费分配方式、比例及使用效益	
		4.4 实践教学建设与使用	(1) 实践教学体系建设与实践教学改革 (2) 实验教学与实验室开放情况 (3) 实习实训、社会实践、毕业设计（论文）的落实及效果 (4) 校内外实践教学基地建设与利用情况	
5. 质量	重点考察学生、社会、政府、用人单位对教学质量的满意度	5.1 学生报考、报到、就业及考研等情况	(1) 近3年学校总体生源状况 (2) 各专业生源数量及特征 (3) 近3年毕业生初次就业率与就业质量	
		5.2 学生对自我发展状况的满意度	(1) 近3年学生评教情况与分析 (2) 评教结果的处理与应用情况 (3) 第二课堂开展情况 (4) 学生对自我学习与成长环境的满意度	
		5.3 用人单位对人才培养质量的评价	(1) 用人单位对毕业生评价 (2) 学校对用人单位反馈意见的处理	
		5.4 社会对人才培养质量的评价	(1) 社会对人才培养质量的评价 (2) 学校对社会反馈意见的处理	
		5.5 政府对人才培养质量的评价	(1) 政府对人才培养质量的评价 (2) 学校对政府反馈意见的处理	

附件 1：

分项自评说明表

主要观测点		评估要素		自评结论	
主要做法及成效：					
不足及改进措施：					
有关情况说明及主要支撑材料：					

附件 2：

审核评估学校基本办学条件指标

一、五项基本办学条件指标要求

1. 全校生师比达到国家办学条件要求［注①］。

2. 专任教师中具有硕士学位、博士学位的比例≥50％。

3. 生均教学科研仪器设备值及新增教学科研仪器设备所占比例达到国家办学条件要求［注②］。

4. 生均藏书量和生均年进书量达到国家办学条件要求［注③］。

5. 生均教学行政用房面积达到国家办学条件要求［注④］。

［注①］［注②］［注③］［注④］参照教育部教发〔2004〕2 号文件限制招生的规定。

表一　基本办学条件指标：限制招生

学校类别	本科				
	生师比	具有研究生学位教师占专任教师的比例（％）	生均教学行政用房（平方米/生）	生均教学科研仪器设备值（元/生）	生均图书（册/生）
综合、师范、民族院校	22	10	8	3000	50
工科、农、林、医学院校	22	10	9	3000	40
语文、财经、政法院校	23	10	5	2000	50
体育院校	17	10	13	2000	35
艺术院校	17	10	11	2000	40

备注：

① 生师比指标高于表中数值或其他某一项指标低于表中数值，即该项指标未达到规定要求。

② 凡有一项指标未达到规定要求的学校，即被确定为限制招生（黄牌）学校。

③ 凡两项或两项以上指标未达到规定要求的学校，即被确定为暂停招生（红牌）学校。

④ 凡连续 3 年被确定为限制招生（黄牌）的学校，第三年即被确定为暂停招生（红牌）学校。

二、七项监测办学条件指标要求

表二　七项监测办学条件指标：合格要求

学校类别	本科							高职（专科）						
	具有高级职务教师占专任教师的比例（%）	生均占地面积（平方米/生）	生均宿舍面积（平方米/生）	百名学生配教学用计算机台数（台）	百名学生配多媒体教室和语音实验室座位数（个）	新增教学科研仪器设备所占比例（%）	生均年进书量（册）	具有高级职务教师占专任教师的比例（%）	生均占地面积（平方米/生）	生均宿舍面积（平方米/生）	百名学生配教学用计算机台数（台）	百名学生配多媒体教室和语音实验室座位数（个）	新增教学仪器科研设备所占比例（%）	生均年进书量（册）
综合、师范、民族院校	30	54	6.5	10	7	10	4	20	54	6.5	8	7	10	3
工、农、林、医学院校	30	59	6.5	10	7	10	3	20	59	6.5	8	7	10	2
语文、财经、政法院校	30	54	6.5	10	7	10	4	20	54	6.5	8	7	10	3
体育院校	30	88	6.5	10	7	10	3	20	88	6.5	8	7	10	2
艺术院校	30	88	6.5	10	7	10	4	20	88	6.5	8	7	10	3

备注：

① 凡教学仪器设备总值超过1亿元的高校，当年新增教学仪器设备值超过1000万元，该项指标即为合格。

② 凡折合在校生超过30000人的高校，当年进书量超过9万册，该项指标即为合格。

安徽省普通高等学校本科教学审核评估工作引导性问题

为了指导专家做好审核评估工作，设计了若干引导性问题。选择的引导性问题，一般围绕学校“在做什么？在如何做？效果如何？问题如何？如何改进?”五个方面展开。引导性问题起示范性作用，不具有限定性，可针对学校的具体情况结合学校特色，选择不同的引导性问题。

1 定 位

1.1 办学定位

(1) 学校的办学定位、办学理念、发展目标是什么？依据是什么？

(2) 学校教师、学生及校友对学校办学定位、办学理念、发展目标的认可度如何？

(3) 学校在办学定位、办学理念、发展目标的确定及其落实方面存在什么问题？

1.2 发展规划

(1) 学校发展规划如何体现办学定位、办学理念和发展目标？

(2) 学校发展规划与国家、省、区域有关规划的关系？

1.3 专业建设

(1) 学校专业建设规划的执行情况如何？建立了什么样的专业结构调整机制？

(2) 学校专业建设的成效如何？是否建成了若干能够彰显办学优势与特色、具备一定影响力的品牌专业？

(3) 新办专业的建设情况如何？其人才培养质量能否得到保证？

(4) 学校专业发展规划与专业设置对接地方产业、行业发展和满足地方发展情况如何？

2 职 能

2.1 四大职能

（1）学校是如何正确处理人才培养、科学研究、社会服务和文化传承与创新四大功能之间的关系的？

（2）人才培养在学校工作中的地位如何？有何政策与措施保障？

（3）学校领导是如何重视人才培养工作的？

2.2 三个地位的落实情况

（1）学校是如何确保本科教学中心地位、教学改革的核心地位、教学建设的优先地位的？

（2）学校在人、财、物、政策等方面是如何向本科教学倾斜的？

（3）学校是否形成了重视本科教学的文化氛围？如何体现的？

（4）学校各职能部门是如何服务教学的？

（5）学校在确保教学中心地位方面存在什么问题？如何改进的？

2.3 其他职能对办学定位和人才培养的支撑

（1）科学研究、社会服务、文化传承与创新是如何促进人才培养的？成效如何？

（2）科学研究、社会服务对促进教学质量提升的举措与成效如何？

（3）学校如何鼓励和支持学生参与科研和社会服务的？

2.4 奖惩机制

（1）学校建立了哪些切实有效的教学奖励制度？执行情况如何？

（2）教学奖励机制与科研奖励机制相比，那个措施更得力、效果更好？

（3）学校如何加强教风、师德师风、学风建设的？成效如何？

3 过 程

3.1 培养方案

（1）学校人才培养总目标是什么？是如何形成的？与学校办学定位的契合度如何？

（2）学校各专业人才培养目标是如何确定的？与学校人才培养总目标的关系如何？

（3）学校在制订各专业培养方案时，如何在人才培养目标、培养规格、课程设置等方面体现学校办学指导思想和实际需要的？

（4）学校在专业设置与调整，培养方案及其制订（修订）、执行等方面存在什么问题？如何改进的？

（5）学校师生对人才培养目标的理解和认可程度如何？

（6）学校在确定人才培养目标方面存在什么问题？如何改进的？

3.2 课程建设

（1）学校课程建设规划执行情况如何？课程建设取得了哪些成绩？

（2）学校课程总量多少？课程结构如何？实验实践课程比例是否符合培养目标的需要？

（3）学校的教材建设规划执行情况如何？如何保障所选用教材的先进性与适用性？使用优秀教材和境外原版教材的比例如何？

（4）学校在课程和教材建设等方面存在什么问题？如何改进的？

3.3 教学研究与改革

（1）学校教学改革的总体思路是什么？是否有切实可行的教学改革规划和具体实施方案？

（2）学校有哪些激励和促进广大师生积极参与教学改革研究与实践的政策与措施？执行情况及效果如何？

（3）学校在人才培养模式、教学内容与课程体系、教学方法与手段、教学管理等方面改革取得的成效如何？

（4）学校在教学研究与改革方面存在什么问题？如何改进的？

3.4 教学管理

（1）学校教学管理制度建设与执行情况如何？

（2）学校教学管理队伍数量、结构、素质和发展情况如何？

3.5 学生毕业

（1）近3年学生毕业率、学位授予率情况如何？

（2）学校是否建立了淘汰机制，执行情况如何？

（3）学校开设辅修专业情况，学生辅修情况如何？

3.6 质量监控与保障

（1）学校是否重视教学质量标准建设？形成了怎样的质量标准体系？

（2）学校教学质量保障的模式是什么？结构怎样？

（3）学校教学质量保障体系是否做到了组织落实、制度落实和人员落实？

（4）学校是否采取有效方式对教学全过程进行实时监控？

（5）学校是否建立了完善的评教、评学等自我评估制度？效果如何？

（6）学校是否形成了全员参与质量监控的良好氛围？

(7) 学校在质量监控与保障方面存在什么问题？如何改进的？

(8) 学校是否建立对能反映教学质量的信息进行跟踪调查与统计分析的制度？

(9) 学校在人才培养质量信息统计、分析、反馈与公开方面存在什么问题？如何改进的？

(10) 学校是否定期对教学质量存在的问题进行分析并制定改进的措施，效果如何？

4 资 源

4.1 教师数量、结构、水平与趋势

(1) 学校的生师比如何？学校专任教师的数量及结构如何（职称结构、年龄结构、学缘结构、学历结构等）？能否满足教学要求？发展态势如何？

(2) 学校各专业、各类型（教学、实验）主讲教师队伍的数量及结构如何（职称结构、年龄结构、学缘结构等）？能否满足教学要求？发展态势如何？

(3) 学校在鼓励教师教书育人及加强师德建设方面采取了哪些措施？效果如何？

(4) 学校是否建立了对教师教育教学水平的评价机制？效果如何？

(5) 学校教师在教育教学水平方面存在什么问题？如何改进的？

(6) 教师自觉履行教书育人职责及将主要精力投入本科教学工作的情况如何？

(7) 学校每学期主讲本科课程的教授、副教授分别占教授、副教授总数的比例如何？教授、副教授主讲本科课程占总课程的比例如何？

(8) 教师能否将自己的科研资源向本科生开放并将最新研究成果及学科前沿知识融入教学内容中？

(9) 教师参加教学研究、教学改革的情况、实际效果如何？

(10) 教师在专业建设（课程建设、教材建设、实验室建设等）方面发挥作用的情况如何？

(11) 学校教师队伍建设及发展规划落实情况如何？各二级教学单位是否有具体措施？效果如何？

(12) 学校在服务教师职业生涯发展方面特别是在关心青年教师成长、提升其业务水平和教学能力方面采取了哪些措施？效果如何？

(13) 学校在鼓励教师在职进修、提升学历及国内外学术交流等方面的政策措施情况、效果如何？

(14) 学校如何在教师岗位聘用、考核评价及薪酬分配方面向教学倾斜？

(15) 学校在关心与促进教师发展方面存在什么问题？如何改进的？

(16) 学校教师在教学投入方面存在什么问题？如何改进的？

(17) 学校师资队伍在上述方面存在什么问题？如何改进的？

4.2 教学设施投入与利用

(1) 学校的各类教学设施（实验室、课堂教学设施、辅助教学设施、图书馆等公共教

学设施）能否满足教学需要及学生自主学习要求？

（2）学校的教学、科研设施的开放程度如何？利用率如何？

（3）学校教学设施的建设与使用中存在什么问题？如何改进的？

4.3 教学经费

（1）学校投入本科教学的经费是多少？生均本科教学日常运行支出是多少？教学日常运行支出占经常性预算内事业费与学费收入之和的比例是多少？

（2）学校教学经费能否满足教学资源建设和日常教学运行的需要？是否建立了保障教学经费投入的长效机制？

（3）学校教学经费是如何分配的？是否有专门经费支持教学改革与大学生创新教育？是否有实践教学专项经费？是否将新增生均拨款优先投入实践教学？

（4）学校教学经费使用是否合理？是否进行年度经费使用效益分析？结果如何？

（5）学校在教学经费投入和经费使用效益上存在什么问题？如何改进的？

4.4 实践教学

（1）学校实践教学体系的建设思路是什么？如何推进实践教学改革的，效果如何？

（2）学校实习、实训基地建设情况？能否满足正常教学和人才培养需要？

（3）学校设计性、综合性实验开设与实验室开放及使用情况如何？

（4）学校科研实验室向本科生开放情况如何？

（5）学校是如何保障实习、实践环节的教学效果的？

（6）学校是如何保障毕业论文（设计）质量的？

（7）学校在实践教学方面存在什么问题？如何改进的？

5 质 量

5.1 学生报考、报到、就业及考研

5.2 学生自我发展

（1）学校为学生在学期间提供重新选择专业的政策如何？

（2）学校在人才培养工作中是如何体现以学生为本的理念的？

（3）学校建立了什么样的学生指导与帮扶体系？效果如何？

（4）学校学生辅导员和本科生导师（如果设置）在日常工作中如何指导和帮助学生成长成才的？效果如何？

（5）学校总体学习风气如何？学校在加强学风建设方面采取了什么样的政策措施？执行情况如何？

（6）学校采取什么措施收集学生对自我发展信息的反馈的？

（7）学生对教师教学质量的满意度如何？

（8）学生对教师（教学）评价如何？对学生的评价结果是如何使用的？

（9）学校建立了哪些与第一课堂紧密结合的多课堂联动的人才培养体系？建设效果如何？

（10）学生对自我学习与成长环境的满意度如何？认为哪些方面需要改进？

5.3 用人单位评价

（1）学校毕业生的就业情况（初次就业率、就业质量等）如何？

（2）学校采取了哪些措施提高初次就业率与就业质量？效果如何？

（3）用人单位对毕业生的满意度如何？

（4）学校在促进毕业生就业与发展方面存在什么问题？如何改进的？

5.4 社会、政府评价

（1）学校总体及各专业生源数量及结构特征如何？（如学生性别、民族、区域、家庭经济/社会背景、学生教育背景等）

（2）学校的生源数量与质量方面存在什么问题？如何改进的？

（3）政府对学校办学和人才培养质量的满意度如何？

（4）学校办学的社会认可度体现在哪些方面？

安徽省普通高等学校本科教学审核评估专家工作要点

评估专家是受评估机构委托，在特定时间内，对参评学校的教学工作进行考察和评价的人员。评估专家的主要任务是按照《安徽省普通高等学校本科教学工作审核评估方案(修订)》，考察参评学校的本科教学工作，帮助学校查找教学工作中存在的问题，提出进一步改进教学工作、规范教学管理、提高教育教学质量的意见和建议，并向评估机构提交对学校的考察评估意见和评估结论建议。

评估专家要树立四种意识：责任意识、服务意识、学习意识和创新意识。要充分认识本科教学审核评估的重要意义，树立为国家、为社会、为学校和学生发展负责的使命感；要充分认识和尊重参评学校的主体地位，与学校领导和师生共同总结、平等交流，要有明确的服务意识；要充分认识审核评估的科学性和复杂性，具有强烈的学习意识；要充分认识审核评估对象的统一性和多样性，既要遵循评估方案的规范要求，又要结合高校实际，加以创新应用。

第一节　评估专家工作流程

审核评估专家工作由三个阶段内容组成：进校前、进校中、离校后。进校是指评估专家进入评估的学校。总体要求是：做足进校前的工作（研读好资料，发现存疑问题，拟订进校重点工作计划)；做全进校中的工作（全面评价与重点考察相结合，独立地开展工作)；做好离校后的工作（写好评估报告，指出关键问题)。

一、做足进校前工作

进校前的工作是审阅参评学校的材料。关键点要认真学习、研究和掌握审核评估方案中的项目、内容、要素、要点含义及评估程序和评估要求，认真阅读学校自评报告、教学基本状态数据分析报告等资料，认真完成《参评学校自评报告和状态数据审读表》，认真制订《专家组进校考察计划表》。专家接到评估任务后，要调整自己的工作安排，确保为审核评估期间工作顺利开展留有充足的时间。进校前的工作是全面考察工作的第一环节，为进校考察打下坚实的基础，从而提高进校考察过程的效率和质量。因此，应本着客观、公正，对学校负责的态度，在进校前认真细致地收集参评学校的信息，深入全面地了解学校发展状况和教学工作情况，特别是要围绕评估方案中有关定位、职能、过程、资源、质量等项目，进行认真研讨、思考和分析。在此基础上，系统了解和把握参评学校基本情况，分析学校教学工作中存在的问题，依此拟定进校期间的考察计划和考察重点，形成《专家进校前审读材料意见表》。

（一）研读资料

评估专家在接到具体的评估学校任务后，由专家组秘书在评估专家进校前将学校提供的自评报告（含分项自评表），学校“十二五”事业发展规划及配套子规划，近3年各专业学生志愿报考率、报到率、考研率、就业率等情况分析报告，本科教学质量报告等材料提供给评估专家。评估专家要认真研读评估资料，特别是学校自评报告、教学基本状态数据分析报告，要边读、边思考、边对比，从定性和定量两方面加以把握，对不清楚的问题要存疑。通过研读要形成对学校教学情况的总体印象，对参评学校办学定位与社会需求的符合度；高校人才培养、科学研究、社会服务、文化传承创新对办学定位的支撑度；高校人才培养目标、方案、教学运行、质量及质量监控之间的吻合度；高校师资队伍、教学仪器设备、实践教学基地、图书资料等教学资源对教学水平的保障度；学生、社会、用人单位、政府对教学质量的满意度等“五个符合度”的初步判断和评价。

在研读学校自评报告时，应注意学校自评报告撰写是否符合以下两条原则：

第一条是：以“五度”为主线，项目不能少，要素不能丢，要点可综合。

要以审核评估的“五个符合度”为主线来研读参评学校的自评报告，着重审查学校是如何说的？又是如何做的（采取了哪些措施）？做的效果怎样（自我评价和社会评价）？还有什么地方需要进一步改进？要认真对照审核范围中每个项目和要素的内涵要求，审定学校各项教学工作对审核项目和审核要素要求的达成度情况。对于审核范围中的审核要点可综合地、前后贯通地加以审阅。此外，在研读时，还要注意考虑参评学校所处的地域和经济发展环境的特殊性，把审核范围的要求与学校发展现实结合起来。

第二条是：理念要到位，事实作支撑，优势须找准，问题要写透。

研读自评报告时，要注意参评学校是否用精准的语言和方式将本校办学理念和人才培养理念展现出来，所列举的事实是否足以支撑其办学理念和办学成效，所取得的成绩是否客观，所列出的数据是否准确。要紧紧抓住定位、职能、过程、资源、质量这五个关键项目，全面分析，客观地对参评学校的办学成绩和存在问题进行判断。要关注学校对问题的表述和剖析，这不仅反映出参评学校对自身教学工作的认识，也反映了参评学校对审核评估的认识。参评学校对问题的查找是否具体明确，分析是否清晰透彻，篇幅是否符合要求，这些都是审阅自评报告时应重点关注的内容。

此外，研读时还需注意：

1. 注意区分不同类型评估中自评报告内容和要求的不同之处，审核评估注重的是参评学校是否达到了自身所设定的目标，是用学校自身的标准来进行判断，其目标是自足自恰。审核评估应重点考察参评学校的“五个度”。

2. 关注教学状态的异动，分析学校教学质量的变化。比如，学校专业数量的快速增长意味着新专业的增加，审读时则应关注新专业的专任教师、专业实验室、校内外实训基地等是否能够满足教学要求，新专业的人才培养质量是否能够得以保障。

3. 综合运用各类信息，通过教学基本状态数据分析报告和自评报告中数据一致性的对比，分析参评学校所提供的各种数据是否真实可信。比如，根据教学基本状态数据分析报告中提供的数据，了解到学校的教师队伍的数量、队伍结构、年龄结构、学历结构等比上一次评估均有了显著提高，则在研读自评报告时，应重点关注学校在教师队伍建设方面采取了哪些积极有效的措施，以此来判断该信息是学校的亮点还是数据的失真。

（二）工作流程

1. 进校前 20 个工作日，认真研读学校自评报告和教学基本状态数据分析报告。如果在研读时发现参评学校自评报告问题部分没占到 1/3 或问题分析不透彻，无法从自评报告中得出初步的判断时，需及时向组长和秘书反映，由组长提出具体修改意见，请学校重新修改后再提供审读。

2. 进校前 7 个工作日，完成材料审读，形成《专家进校前审读材料意见表》，并提交给组长和秘书。个人审读意见表包含两部分内容，即：总体印象、主要问题、拟考察计划。填写该表时，评估专家依据资料研读的情况描述出对参评学校的总体印象、整改以来的变化，重在分析学校可能存在的主要问题。认真填写审读意见表，合理设计拟考察计划，包括拟考察的内容及排查的重点问题、考察方式、访谈对象、调阅的有关材料等。审读意见应具体明确、有针对性，总字数一般不少于 600 字。对逾期未能提交个人审读意见表或内容不符合要求的专家，秘书须及时提醒并请其重新提交。

3. 专家个人审读意见表由秘书在专家进校前 10 个工作日提交专家组组长。组长依据各位专家的审读意见起草专家组工作方案。

4. 组长于进校前 5 个工作日形成专家组考察计划初表，并交秘书。秘书将初步考察计划表转发各位专家和参评学校。

5. 做好进校准备。保持与秘书的联系，依据组长确定的工作方案安排，确定行程和方式，保证按规定时间进驻评估学校，确保整个专家组的工作进程。

（三）特别提醒

专家评估工作时间是从收到评估机构进校评估通知开始，到完成专家组审核评估报告为止，进校评估考察仅是其中的一段时间。在进校前的工作期间，与参评学校的必要交往需要通过秘书负责。特别要注意不要接受参评学校的拜访，不要接受参评学校的礼品和礼金，不要接受参评学校邀请的讲学，如与参评学校有特定的关系（校友、校董、兼职教授等利益相关者）请主动提出回避。

评估专家的进校前工作是评估机构对专家工作进行评价的重要内容之一，是专家聘用机制中的重要一环。

二、做全进校中工作

专家进校后的工作是对参评学校的教学工作进行全面评价和重点考察。专家通过各种形式的现场考察，并和组内其他专家充分交流，全面、深入、准确掌握参评学校教学工作状况，对考察获得的信息与事实作出正确合理的判断与评价。进校考察时间为 4 整天。

（一）工作流程

专家组进校考察期间的工作，按时间段分为以下几个内容。

1. 专家组预备会。专家组全体成员应在正式考察前一天，按规定时间抵达参评学校的专家住宿地，并于当天在专家驻地召开专家组预备会议。会议内容：专家组组长介绍基本情况，提出工作要求；专家组交流对参评学校自评报告和教学基本状态数据分析报告的审读意见及对参评学校教学情况的基本分析，讨论专家组的工作方案和工作模式，汇总协调专家组考察计划，明确专家各自的工作计划。专家组组长可根据情况，进行必要的调整和协调，每一位专家独立开展工作。根据审核评估参评学校的特点，专家组预备会上，可根据专家情况明确专家组的工作模式。一般情况下，专家组必须坚持全面考察、独立判断，每位专家必须全面考察，对所有审核要素进行独立判断。对于校区特别多、规模特别大的本科院校，考虑到专家在短时间内的工作量较大，因此专家组可按照全面考察、独立判断、适当侧重的模式开展工作。适当侧重是强调在全面掌握参评学校情况的基础上，可以有所侧重地考察。这时需要注意：第一，进校前的工作必须要做足，这样才能保证进校后能在短时间内了解参评学校的整体情况，并对前期工作中存疑的内容进行重点考察，来求证自己的判断；第二，专家分组和考察方式由专家组组长统筹安排；第三，专家组组长须进行全面考察，不能有侧重地加入其中一组，全面掌握参评学校情况，才能保证考察结束后的专家组审核评估报告质量。预备会议后，需确定考察第一天各位专家的工作内容，内容涉及：听课、现场观察、深度访谈、查阅毕业论文和试卷等。专家工作内容确定后，由秘书统计、汇总并告知参评学校。为减轻参评学校教师的压力，交给参评学校的听课表只标明具体的教学楼和楼层，不写课程名称和任课教师姓名。

2. 评估见面会。评估见面会是专家组与参评学校共同召开的第一次会议，也是评估考察中的第一个会议。审核评估中不举行评估开幕式、校长报告、文艺汇报等大型会议和演出。评估见面会是评估考察的说明会，是对本次考察工作的简短说明。

专家组全体成员参加评估见面会，由专家组组长主持，时长 30 分钟左右。会上，组长可对审核评估进校考察工作进行必要说明，参评学校主要领导和评估相关人员，如教务处、评建办、主要职能部门领导、教学单位负责人等参会，一般不超过 50 人。会上，参评学校可以对自评报告之外的内容作特别补充说明，时长 15 分钟左右。如有必要，专家可针对存疑问题向参评学校提问，参评学校对此做出应答，时长不超过 10 分钟。评估见面会一般不建议邀请参评学校主管部门的领导出席。

3. 集体考察。集体考察并非是评估考察中必备的环节，可由专家组组长决定是否需要进行集体考察。如果进行集体考察，时间须控制在 90 分钟内。

4. 专家个人考查。专家按照计划走访、听课、调阅相关材料和深度访谈，严格控制召开大型会议，提倡深度访谈式的工作方式。为获取可靠的考察信息，专家须综合运用好深度访谈，听课，考察实验室及校内外实习、实训基地，查阅材料等，还须考察参评学校的基础设施，如体育场地、图书馆、食堂、宿舍等为学生提供全面发展所赖以支撑的基本条件是否达标，了解参评学校人才培养对社会的影响和社会用人单位对学生的评价等。在该环节中，要求每位专家听课不少于 3 门，调阅 2～3 个专业的毕业设计（论文），3 门左右课程的试卷和试卷分析报告。专家个人考察的结果须及时记录在各项考察记录表中，并交与秘书保管。完成当天考查计划后，每位专家晚上需制定并提交第二天的考察内容和考察要求。

5. 专家组内部会议。专家组内部会议是充分交流意见，获取全面信息的有效途径。

在专家组内部会议上，每位专家交流当天的考察感受，通报考察情况，讨论评估问题。专家组组长可根据当天的考察情况，协调专家第二天考察需关注的专业、院系、部门以及审核要点的覆盖面，避免信息缺失。专家组内部会议一般安排在每天晚上，每次时间 60 分钟左右。

6. 专家意见反馈会。安排在最后一天下午，专家组全体专家参加。会议由专家组组长主持会议，时间一般不超过 3 小时。会上专家组成员分别发表个人反馈意见，专家组组长可就考察的情况对参评学校进行较为全面的评价和反馈，其他专家仅针对考察中发现的参评学校存在的问题，发表个人建议，每人反馈时间在 10 分钟左右。

（二）工作要求

1. 强烈的责任意识。要本着“替国家把关、为学校服务”的精神，集中时间、集中精力、严肃认真地做好现场考察工作，这是整个评估工作的主要和关键环节。专家要全面考察，既要把握全局，又要抓住重点、深入细致；既要有独立观察、独立分析、独立判断的能力，又要善于与其他专家交流，与参评学校领导、管理人员、教师及学生平等讨论。

2. 引导参评学校内涵建设。专家不仅要考察参评学校的硬件，更要分析评价参评学校的软件；不仅要看参评学校建得怎么样，更要看教育办得怎么样；不仅要看教师队伍人数，更要看对教学工作的投入；不仅要看教学设施和设备的多少，更要关注它们在教学上的利用率。

3. 公正的评价态度。严格遵守审核评估方案的要求和规范行事，不按自身专业背景和研究爱好来考察。专家反馈意见要实事求是、客观公正、全面合理，要以考察事实为依据，分析问题要切中要害、提出建议要切实可行，不说面子话、套话，真正起到为学校“诊断、咨询、服务”的作用。

4. 严谨的工作作风。专家要以十分认真的工作态度和严谨的工作作风，深入细致、一丝不苟地开展工作，使每项评价都有充分的支撑和确切的根据，做到让政府放心，令参评学校信服。

（三）特别提醒

评估专家进校期间的工作，备受参评学校和社会的关注。每位专家的个人行为均是评估政策的体现，因此专家须严于律己、客观公正。考察过程中每位专家特别是组长要主动带头不参加各种形式的宴请，不让参评学校召开汇报大会（包括开幕式和闭幕式），不让参评学校组织师生文艺汇报演出，不组织学生现场考试，不打扰参评学校正常教学秩序，不接受参评学校馈赠的礼品、礼金或旅游安排，不透露有关评估的信息。

三、做好离校后的工作

专家离校后的工作是形成高质量的审核评估报告。为此，专家组中每个专家须认真撰写、提交《普通高校教学工作审核评估专家个人考察报告》；专家组组长在依据每位专家个人考察报告的基础上，结合自己全面考察的情况，形成《专家组审核评估报告》。

（一）工作流程

1. 专家在离校后 5 个工作日内，形成书面的《普通高校教学工作本科教学工作审核评估专家个人考察报告》（审核评估试点评估专家需提供与教育部审核评估方案对比后，对安徽评估方案的修改建议)，提交给组长。

2. 在专家组个人考察报告提交后的10个工作日内，专家组组长依据每位专家的个人考察报告给出审核评估结论，形成《普通高校教学工作审核评估专家组审核评估报告》，并与专家个人考察报告一并提交至评估机构审核。

3. 专家组组长根据评估机构的意见，最终形成《普通高校教学工作审核评估专家组审核评估报告》。书面文本须签名后用特快专递发至评估机构。

（二）专家个人考察报告要求

按照审核评估方案、审核程序和要求，专家个人考察报告由三个部分组成：

1. 考察情况与总体印象。要抓住参评学校的亮点、做出突出成绩以及比较有特色的地方进行肯定。

2. 需改进和整改的内容。要准确抓住参评学校在办学和人才培养中存在的突出问题，提出改进和整改要求。要去伪存真、由表及里地进行客观分析，找出原因，有理有据，避免按审核要点不分主次地简单罗列。

3. 针对整改提出的建议。改进建议要具体，要有针对性和可操作性，能在参评学校整改中具有切实可行的指导作用。

专家个人考察报告篇幅要求在3000字左右，其中第2、3项为重点内容，其字数应至少达到总篇幅的一半。

无论是肯定、改进或整改处，都应该深入具体，要深入到要素层面，不可简单停留在项目层面。

（三）专家组审核评估报告要求

专家组审核评估报告由组长在综合汇总成员个人考察报告的基础上形成，重点就考察学校办学条件、本科教学质量与办学定位、人才培养目标的符合度、学校内部质量保障体系建设及运行状况、学校深化本科教学改革的措施及成效等，并对学校人才培养目标与培养效果达成度的总体情况作出判断和评价，形成写实性的审核评估报告。其主要内容一般可包括学校教学工作值得肯定的、需要改进的和必须整改的方面以及建议等内容。撰写审核评估工作报告，应注意内容的真实性、一致性、简明性，审核评估报告总的篇幅要求在5000字左右，其中对改进和整改的内容和整改建议须达到总字数的1/2。其主要内容一般可包括以下四个组成部分：

(1) 总体情况：简要描述专家考察评估工作概况，学校对评估的重视程度、对评估的态度和评估工作的指导思想以及以评促改、评建结合的情况和成果。

(2) 主要成绩：肯定学校在教学改革和建设等方面所取得的成绩，指出学校办学的主要特点，教学工作的中心地位、教学改革的核心地位、教学建设的优先地位的落实情况，人才培养质量自我保障和监控机制。避免形式主义，不停留在一般性的肯定上，应该具有促进参评学校继续保持和发扬成绩的激励作用和针对性。

(3) 需改进和整改的内容。要准确抓住影响参评学校改革、建设、发展以及人才培养质量提升方面存在的突出问题，进行必要的分析，避免成为表面现象的简单罗列。

(4) 提出的建议。改进建议要有较强的针对性，并对参评学校的整改工作具有指导作用，切实体现教学工作评估的“把脉开方”功能。

第二节　掌握六项主要考察技术

专家进校考察是对信息资料进行收集与判断的过程。专家的考察技术可以多种多样，但须以效果为前提。一般在审核评估中专家必须掌握的考察技术有：深度访谈、听课、内外考察、文卷审阅、问题诊断和沟通交流。

一、深度访谈

深度访谈是评估专家通过有目的、有计划地与参评学校有关人员进行深入交谈，获取评估信息的一种方法。访谈形式上以一对一地访谈为主。深度访谈是评估中的重要环节，也是一种重要方法，对专家印证参评学校存在的问题、了解问题的性质与程度、分析问题的成因等均有重要作用。

访谈对象包括校领导、中层干部、教师、学生、用人单位人员以及退休人员。访谈对象不同，访谈方式也应该不同，要注意分析不同人员的心理状况，制订不同的访谈方案。

要做好深度访谈工作，应把握好三个阶段工作：访谈前的准备工作、访谈中的交流工作、访谈后的辨别工作。在实地访谈时应掌握好三项技巧：解除博弈心理的技巧、引导访谈进程的技巧、捕捉访谈信息的技巧。

（一）访谈前：充分收集信息，做好准备工作

访谈前，评估专家在认真研读参评学校《自评报告》和《教学基本状态数据分析报告》等材料的基础上，对参评学校情况已有一定了解，对参评学校存在的问题有了初步判断。为了对那些暂时拿不准、看不透、仍存疑的问题和数据作进一步核准、验证，专家须在访谈前做如下准备：

1. 明确访谈目的：专家需明确，通过深度访谈核对哪些数据与事实，印证自己的哪些判断，了解参评学校可能存在的哪些问题。

2. 选择访谈对象：根据既定的访谈目的确定访谈对象。

3. 设计访谈问题：根据不同的访谈目的、访谈对象，做好充分、细致的问题设计。

4. 拟订访谈方案：根据选择的访谈目的、访谈对象、访谈问题拟定访谈提纲，准备好探讨性话题。

（二）访谈中：掌握访谈技巧，做好访谈交流工作

访谈中，评估专家应根据拟订的访谈方案与访谈对象进行面对面的深度交流，为确保访谈效果，提高访谈所得信息的真实性、准确性，评估专家应熟练掌握如下访谈技巧：

1. 营造轻松氛围、解除博弈心理的技巧

访谈者要善于营造一种轻松和谐的谈话氛围。专家首先应尊重被访者，平等待人、主动请教，把访谈过程作为平等交流的过程，不以提问的方式谈话。不能咄咄逼人，对于某些被访者不愿回答的敏感问题不能简单直接地发问，而应迂回地、先扬后抑地提出探讨性问题，如："和我一样，您也做了很多年学生工作。您做学生工作这些年里，觉得最大的收获和最大的困惑是什么？"此类探讨性的提问，不易使对方反感，能够解除被访者的博

弈心理，形成好的交流氛围。另外，访谈环境要选择在被访谈者熟悉的地方，一般在被访谈者的办公室，同时尽可能地与访谈者单独交流，特别要避免参评学校其他人员在场和参与，尽量营造访谈环境的“私密”性，给访谈者最大的安全感。

2. 掌控访谈全局、引导访谈进程的技巧

深度访谈不是一般的泛泛而谈，是一种有目的的交流，是信息核实的过程，因此深度访谈中应进行适时引导，引导被访者对专家提出的问题阐述自己的观点，使专家在访谈中能得到需要的信息，从而有助于专家作出判断。评估专家一定要对访谈的问题心中有数，谈话内容有的放矢，谈话进程把控有度，始终把握访谈的主动权，防止访谈变成漫谈，信马由缰、浪费时间，更不能被访谈对象牵着鼻子跑，偏离主题，降低深度访谈实效。

3. 悉心倾听陈述，捕捉访谈信息的技巧

深度访谈是评估专家“访”、被访对象“谈”，专家要以倾听为主，要避免把“我访人”变成“人访我”。但是如果被访者过分紧张或过分谨慎，不愿多谈、深谈，这就需要必要的引导，如可以从介绍自己学校某些情况和做法谈起，也可以主动肯定对方单位的某些做法和成绩，从而引起对方交流的热情等。在交谈过程中要留意被访者在陈述中流露出的情绪，及时捕捉访谈信息，必要时可就该信息展开进一步探讨。这样容易引起被访者的共鸣，谈出真实的感受，专家也可了解真实的情况。熟练掌握“提问—倾听—捕捉—追问”的技巧可使深度访谈更高效。

（三）*访谈后：认真整理，悉心辨别*

访谈结束后，对于访谈中获得的信息应及时去伪存真，作出正确判断。评估专家不应仅仅根据受访者所说的，就简单得出结论、作出评判，而应及时把受访者所提供的各种信息重新梳理，对信息进行去伪存真的过滤，提炼有价值的信息。深度访谈仅是证实判断、查找问题的方式之一，必须与其他考察方式结合进行综合判断。

二、听课

对于课堂教学和实践教学的考察方式是听课，主要目的是通过实地听课了解教师的教学水平、教学方法、教学内容与教学状态，学生的听课状态，教材的选用，师生互动情况，实验情况以及现代化教学手段的使用及其效果等，对课堂教学质量作出评价，并对提高课堂教学质量提出建议。听课的方式、时间可灵活掌握，专家既可以完整地听全一节课，也可以根据需要短暂地（如 10 分钟）听课，还可以在教学场所以不进入教室的方式随时巡视教师课堂教学，以更多地了解教师教学情况。采取何种方式，取决于专家考察的需要。一般要求每位专家听课的总门数为 3～5 门，根据对课堂教学评价的结果填写听课记录表。

在听课中有几点需要注意：

（1）对某一课堂教学质量评价的标准定位服从于课堂教学的目的，对于不同专业、不同类型的课程（公共课、基础课、专业课、实践教学）的课堂教学质量评价侧重各有不同。比如有的基础课目的是使学生掌握基本知识，有的专业课目的是引导学生进入专业的初级研究领域，实践教学可能就更强调学生动手能力的培养，对于这些课程教学质量评价标准就各有不同。

（2）在听课的过程中，要注重课堂教学以学生为本的理念的体现，要注意从学生学习效果的角度考察课堂教学效果。学生在多大程度上认同了教、收获了教，这是“学”的有效性的体现。在听课中从学生课堂参与、学习状态、学习效果等多方面进行考察。例如注意学生课堂参与状态，包括看学生参与教学的形式是否多样，学生的参与度是否广泛、参与的深度是否适宜。特别需要指出的是要关注整个学生群体，不能只看到前二分之一好学生能否跟得上、学得透，更要关注“后二分之一的学生”的学习状态和效果。

（3）对课堂教学质量评价时，对评价要素不求全责备，不要求一堂课面面俱到。常用的课堂教学质量评价要素不一定在每一节课上都要出现，比如有的体育课就不会涉及多媒体教学手段的使用问题；反过来，具备所有评价要素的一堂课也不一定就是教学质量非常好的一堂课。有时候，教师的部分缺陷也可由其他部分非常优秀的表现所弥补，因此对课堂教学质量的评价应有一个总体把握，目标是看该堂课的教学效果是否完成了课程设计的教学目的。

三、校内外考察走访

校内外考察走访是指对参评学校内教学单位、职能部门和参评学校外教学基地、用人单位的考察，注重于看参评学校的中层、基层是如何做的，做的效果如何，是否能与参评学校的办学定位和人才培养定位相适应，人才培养质量是否有保证、是否能满足学生成人和成才的需要。考察中要听、要谈、要看，不仅要考察参评学校精心准备的项目，还要查看常态化的重要项目。要注意考察参评学校定位和人才培养类型是否能在学校的宏观、中观、微观层面上一以贯之地体现，要考察参评学校领导在宏观层面上对办学和人才培养的定位，还要考察参评学校管理部门在中观层面上对学校定位和人才培养目标的落实情况，更要考察教师、课堂、教材等微观层面上对学校办学定位和人才培养的支撑以及参评学校的教材建设是否适应和满足学校的人才培养目标等。对外部用人单位的考察，要了解参评学校毕业生在那里的表现、倾听用人单位的评价、了解合作教育的情况等，以此考察参评学校人才培养目标与社会需求的适应度和用人单位的满意度。

考察走访过程中要注意几点：

（1）要做好策划，明确考察目的。先要明确所去部门或教学单位考察走访所要达到的目的，再设计好考察过程的考察环节，准备好考察走访的资料。不要将考察走访过程变为走马观花式的工作。

（2）对教学单位、职能部门的考察走访，重点在了解其教学设施和公共服务设施，如图书馆、实验室、实习基地、体育场馆等在人才培养上的使用情况。要从参评学校制定的人才培养目标出发，考察参评学校的有关学科、专业的人才培养情况、教学管理情况和学生管理情况，从人才培养的保障度去考察教学设施和教学环境。

（3）注意对考察过程的把控。如果现场情况对获得考察信息没有帮助，则须及时调整考察进程。特别要注意，不要花大量的时间去听部门领导的汇报，要注重了解考察部门的实际工作状况。

（4）注重对利用率的考察。考察过程要看教学设施有没有，更要看其能不能满足教学和人才培养需要以及使用的效果好不好、利用率高不高。例如考察实验室能否满足教学需要和学生学习的需要，需要看实验室开放的范围、时间、内容和对学生的覆盖面，看实验教学人员的配备、实验室的规章制度，更要看教学实验设备的利用率、更新率和使用率。在图书馆不仅要看图书馆的藏书有多少，还要看学生的借阅率有多高；不仅要看图书馆的自习座位有多少，还要看自习的学生有多少。

（5）对考察结果要有科学判断。对考察过程中的一些信息要进行及时判断，有必要时要及时进行补充。如对设备利用率“高低”的判断要有科学性，有时利用率“高”并不代表好，而要进一步考察产生利用率“高”的原因。如果是因设备不够产生的利用率高，则并不是好的现象。再如，文科尤其是财金经管类实验室（如金融模拟实验室、市场模拟实验室、贸易模拟实验室、商务技巧实验室、财务管理实验室等），让人看到的主要是计算机和网络设备，这时就要注意是否有相应的软件和教法、软硬件是否配套的问题。

四、文卷审阅

文卷审阅泛指对教学档案、支撑材料、毕业论文/设计、试卷等的查阅。文卷审阅是求证参评学校工作的过程。对参评学校在教学活动过程中直接生成的教学材料，需要到参评学校管理制度规定的特定部门处去查阅。对评估中一些特殊需要的、要花较长时间来审阅的材料，如毕业论文/设计、试卷和为评估而做的支撑材料，可调至专家房间来审阅。对参评学校教学材料的审阅，如审阅毕业论文/设计、试卷，教学管理文件，教学管理档案等，是考察教学效果和学生学习效果以及教学管理状况的一种最直接、最主要的手段。对支撑材料的审阅，可以判断自评报告中所说内容达到的程度。实际工作中必须做好以下三方面的审阅工作：

（1）支撑材料的审阅。每个参评学校都会准备评估的支撑材料，这些材料一般都是按照审核要素整理分类，放在专家工作室，应注意从这些支撑材料中去获取所需的信息。由于支撑材料比较多，所以对这些材料只能是跳读式查阅，需要什么信息就直接查什么，而不应按照指标体系从头看到尾。对特别需要精读的材料，可以选出带回阅读，但也要少而精。

（2）毕业论文/设计和试卷审阅。对毕业论文/设计和试卷的审阅，在审核评估中有硬性要求，一般每位专家须调阅2～3个以上专业的毕业论文/设计，不少于3门课程的试卷并写出试卷分析报告，以考察课题来源、毕业实习、教师指导、在实验室或社会实际做的比例、按拟就业单位要求的选题的比例、论文的质与量、答辩过程、试卷分析、成绩分布等情况，并将考察结果记录在指定的审阅表中。对毕业论文/设计和试卷的审阅，必须把握泛读和精读相结合、以泛读为主的审阅原则。该原则强调对参评学校整体情况的把握，不以个案论高低。一份论文或试卷看得再仔细，也代表不了参评学校的整体水平，只有通过大量的泛读才能看出在少量精读中发现的优点或问题是否具有普遍性，才能看出参评学校的管理、教师指导等是否到位。因此，毕业论文/设计和试卷审阅需要“点”“面”结合，注重在选题（命题）、质量、管理、指导、答辩环节上查找存在的共性问题，才能支撑起毕业生质量的判断。

（3）参评学校人才培养方案审阅。参评学校在培养什么样的人，可以在参评学校的人才培养方案中得到体现。因此，需要关注参评学校的人才培养方案，以此来了解专业的培养目标、培养模式、课程体系与课程安排、理论教学与实践教学的比例及为学生所设计的知识、能力与素质结构，考察培养方案与参评学校人才培养目标的符合度，培养方案的执行情况、课程教学运行情况和教学管理制度的落实情况等内容。

五、问题诊断

评估专家在参评学校工作的过程，就是在为学校服务的过程，在这个过程中既要了解发现问题，又要查找分析问题的成因，还要给出破解的"良方"。因此，首先要通过一定的方法去发现问题，然后再对问题进行诊断开方。这需要专家认真研究、深刻理解评估要点，掌握参评学校的基本情况，才能对问题诊断得准、分析得深、梳理得清，才能在反馈会上深刻地对参评学校值得肯定的地方加以赞赏，对需要改进的地方提出精辟建议。

在问题查找核实中，也要注重相应的策略，一般有以下方法：

① 兼听并收法。一是对信息的普遍获取、广记博收、分类使用，在一个考察活动中同时为多项审核要素获取信息。二是对相关信息作整理对照，对有关判断从多个信息源进行分析、相互印证。

② 主线贯穿法。即选择一两个专业，从培养方案、理论教学、实践教学、试卷和毕业设计（论文），依次考察，形成一条主线，贯穿培养过程的始终。通过解剖一两个"麻雀"，考察其人才培养的全过程。

③ 弱项核实法。对可能成为审核要素中弱项的内容，注意多方核实，防止"以偏概全"，造成误判。例如，对教师的讲课水平，除自己选听的课外，还注意了解其他专家的听课评价；对试卷和毕业设计（论文），除自己调阅的外，还注意了解其他专家的调阅情况。

④"上下贯通"法。上，即通过访谈、走访，从参评学校领导和部门、单位领导那里获取信息；下，即通过访谈或小型座谈会，从普通教师、学生那里获取信息。这样做可以做到信息来源的上下贯通，提高信息的立体性和全面性。问题查找和诊断的水平集中体现在评估过程中的个人意见反馈上。

评估反馈会上的个人意见反馈，是专家向参评学校展示几天工作成绩、反映自身工作水平、表现服务能力的集中体现。个人反馈时应针对问题来叙述，要注意以下几点：

（1）分析透彻，问题要点到实处，有理有据。

（2）指导明确，直面问题，不说空话、套话、虚话。

（3）反馈的问题要与自己的评价结果一致。

（4）要从促进内涵发展的角度，帮助参评学校理顺机制、创造条件，解决参评学校发展过程中的实际问题。

（5）问题反馈不重复。前面专家说过的问题尽量不说，要说也要从另一角度来阐述。

六、沟通交流

评估中要做好沟通和交流，就必须做到聆听、真诚、就事论事、得体的肢体语言、保持情绪。

首先，要把握与参评学校的沟通与交流。审核评估要体现参评学校的主体地位和平等交流的工作方式，既不能用高高在上的工作态度，使自己与参评学校变成对立的双方，让参评学校无法接受；也不能处处谦虚，向参评学校表示诸如“我是来学习的”话语。平等交流不是指语言上的客气，而是表现出来的真诚和就事不就人，用合适的情绪和肢体语言反映对学校的态度。一句“我是来学习的”反映的不是诚恳，而是忘记了专家本身的职责。具体考察工作中要针对不同的人员采取不同的交流方式和内容，学会与学校领导的交流、与教师的交流、与学生的交流、与管理人员的交流、与用人单位的交流技巧，要掌握这些不同人群的不同特点，采用不同的交流方式和谈话技巧，但沟通交流中不要涉及参评学校办学自主权和参评学校内部事务。

其次，做好与同组专家的沟通和交流。一个专家的工作效率再高，也难以在 4 天的有效工作时间内对所有的评估范围都直接考察到，所以要不断与其他专家交流信息，沟通考察情况，共享考察结果，增加自己的考察信息量。但要相互尊重，不搞串联。专家之间交流看法和沟通体会有益于互通信息、相互启发，但是应注意相互尊重，不将自己的意见和观点强加于别人，更不可在专家组中串通评估结果。

第三节　评估专家应有的能力和素质

评估专家的能力和素质是保障评估工作质量的关键。评估专家除要具有特定的专业素质外，更应注重评估技术的掌握和提高，使自己成为优秀的评估专家。

一、熟知高等教育，真知评估方案

一个合格的审核评估专家需具有深厚扎实的学科基础，必须深谙高等教育规律和发展趋势，既有扎实的高等教育和评估理论基础，又有丰富的实践经验，深知学校的教学和管理。在此基础上，能够认真学习并熟练掌握审核评估的本质与要求，才能在评估考察过程中，准确把握评估要点，在大量的信息和复杂的情况面前理清思路、抓住关键，找出影响人才培养质量的重要因素，从而保证所给评价准确、合理，反馈意见精辟、深刻。

要理解审核评估的核心思想是强化内涵发展，所以要关注参评学校的内涵建设，一是关注参评学校的办学指导思想、办学理念和办学定位，是不是在按照教育规律办学；二是关注参评学校的人才培养模式，包括教学目标和教学过程，特别是教学改革情况，是不是符合参评学校确定的人才培养目标；三是关注干部、教师的水平和状态，参评学校的管理和绩效水平，是不是能保障参评学校的人才培养；四是关注参评学校的质量保证体系，有没有、管不管用，是不是在起着“把关、保障”作用；五是关注学生的学习产出，即教学的效果和结果，在学生和毕业生身上体现出来的学习能力、专业能力和综合素质，是不是体现了以生为本的根本宗旨。评估中专家既要评价，又要评说。评价是对每一个审核要素能给出客观判断，并且要求有根有据；评说是要在反馈会上在短短的 10 分钟内清晰表达出参评学校教学工作中存在的问题，并给出精辟的诊断、深刻的分析和针对性建议，这些都离不开专家应具有的学科知识、教学和管理经验以及熟习评估的方案。

二、遵循评估规程，掌握六项技术

专家必须按照审核评估的评估范围和工作程序开展工作，必须了解审核评估中进校前、进校中、离校后三个环节的工作内容，做好这三个环节中的三个功课：做足进校前功课，审读好自评报告和教学基本状态数据分析报告，写好审读意见，做好考察计划；做全进校中功课，全面考察、独立判断；做好离校后功课，用心写好个人考察报告。三环节的工作必须围绕着评估方案进行，不能凭着自己的学科爱好、本校背景和研究领域去开展工作。由于审核评估内容繁多，因此必须在遵循评估规程的前提下，提高专家的工作能力和工作技巧。

1. 抓住三个关键，掌握六项技术。专家进校工作千头万绪，如何去抓住核心，让所有的工作都围绕着这个核心来开展，是专家工作能力的表现。审核评估中办学指导思想如何评、保障条件如何评、教学效果如何评是专家工作的三个关键点，而深度访谈、听课、内外考察、文卷审阅、问题诊断、沟通交流这六项技术是开展工作的必要保障，只有熟练掌握才能在评估考察中发挥事半功倍的作用。

2. 抓住要点，纲举目张。进校评估任务繁重，每一位专家都承担着大量的“规定作业”和“规定动作”，工作强度大、要求高，每天的日程都排得满满的，晚上还要熬夜。即使这样加班加点，没有高效率的工作方法也难以完成任务。这就要求每一位专家能够设计科学合理的工作方案和紧张有序的工作步骤，采取灵活高效的工作方法，有效地掌控自己的考察过程，最大限度地优化活动安排，高效率地利用时间，高质量地完成考核评估任务。

3. 点面结合，围绕重点。教学工作是一个系统工程，涉及参评学校工作的方方面面。同时，参评学校的教学工作又是由各个教学单位（学院、系）的教学工作构成的，包括各个专业、各门课程、各位教师等，有的参评学校的教学活动还分布在不同的校区。因而，在评估过程中，专家要认真而全面地考察，综合判断，避免只就单一校区、单一专业、单一课程或者个别教师情况对参评学校给出片面、单一的评价。

4. 精心准备，做好反馈。反馈会上每位专家的发言，是体现专家评估考察情况和专家水平的重要方面。一位优秀的审核评估专家能够结合几天实地考察的情况，对参评学校存在的问题进行分析和梳理，对问题的原因进行深刻的分析，并对参评学校提出切实可行的建议。一次优秀的反馈就像一堂精彩的报告，举例生动、论证充分、分析深刻，引发人们的思考和共鸣。

三、严谨的工作态度，廉洁的工作作风

作为评估专家，应时刻牢记“六个提醒”：使命、责任、平等、客观、水平、自律。牢记自己的使命和责任，以平等、客观的态度去参与评估，用自身水平和自律去塑造评估工作的新形象、新风尚。

1. 强烈的责任意识。一名评估专家最重要的素质是强烈的责任意识以及高度负责的工作态度。上对国家负责，不负重托、认真评价，“替国家把关”；下对参评学校负责，用心梳理、把脉开方，“为学校服务”；内对自己的专家身份负责，对专家组的信誉和形象负

责，通过自己高水平、高质量的工作，圆满地完成考察评估任务，赢得参评学校的认可与好评。

2. 公正的评价态度。任何的评价，最基本的要求就是公正，审核评估也不例外。审核评估以审核要素为依据，评估专家应具有公正的态度，不因感情和人情而改变，不因主观意图而改变，不因自己所处的环境和背景而改变。公正的评价要遵守实事求是、合理、全面的原则。公正的评价态度也体现在对参评学校校情的分析，对参评学校教学工作努力程度的评价，对参评学校硬件条件和软件建设水平相兼顾的判断上。评估专家应全面考察所有审核要素，重点看审核评估的“一个度”是否达成，形成客观、公正的评价。

3. 廉洁的自律行为。严格执行教育部规定的专家评估工作纪律，保持应有的定力，不打感情分，不做有失原则的事，自觉维护专家队伍的廉洁风气和崇高形象。

4. 团结合作的团队精神。专家组作为一个团队整体工作，每个专家都是这个团体中的一员，因此，评估中特别要注意经常沟通、交流思想，尊重彼此的观点，贡献自己的想法、经验、专业知识，尽量达成共识，以免对同一个事实给出相悖的结论。

第四节　专家组组长工作要求

专家组组长的职责应该是：认真贯彻国家高等教育评估的方针政策，落实评估机构对本科教学审核评估的各项要求，综合专家意见提出专家组考察计划，主持专家组进校考察期间评估工作的协调、交流，掌握考察进度，加强与参评学校的联系和沟通，依据各位专家的考察意见和投票结果形成专家组审核评估报告和评估结论。

专家组组长必须深刻理解和准确把握审核评估的目的意义、标准体系、方式方法，发挥好表率和示范作用；必须高屋建瓴、统揽全局、协调各方，充分发挥参评学校的主体作用和专家组在评估中的主导作用；必须坚持与参评学校领导和师生平等讨论、深入交流、建言献策，发挥好专家组的“诊断”“开方”功能；必须让专家在评估工作中独立考察、独立思考、独立判断，组长应发挥好沟通和服务作用。

要履行好专家组组长的职责，应该做好两方面的工作、发挥好两个作用，即：高标准完成作为专家本人的各项评估考察工作，发挥好表率作用；认真听取各方面的意见，做好沟通交流工作，敢于负责任，发挥好组织协调作用。

一、树立高标准，做好表率作用

专家组组长首先是专家，要当好组长，必须先当好专家。

（1）做好专家工作的基础和前提是对本科教学审核评估的认识到位。如果作为评估工作的直接执行者都认为教学评估可有可无、只是走形式，他就不会全心全意、尽心尽力做好这项工作。社会上对上一轮教学评估工作的种种非议也使专家心存疑虑。认真学习、充分认识这次本科教学评估工作的必要性、重要性，才能理直气壮地做好评估工作。改进高校教学评估，开展由政府、学校、家长及社会各方面参与的教育质量评价活动，提高高等教育质量，是《国家教育中长期教育改革发展规划纲要（2010—2020）》提出的重要任务。

这次参评的高校，肩负着深化教育领域综合改革、实现教育大国向教育强国转变的重任。评估专家的工作使命光荣、责任重大。

在这次审核评估中，专家的职责、任务和工作方式都发生了变化，专家采用“独立工作、全面判断”的工作模式，改变了以往评估“指标包干”的做法，避免了“盲人摸象”，专家必须全面理解和把握审核评估内涵，具有独立考察、独立分析、独立评判的能力。

（2）做好专家工作必须要有实事求是、严肃认真、脚踏实地的工作作风和追求完美、精益求精的进取精神。专家要认真参加上岗前的培训，全面、准确地掌握本科教学工作审核评估的指导思想、评估方案、方法步骤、纪律要求。进校前要尽量多地收集参评学校有关信息，全面掌握参评学校发展和教学工作情况，不要带着框框看问题、想问题，既要看到参评学校发展取得的成绩，又要善于分析发现教学工作和人才培养中存在的薄弱环节，拟订出切实可行的考察方案。进校考察期间，除了专家组交流、总结、与参评学校的见面会和反馈会以外，专家自己考察的时间只有3天，时间短、任务重，这就要求专家不但要勤奋、抓紧时间，而且要科学安排、讲究方法、抓住重点。深度访谈是考察参评学校办学定位、办学理念、人才培养模式、教学规律掌握、教学关键环节、教学管理水平等内涵建设情况的主要方式，专家一定要理解它的目的要求、掌握它的方法技巧，关键是摆正位置、平等讨论，不要当审判官。听课要像是学生一样真听，要用现代教育理念和改革精神去审视教师的教学方法与学生的学习方法，要看教学效果、看学生对知识的掌握。特别要注重考查实验、实习、实训平台的建设和利用情况，产学研合作办学、合作育人情况，考察实验教学效果和实验教学教师队伍建设情况。反馈意见会是评估工作中的一个重要环节，参评学校希望听到专家的真知灼见、对参评学校教学工作改进的意见建议，非常重视；专家组也把它作为检验评估考察成果、展现专家工作水平、体现为学校服务成效的机会，也非常重视。专家要在10分钟的发言中全面准确地表达自己的考察意见，对参评学校教学工作要有恰如其分的总体评价，又要对存在问题和原因作出深入透彻的分析，还要提出切实可行的意见建议，要有根有据、有事实，又要合情合理、有高度。专家组组长的反馈意见更是参评学校领导和师生关注的重点，更要严谨、求实、全面、透彻，努力为参评学校科学发展、改进教学、提高质量作出贡献。

做好专家工作还必须能放下架子、谦虚谨慎、虚心学习、诚心服务。在以前的评估工作中，有些专家没有摆正自己的位置，把自己当评判官、指导者，不能以平等的态度与参评学校领导、师生深入讨论、共谋发展。专家只是在某个学科或某个管理领域有自己的专长，要全面了解一个参评学校的教学工作必须深入实际、甘当学生、善于学习。在我国高等教育进入大众化阶段后，高等教育的新理念、新思想、新模式、新方法层出不穷，高校的办学定位、办学思路、人才培养模式、教学管理更加多样化，专家也要适应新形势、新任务、新要求，学习新知识、创造新经验，为教学评估工作作出新成绩。

二、敢于负责任，做好组织协调

专家组组长应敢于担负起应有的责任，对专家组工作把关，对专家组个人工作把关，对评估纪律把关，做好专家组与参评学校的交流，勇于坚持原则，排除一切干扰，维护评估的客观和公正。特别是对自评报告的把关，组长必须在进校考察之前严格把关，对自评报告不合格的地方不能放松。进校中，对参评学校考察发现的问题要一针见血地指出，对出现的各方干扰要及时果断地排除，这是真正对参评学校负责、对政府负责、对学生负责、对社会负责，是对评估专家的职业操守的要求。

专家组组长对专家的工作要严格要求、严格把关，保证评估工作的高标准、高质量，同时要组织好整个专家组的工作，使专家组的考察工作能与学校的正常教学工作紧密配合，查找教学工作中的不足，使专家组的整体工作能在审核评估方案和制度下开展，推动审核评估健康发展，这是专家组组长的主要任务之一。

（一）专家组内的协调工作主要抓好以下几个环节

1. 进校前，在专家认真研读参评学校自评报告和有关资料的基础上提出个人考察方案后，专家组组长要认真汇总专家的意见，根据专家的考察重点、考察时间安排做好专家组的整体考察计划。这个考察计划既要尊重专家独立考察、独立判断的权利，有利于发挥专家的积极性、主动性、创造性，又要按照本科教学审核评估范围的要求全面完成对参评学校教学工作的考察。

2. 进校后首先开好专家组的预备会，这是专家们互相认识、交流感情、沟通信息的好机会，对于专家组形成团结、和谐的工作环境，引导专家把注意力集中到评估工作中来十分重要。

预备会上专家组组长要根据每个专家的考察计划和考察重点，统筹和协调好全组的考察工作。每个专家既要全面了解参评学校教学工作的方方面面，在现场考察中又必须抓住重点，专家组全体专家现场考察的内容又要覆盖评估指标体系的所有观察点，因此，专家组组长就要做好必要的协调工作，使组内专家团结合作、互相配合，发挥好集体的力量。

3. 考察过程中，专家组组长要保证专家组的工作状态，对整个专家组的工作全面统筹，确保评估工作能高质量地完成。要组织好专家之间的信息交流，掌握好考察范围、考察内容、考察进度。集中进校考察时，专家可利用饭前饭后、考察往返途中等时间交流考察情况和存在问题。为便于大家及时交流信息，专家组组长可安排每天晚上开个专家碰头会，主要交流考察中出现的重要问题、协调考察进度。组长要充分注意整个专家组考察的覆盖面是否符合审核评估范围的要求，如访谈人员是否包括了参评学校领导、管理干部、骨干教师、学生等；走访、听课、调阅试卷毕业设计论文、考察实验室是否覆盖了各管理部门、院系、专业，考察内容是否涵盖了办学理念与办学实践、领导作用与基层管理、培养计划与教学环节、教师队伍与基础条件、教学水平与培养效果、学生素质与社会评价等各个方面。

4. 组织好专家意见反馈会。反馈会前，专家组组长既要充分听取各位专家的意见，平等协商，充分发挥专家独立判断的作用，又要把握全局、善于协调。要充分交流看法，了解每个专家发言的重点，尽量避免太多重复。反馈会上专家组组长的发言要全面、深入、准确，既要肯定参评学校发展取得的成绩和在人才培养、教学工作方面积累的经验，又要深入分析参评学校教学工作中存在的薄弱环节和突出问题，更要诚恳提出参评学校改进教学、提高质量的可行建议和办法。

5. 离校后专家组组长要在专家组每位专家个人考察报告的基础上，凝练成专家组的审核评估报告。报告须严谨细致，有根有据，字字斟酌。

（二）专家组组长要和参评学校协调的几个主要环节

1. 把好参评学校自评报告关。写好自评报告是参评学校充分发动广大师生认真总结教学工作、加深对高等教育规律认识、查找教学薄弱环节、落实以评促建方针的过程，自评报告的水平反映了参评学校领导班子对评估工作的认识高度。专家组在审阅自评报告的过程中，如果发现自评报告不能反映参评学校教学工作的实际情况，思路不清楚、分析问题不透彻，专家组组长要及时与评估机构沟通，并向参评学校领导及时反馈，建议参评学校进行修改，保证评估工作开好头、起好步。

2. 进校后专家组组长要主动和参评学校主要领导深入交谈，组织好与参评学校领导、中层干部、骨干教师的小型见面会，讲清楚专家组进校考察的目的、任务、方法、要求，希望参评学校按照教育部评估工作要求配合、支持专家做好考察工作，同时保持参评学校的各项工作正常进行，也要对专家的工作进行监督和评价。

3. 在整个现场考察期间，专家组组长要与参评学校领导保持经常的沟通与交流，及时通报情况、协商解决考察中的问题，听取干部和师生对考察工作的意见和反映，及时改进工作。如果考察工作中发现参评学校有不实事求是的问题或者吃住超标准接待的情况，专家组组长应该通过项目管理员向参评学校提出，及时加以纠正。

4. 专家组组长与参评学校有关领导协调配合共同开好意见反馈会。

附：

安徽省普通高等学校本科教学审核评估工作日程安排表（参考）

日期		活动内容	参加人员	主持人
报到日	下午	准备活动	学校评建办人员	专家组秘书
	晚上	专家组预备会议	专家组全体成员	专家组组长
第一天	上午	学校自评情况汇报（30 分钟）	学校领导，职能部门、院部负责人，专家	专家组组长
		专家实地考察	学校领导、专家组全体成员	学校领导
		听课、走访、访谈	专家组成员	组长（或副组长）
	中午	学生食堂用餐	专家组成员	学校领导
	下午	1. 实地考察、查阅资料	专家组成员	专家组组长
		2. 听课、走访、访谈	专家组成员	组长（或副组长）
	晚上	专家组会议	专家组成员	组长（或副组长）
第二天	上午	专家听课、走访、访谈	专家组成员	组长（或副组长）
	下午	专家听课、走访、访谈	专家组成员	组长（或副组长）
	晚上	专家组会议	专家组全体成员	专家组组长

（续表）

日　期		活动内容	参加人员	主持人
第三天	上午	查阅原始资料，专家组分组开展工作： 1. 剖析专业 2. 管理制度跟踪考察 3. 深度访谈	专家组全体成员	组长（或副组长）
	下午	结合查阅原始资料，专家组分组工作： 1. 剖析专业 2. 管理制度跟踪考察	专家组全体成员	组长（或副组长）
	晚上	专家组会议	专家组全体成员	组长（或副组长）
第四天	上午	专家组会议：(1) 交流情况；(2) 讨论并通过考察评估反馈意见；(3) 讨论专家组工作总结和考察评估工作报告	专家组全体成员	专家组组长
	下午	考察评估情况反馈会	学校领导，职能部门、院部负责人，专家	专家组组长
	晚上	离校	专家组全体成员	学校领导

表 1　专家审读意见表

（专家个人用）

评估学校：＿＿＿＿＿＿＿＿＿＿　考察时间：＿＿＿＿＿＿＿＿＿＿

总体印象	
主要问题	
拟考察重点	

注：①审读材料为学校《自评报告》《状态数据分析报告》等材料。②审读意见应具体、有针对性，总字数一般不少于 600 字，页面不足时可加页。③此表填好后交给组长和秘书。

专家（签字）：＿＿＿＿＿＿＿＿＿＿　年　月　日

表 2　专家现场考察活动计划表

（听课·走访·深度访谈等）

评估学校：________　专家姓名：________　日期：________

考察活动内容	时间	要求（年级、专业、对象等）	备注

表 3　专家组考察计划表

（专家组组长用）

评估学校：________　考察时间：________

拟考察重点内容	
考察方式	

（此表由专家组组长负责拟定，须交给秘书。页面不足时，可加页）

组长（签字）：________　年　月　日

表 4　专家个人工作日程安排表

专家姓名：______________________

<table>
<tr><th colspan="2">时间</th><th>工作内容</th></tr>
<tr><td rowspan="2">月
日</td><td>上
午</td><td></td></tr>
<tr><td>下
午</td><td></td></tr>
<tr><td rowspan="2">月
日</td><td>上
午</td><td></td></tr>
<tr><td>下
午</td><td></td></tr>
<tr><td rowspan="2">月
日</td><td>上
午</td><td></td></tr>
<tr><td>下
午</td><td></td></tr>
</table>

表 5 听课评价表

开课单位：________________ 课程名称：________________

课程类型：☐基础课 ☐专业基础课 ☐专业课 ☐实验课 ☐实习实训

授课班级：________________ 授课教师：________________

教师职称：________________ 教师年龄层次：☐老 ☐中 ☐青

测评要素	参考内涵	好	较好	一般	较差
1. 教学态度	尊重学生，治学严谨，讲课有热情、精神饱满				
2. 教学内容	教学目标明确、进度适宜；观点正确、表达清晰；内容充实，重点突出，注意介绍本学科研究和发展动态				
3. 教学方法	理论联系实际，善于启发思维；能够实现师生互动，课堂气氛活跃；能有效利用各种教学媒体				
4. 教学效果	学生理解和掌握了教学内容；学生相关能力得到培养和提高				
总评成绩					
听课内容摘记：					
听课评价（优点、问题及改进建议）：					

专家（签字）：________________ 年 月 日

表 6　剖析专业安排表

一、剖析专业

序号	专业名称	专业带头人	职称	专家姓名
1				
2				
3				
4				
5				
6				
7				

二、听课选择表

序号	课程名称	教师姓名	职称	听课地点	专家姓名
1					
2					
3					
4					
5					
6					
7					

表 7　专业剖析简析表

剖析专业：________________

主要剖析指标	关键剖析要素	简要分析
1. 专业定位与发展	1.1　专业定位与社会需求 1.2　专业发展与行业规划 1.3　学科专业、教学科研之间的协同发展	
2. 专业人才培养方案	2.1　专业培养目标 2.2　课程结构体系 2.3　教学环节安排	
3. 课程开发与建设	3.1　核心课程开发与建设 3.2　教材选用和教材建设	
4. 教学研究与改革	4.1　人才培养模式改革 4.2　教学方法与手段改革 4.3　考核方式与标准改革	
5. 教学管理与创新	5.1　管理制度与执行 5.2　管理成效与教学档案 5.3　管理改革与创新	
6. 教学质量与监控	6.1　监控体系与组织 6.2　教学运行、监控与反馈	
7. 教学条件与保障	7.1　队伍数量结构水平 7.2　教学基础设施、设备投入与利用 7.3　实践教学条件、基地	
8. 人才培养质量	8.1　近 3 年学生报考、报到率 8.2　职业技能、学科竞赛获奖情况 8.3　近 3 年就业率、考研率等	
9. 特色与创新		
总体分析、评价		

专家（签字）：________________　　　　年　　月　　日

表 8　专家深度访谈人员名单

访谈专家	访谈人员				访谈地点
	姓名	职务	职称	联络员	

表 9　专家深度访谈记录表

被访谈者姓名		职务、职称	
访谈提纲			
访谈基本情况及意见			

专家（签字）：________________　　　　年　　月　　日

表 10 管理制度跟踪考察记录表

制度名称		
主要内容		
制度的宣传贯彻及执行情况		
制度的科学性、有效性、必要性、适合性、动态性分析		
意见和建议		

专家（签字）：____________________ 年 月 日

表 11　专家调阅材料通知单

（试卷·毕业论文/设计等）

评估学校：________________　　专家姓名：________________　　日期：________________

名　称	专　业	年　级	内　容	要　求	备　注
试　卷					
毕业论文（设计）					
其　他					

注：1.“试卷”栏学校应提供材料：被抽查课程的课程教学大纲（单行本）、教学进度计划表（教学日历）、课程考试试卷（含命题计划、AB样卷、评分标准、试卷分析表）、学生成绩登记表、课程使用教材。

2.“毕业论文或毕业设计”栏学校应提供材料：每篇毕业论文（设计），须同时附有论文（设计）的开题报告、教师指导记录、学生答辩记录、教师评审意见、论文（设计）成绩评定，以及该届全体学生论文（设计）的选题名称、选题类型、指导教师职称、评定成绩分布一览表等。

表 12　学生毕业论文（设计）情况总体评价表

评估学校：________________　　考察专业：________________　　年级：________________

请就论文（设计）选题、论文（设计）水平、论文（设计）内容、教师指导、成绩评定、运行管理等情况进行总体评价。

专家（签字）：______________________________　　　　年　　月　　日

表 13 试卷评价表

<table>
<tr><td colspan="2">评估学校</td><td></td><td colspan="2">专业年级（班级）</td><td colspan="2"></td></tr>
<tr><td colspan="2">考试课程名称</td><td></td><td colspan="2">试卷份数</td><td colspan="2"></td></tr>
<tr><td colspan="3">评 价 项 目</td><td>好</td><td>较好</td><td>一般</td><td>较差</td></tr>
<tr><td rowspan="5">试题质量</td><td>01</td><td>命题规范情况</td><td></td><td></td><td></td><td></td></tr>
<tr><td>02</td><td>题量</td><td></td><td></td><td></td><td></td></tr>
<tr><td>03</td><td>难易程度</td><td></td><td></td><td></td><td></td></tr>
<tr><td>04</td><td>覆盖面</td><td></td><td></td><td></td><td></td></tr>
<tr><td>05</td><td>试题中考核灵活应用知识的综合性、提高性题目水平</td><td></td><td></td><td></td><td></td></tr>
<tr><td>卷面质量</td><td>06</td><td>试卷文字、插图</td><td></td><td></td><td></td><td></td></tr>
<tr><td rowspan="3">试卷评阅</td><td>07</td><td>评分标准</td><td></td><td></td><td></td><td></td></tr>
<tr><td>08</td><td>阅卷评分标准</td><td></td><td></td><td></td><td></td></tr>
<tr><td>09</td><td>试卷分析</td><td></td><td></td><td></td><td></td></tr>
<tr><td colspan="3">专家综合评价</td><td></td><td></td><td></td><td></td></tr>
<tr><td colspan="7">专家评语：</td></tr>
</table>

专家（签字）：____________________ 年 月 日

表 14 专家评估结果建议表

主要观测点	评估要素	结论	备注
1. 办学定位与社会需求的符合度	1.1 学校的办学定位与思路		
	1.2 学校事业发展规划及子规划		
	1.3 学校学科专业（尤其是优势特色学科专业）与地方行业、产业的关系		
2. 人才培养、科学研究、社会服务、文化传承创新对办学定位的支撑度	2.1 四大职能关系处理		
	2.2 三个地位的落实情况		
	2.3 其他职能对办学定位和人才培养的支撑		
	2.4 奖惩机制和制度建设对办学定位的支撑		
3. 人才培养目标、方案、教学运行、质量及质量监控之间的吻合度	3.1 培养方案及执行情况		
	3.2 课程建设对人才培养支撑情况		
	3.3 教学研究与改革		
	3.4 教学管理情况		
	3.5 学生毕业（学位授予）、转专业、淘汰情况		
	3.6 教学质量监控与保障		
4. 师资队伍、教学仪器设备、实践教学基地、图书资料等教学资源对教学水平的保障度	4.1 教师数量、结构、水平与趋势		
	4.2 教学设施、图书、设备投入与利用		
	4.3 教学经费投入与比重		
	4.4 实践教学建设与使用		
5. 学生、社会、政府用人单位对教学质量的满意度	5.1 学生报考、报到、就业及考研等情况		
	5.2 学生对自我发展状况的满意度		
	5.3 用人单位对人才培养质量的评价		
	5.4 社会对人才培养质量的评价		
	5.5 政府对人才培养质量的评价		

专家（签字）：________________　　　　年　　月　　日

表 15　本科教学工作审核评估专家个人考察报告

评估学校：＿＿＿＿＿＿＿＿＿＿＿＿＿＿　考察时间：＿＿＿＿＿＿＿＿＿＿＿＿＿＿

内容：1. 考察情况与总体印象 2. 发现的问题及其分析 3. 为学校改进教学工作提出的建议 要求：1. 专家个人考察报告须在专家离校后 5 个工作日内提交专家组组长及秘书 2. 专家个人考察报告总字数须在 3000 字左右，其中第 2、3 项的内容应占到总文字数的一半以上

（页面不足时，可加页）

专家（签字）：＿＿＿＿＿＿＿＿＿＿＿＿＿＿　　年　　月　　日

表 16　安徽省审核评估方案修改建议表

具体修改建议内容

专家（签字）：______________________　　年　　月　　日

课 题 委 托 单 位：安徽省教育厅高教处

课 题 主 持 人：汪开寿

课题组成员及撰写人：汪开寿　林禄明　宋　波　严　萍　方明等

教育评估指标体系研发

安徽省义务教育均衡发展督导评估指标体系

（模拟研制稿）

一级指标	二级指标	评估要点及分值	评分办法	评分依据	评分
A1 政策环境 （10分）	B1 规划目标 （3分）	1. 发展规划（2分） 2. 目标计划（1分）	查县级人民政府相关规划、计划文件 1.“十一五”、“十二五”经济社会发展规划中包含义务教育均衡发展内容（1分），教育专项规划包含义务教育均衡发展内容（1分） 2. 制订符合本地实际的义务教育均衡发展计划，目标明确，措施有力（1分）	1. 教育部《关于贯彻落实科学发展观　进一步推进义务教育均衡发展的意见》（教基一〔2010〕1号） 2. 教育部《关于进一步推进义务教育均衡发展的若干意见》（教基〔2005〕9号） 3.《关于深入推进义务教育均衡发展的意见》（皖政办〔2009〕88号） 4.《关于进一步推进义务教育均衡发展的意见》（皖政〔2006〕54号） 5.《关于完善农村义务教育管理体制的通知》（国办发〔2002〕28号） 6.《关于深化义务教育管理体制改革完善农村学区建设的意见》（皖教基〔2010〕10号） 7.《国家中长期教育改革和发展规划纲要（2010—2020年）》 8.《安徽省中长期教育改革和发展规划纲要（2010—2020年）》	
	B2 管理体制 （2分）	1.“以县为主”管理体制（1分） 2. 农村学区建设（1分）	1. 查教育经费预算、划拨方式，编制和人事管理相关文件 县级人民政府负责管理教育事业费和农村中小学编制（0.5分） 县级教育行政部门管理干部任免、教师调动招聘（0.5分） 2. 查农村学区建设相关文件、实地考察 以乡镇为单位设置学区，每个学区设一所中心学校，设立管理委员会，统一管理学校、教学、队伍和资源（1分）		
	B3 工作机制 （3分）	1. 工作机构（1分） 2. 责任分解（1分） 3. 工作方式（1分）	查县级人民政府常务会记录和会议纪要 1. 成立义务教育均衡发展领导小组（1分） 2. 出台教育、财政、人事、国土、城建、发改委等政府职能部门促进义务教育均衡发展的工作职责分解（1分） 3. 常务会定期研究、解决义务教育均衡发展重大问题（1分）		
	B4 督导评估机制 （2分）	1. 督导机构（0.5分） 2. 专项经费（0.5分） 3. 督导制度（0.5分） 4. 实行问责制（0.5分）	查教育督导机构相关文件，查拨款和报销情况，查督导工作考核办法 1. 教育督导机构健全，人员配齐，部门职责任务明确具体（0.5分） 2. 督导工作专项经费纳入预算和决算，经费充足（0.5分） 3. 教育督导机构定期对中小学、乡镇、街道、部门开展督导评估，监测义务教育均衡发展状况，向社会公布结果（0.5分） 4. 督导结果纳入对各级政府、部门及主要负责人年度考核（0.5分）		

（续表）

一级指标	二级指标	评估要点及分值	评分办法	评分依据	评分
A2 教育机会 （13 分）	B5 保障弱势群体受教育的权利 （6 分）	1. 留守儿童关爱工程（2 分） 2. 农民工随迁子女入学（2 分） 3. 特殊教育（1 分） 4. 贫困学生资助（1 分）	查相关文件、统计材料，实地考察困难学生补助发放等情况 1. 加强农村留守儿童之家建设，相关单位积极支持（1 分），设立亲情电话等设施，开展丰富多彩的活动（1 分） 2. 建立进城务工人员随迁子女就学的绿色通道，以流入地政府管理为主，以全日制公办中小学为主接收农民工子女入学（1 分）；按实际农民工子女在校人数拨付学校公用经费（1 分） 3. 30 万人口以上、残疾儿童少年较多的县（市）建有一所特殊教育学校（0.5 分），扩大中小学残疾儿童、少年随班就读规模（0.5 分） 4. 建立贫困生资助体系，孤儿、农村残疾儿童少年、农村特困户、城镇低保户等贫困家庭子女均享受“两免一补”政策（0.5 分）；逐步提高寄宿制学校困难学生生活补助费标准（0.5 分）	1.《关于整合各类资源做好农村留守儿童工作的通知》（皖教基〔2010〕21 号） 2.《关于进一步保障进城务工农民随迁子女义务教育的通知》（皖教基〔2010〕8 号） 3.《关于印发〈安徽省残疾儿童少年随班就读工作基本要求（试行）〉的通知》（教基〔2005〕23 号） 4.《关于印发〈安徽省义务教育阶段学习学生学籍管理办法〉的通知》（教基〔2008〕9 号） 5. 教育部《关于当前加强中小学管理规范办学行为的指导意见》（教基一〔2009〕7 号） 6.《安徽省人民政府办公厅转发省教育厅关于进一步加强中小学管理规范办学行为意见的通知》（皖政办〔2009〕87 号） 7.《关于印发〈安徽省中小学办学行为规范〉等文件的通知（教基〔2009〕11 号） 8.《安徽省中长期教育改革和发展规划纲要（2010—2020 年）》	
	B6 巩固“普九” （3 分）	1. 义务教育入学率（1 分） 2. 义务教育巩固率（1 分） 3. 学籍管理（1 分）	查普及水平统计报表，与学校原始材料印证核实 1. 适龄儿童、少年入学率达 99%以上（1 分） 2. 义务教育巩固率达到 90%以上（1 分） 说明：巩固率每差 1%扣 0.2 分，低于 88%不得分 3. 建立电子学籍档案体系，学籍管理规范（0.5 分）；对学生流动实行动态监测，档案完整，数字准确（0.5 分）		
	B7 合理分配学生就读 （4 分）	1. 办学办班行为（2 分） 2. 招生行为（1 分） 3. 治理择校问题（1 分）	查相关文件、招生录取材料、学生学籍 1. 义务教育阶段学校不分重点校和重点班（0.5 分）；制订解决大班额工作方案，大班额现象彻底消除或逐年减少（0.5 分）；小学每班不超过 45 人，初中每班不超过 50 人（1 分） 2. 义务教育阶段学校实行划片免试就近入学，无提前招生和举行任何形式选拔性考试等违规行为（0.5 分）；省级示范高中招生指标按不低于省规定的比例均衡分配到区域内各初中学校，2010 年开始不低于 70%（0.5 分） 3. 严格执行示范高中招收择校生“三限”政策，择校生比例不得超过当年本校招生计划总数的 30%（1 分）		

（续表）

一级指标	二级指标	评估要点及分值	评分办法	评分依据	评分
A3 教育经费 （18 分）	B8 经费保障 （12 分）	1. 实施义务教育经费保障机制改革（2 分） 2. 落实政府投入责任（4 分） 3. 经费安排（2 分） 4. 教师工资（1 分） 5. 均衡程度（3 分）	查义务教育经费保障机制改革、义务教育学校绩效工资实施办法等相关文件、义务教育经费预决算，实地考察教师绩效工资发放，抽查 3～5 所城乡中小学经费情况 1. 成立专门机构，印发相关管理文件（1 分）；及时编报统计报表，数据真实准确（1 分） 2. 义务教育经费全额纳入县级财政预算，并实行单列（0.5 分）；近 3 年每年区县预算内教育拨款增长高于财政经常性收入增长（1 分）；生均教育事业经费逐年增长（1 分）；生均公用经费逐年增长（1 分）；教育费附加和地方教育附加专项用于教育事业（0.5 分） 3. 预算编制向农村和薄弱学校倾斜（0.5 分）；加大对经济困难地区或学校教育专项转移支付（0.5 分）；城市教育费附加优先安排薄弱学校（0.5 分）；新增教育经费主要用于农村（0.5 分） 4. 义务教育阶段中小学教职工工资按时足额发放且不低于当地国家公务员平均工资水平（1 分） 5. 城乡小学、初中生均预算内公用经费基本均衡（2 分）；城乡教职工人均年收入基本均衡（1 分） 说明：专家根据市县（区）教育局统计情况和学校抽查情况赋分	1. 教育部《关于贯彻落实科学发展观　进一步推进义务教育均衡发展的意见》（教基一〔2010〕1 号） 2.《关于深入推进义务教育均衡发展的意见》（皖政办〔2009〕88 号） 3. 教育厅《关于进一步推进义务教育均衡发展的通知》（教基〔2005〕30 号） 4. 教育部《关于进一步做好农村义务教育经费保障机制改革有关工作的通知》（教财〔2007〕10 号） 5.《关于印发〈2007 年安徽省义务教育经费保障机制改革工作实施方案〉的通知》（教秘计〔2007〕22 号） 6. 省教育厅《关于确保义务教育经费投入加强财政预算管理的通知》（财教〔2007〕762 号）	
	B9 经费管理 （6 分）	1. 检查督查（1 分） 2. 资金拨付（2 分） 3. 财务管理（3 分）	1. 查文件和省义务教育经费保障机制改革工作考核情况 建立义务教育经费定期自查制度，上级督查结果合格（1 分） 2. 查拨付记录 义务教育经费保障机制改革各项资金及时、足额拨付学校（1 分）；市县配套的危房改造资金和贫困寄宿生生活补助费落实到位（1 分） 3. 查教育局和学校财务、预决算 实行义务教育学校财务预决算管理制度（1 分）；杜绝教育乱收费，无向中小学乱罚款、搭车收费和向学校及师生摊派各种报刊、教辅资料现象（1 分）；实行财务定期公示制度，接受师生和群众监督（1 分）		

（续表）

一级指标	二级指标	评估要点及分值	评分办法	评分依据	评分
A4 师资队伍 （20 分）	B10 师资配备和管理 （13 分）	1. 配齐合格教师（4 分） 2. 师德建设（1 分） 3. 建立交流机制（3 分）	查相关文件、教职工统计表、花名册，校长、教师交流制度正式文件和统计情况，依据安徽省义务教育均衡发展状况监测数据，并抽查 3～5 所城乡中小学 1. 同一县域内城镇学校和农村学校采用同一编制标准，编制分解向农村薄弱学校倾斜（0.5 分）；实行教职工聘用制，明确任职条件，公开招聘校长和教师（0.5 分）；实行教师补充机制，新增教师优先满足农村、薄弱学校需求（0.5 分）；在工资、职称等方面对农村教师实行倾斜政策（0.5 分）；专任教师配齐率达到 90％以上（1 分）；近 3 年新补充教师学历合格率全部达标（1 分） 说明：专任教师配齐率主要查音、体、美、信息技术课教师；新补充小学教师需具备大专及以上学历，新补充初中教师需具备本科及以上学历；教师配齐率、学历合格率每差 5％扣 0.2 分，扣完为止 2. 开展多种形式的师德教育，建立师德建设长效机制（0.5 分）；将师德表现作为教师绩效考核、职务评聘、岗位聘用、进修深造和评优奖励等的重要依据（0.5 分） 3. 建立城镇教师到农村或薄弱学校任教服务制度，城镇学校新进教师需到农村薄弱学校任教 1～3 年，城镇教师评聘高级教师职务现职任期内应有在农村薄弱学校任教 1 年以上的经历（1 分）；开展优质学校与农村薄弱学校“结对子”活动，每学年教师交流比例不低于 10％（1 分）；成立骨干教师讲师团，定期到农村薄弱学校巡回讲学或定期上示范课（0.5 分）；有计划选派城镇优秀校长和校长后备人选到农村薄弱学校挂职支教，选派农村薄弱学校校长到城镇中小学挂职锻炼（0.5 分）	1. 教育部《关于贯彻落实科学发展观　进一步推进义务教育均衡发展的意见》（教基一〔2010〕1 号） 2.《关于深入推进义务教育均衡发展的意见》（皖政办〔2009〕88 号） 3.《关于进一步加强中小学教师队伍管理工作的通知》（皖教师〔2010〕9 号） 4. 教育厅《关于进一步推进义务教育教师资源均衡配置的若干意见》（教师〔2007〕2 号） 5. 教育厅《关于进一步加强农村薄弱学校教师队伍建设的意见》（教人〔2005〕11 号） 6. 省政府办公厅《转发省编办、省教育厅、省财政厅关于贯彻国务院批准国家有关部门制定的中小学教职工编制标准意见的通知》（皖政办〔2002〕60 号） 7. 人事厅、教育厅《关于深化中小学人事制度改革的实施意见》（皖人发〔2003〕90 号）	

（续表）

一级指标	二级指标	评估要点及分值	评分办法	评分依据	评分
A4 师资队伍 （20 分）	B10 师资配备和管理 （13 分）	4. 均衡程度（5 分）	查教职工统计表、花名册和统计情况，依据安徽省义务教育均衡发展状况监测数据，抽查 3～5 所城乡中小学 4. 城乡小学校间、城乡中学校间生师比基本均衡（1 分）；城乡中小学学科教师配齐率基本均衡（1 分） 说明：主要查音、体、美、信息技术课教师 城乡中小学中级及以上专业技术职务教师比例基本均衡（1 分）；城乡小学大专及以上学历教师比例基本均衡（1 分）；城乡初中本科及以上学历教师比例基本均衡（1 分） 说明：专家根据市县（区）教育局统计情况和学校抽查情况赋分	1. 教育部《关于贯彻落实科学发展观　进一步推进义务教育均衡发展的意见》（教基一〔2010〕1 号） 2.《关于深入推进义务教育均衡发展的意见》（皖政办〔2009〕88 号） 3.《关于进一步加强中小学教师队伍管理工作的通知》（皖教师〔2010〕9 号） 4. 教育厅《关于进一步推进义务教育教师资源均衡配置的若干意见》（教师〔2007〕2 号） 5. 教育厅《关于进一步加强农村薄弱学校教师队伍建设的意见》（教人〔2005〕11 号） 6. 省政府办公厅《转发省编办、省教育厅、省财政厅关于贯彻国务院批准国家有关部门制定的中小学教职工编制标准意见的通知》（皖政办〔2002〕60 号） 7. 人事厅、教育厅《关于深化中小学人事制度改革的实施意见》（皖人发〔2003〕90 号）	
	B11 教师培训 （7 分）	1. 培训机构（1 分） 2. 培训经费（1 分） 3. 参训率（2 分） 4. 培训内容和方式（2 分） 5. 培训机会（1 分）	查相关文件、教师培训记录、统计情况和拨款单、县级教师培训机构合格评估情况，抽查 3～5 所城乡中小学 1. 县区教师培训机构达到《安徽省县级教师培训机构合格评估标准》要求（1 分） 2. 保证学校公用经费的 5％用于教师继续教育（1 分） 3. 对教师实行每 5 年一周期的全员培训，组织校长研修培训（2 分） 4. 开展新课程、新知识、新技术等方面教师继续教育（1 分）；充分发挥远程教育和校本研修作用（1 分） 5. 城乡中小学教师参加各级各类培训机会基本均衡（1 分） 说明：专家根据市县（区）教育局统计情况和学校抽查情况赋分		

（续表）

一级指标	二级指标	评估要点及分值	评分办法	评分依据	评分
A5 办学条件 （18 分）	B12 布局调整 （4 分）	1. 制定规划和年度计划（1 分） 2. 合理配置教育资源（3 分）	查布局调整相关文件、城乡发展规划文件，实地考察 1. 县级人民政府根据辖区适龄儿童、少年数量、分布状况以及人口发展趋势，制定义务教育学校布局调整规划和年度实施计划（1 分） 2. 留足教育发展用地及学校改扩建用地（1 分）；城市和城镇新建居民小区配套建设符合省定标准的义务教育阶段学校，学生实现就近入学（1 分）；妥善解决布局调整过程中出现的校舍闲置等问题（1 分）	1. 教育厅《关于实事求是地做好义务教育阶段学校布局调整工作的意见》（教基〔2007〕14 号） 2.《关于印发〈安徽省义务教育阶段学校办学条件基本标准〉（试行）的通知》（教基〔2007〕15 号） 3.《关于印发 2009—2013 年义务教育阶段学校标准化建设规划进度表的通知》（皖教基〔2010〕3 号） 4.《关于印发安徽省义务教育学校标准化建设考评实施方案及考评细则的通知》（皖教基〔2010〕18 号） 5.《关于印发安徽省中小学校舍安全工程实施方案的通知》（皖政办〔2009〕75 号） 6.《关于分解下达中小学校舍安全工程 2011 年度目标任务的通知》（皖教秘〔2011〕103 号） 7. 教育厅《关于进一步做好中小学信息技术教育应用与管理工作的通知》（教办〔2007〕7 号〕 8. 教育厅《关于全面推进农远工程应用与管理工作的意见》（教基〔2009〕8 号） 9. 教育厅《关于进一步加强中小学薄弱学校建设的意见》（教基〔2005〕8 号） 10. 教育厅《关于进一步做好薄弱初中学校建设工作的通知》（教基〔2006〕19 号）	
	B13 义务教育学校标准化建设 （11 分）	1. 工作规划（1 分） 2. 实施薄弱学校建设工程（1 分） 3. 实施校舍安全工程（2 分） 4. 实施寄宿制学校建设工程（1 分） 5. 完成情况（2 分） 6. 基础设施均衡程度（4 分）	根据安徽省义务教育学校标准化建设考评结果，查相关文件和财务，依据安徽省义务教育均衡发展状况监测数据，抽查 3～5 所城乡中小学 1. 县级政府制定标准化建设整体规划和分年度分学校台账（1 分） 2. 促进薄弱学校改造，辖区内薄弱学校逐年减少（1 分） 3. 完成当年校舍安全工程加固改造目标任务（1 分）；校舍安全工程施工程序规范、质量验收合格，无安全事故（1 分） 4. 加快农村寄宿制学校建设，满足当地学生住宿需求（1 分） 5. 按照“一扩三建四提高”要求，完成当年辖区内义务教育标准化建设任务（2 分） 说明：年度任务完成率每差 5%扣 0.2 分，扣完为止 6. 城乡中小学生均校园校舍、生均教学仪器设备值、音体美及理科实验仪器配备、生均图书达到安徽省义务教育阶段学校办学条件基本标准且基本均衡（4 分） 说明：专家根据市县（区）教育局统计情况和学校抽查情况赋分		
	B14 教育信息化建设 （3 分）	1. 经费保障（1 分） 2. 加强资源应用（1 分） 3. 均衡程度（1 分）	根据专项检查情况，查信息化建设文件档案、设施设备使用记录，抽查 3～5 所城乡中小学 1. 确保学校公用经费不少于 10%用于信息技术教育设备设施运行维护、教学软件添置等（1 分） 2. 学校使用信息技术设备和安徽基础教育资源网等资源进行教育教学，做到应用常态化（1 分） 3. 城乡中小学校间每百名学生拥有计算机台数基本均衡（0.5 分）；城乡中小学校校园网建设情况基本均衡（0.5 分） 说明：专家根据市县（区）教育局统计情况和学校抽查情况赋分		

（续表）

一级指标	二级指标	评估要点及分值	评分办法	评分依据	评分
A6 教育质量 （15分）	B15 教育教学 （9分）	1. 课程实施（2分） 2. 素质教育（5分） 3. 减轻学生负担（1分） 4. 建立综合评价制度（1分）	抽查3～5所城乡中小学，查课程计划、课程表和相关记录等 1. 严格执行国家课程方案，开齐课程，开足课时（2分） 2. 建立完善德育工作机制，德育工作特色鲜明（1分）；校园文化氛围浓厚，校风、教风、学风良好（1分）；开展阳光体育活动，保证学生每天锻炼1小时（1分）；学校每学年举办一次校园运动会、文化艺术、科技活动（1分）；加强安全教育和健康教育，培养师生自救互救能力（1分） 3. 提高课堂有效教学，不利用节假日组织学生集体补课，控制作业数量（1分） 4. 对学生在校期间品德、智力、体质等各方面进行综合评价，控制考试次数和难度，不公布学生考试成绩和排列名次（1分）	1. 教育部《关于贯彻落实科学发展观进一步推进义务教育均衡发展的意见》（教基一〔2010〕1号） 2.《关于深入推进义务教育均衡发展的意见》（皖政办〔2009〕88号） 3.《国家中长期教育改革和发展规划纲要（2010—2020年）》 4.《安徽省中长期教育改革和发展规划纲要（2010—2020年）》 5.《国务院关于深化教育改革全面推进素质教育的决定》（中发〔1999〕9号） 6.《关于基础教育改革与发展的决定》（国发〔2001〕21号） 7.《关于实施〈国务院关于基础教育改革与发展的决定〉的意见》（皖政〔2001〕85号） 8. 教育部《关于深化基础教育课程改革　进一步推进素质教育的意见》（教基二〔2010〕3号） 9. 教育部《关于大力加强中小学校园文化建设的通知》（教基〔2006〕5号）	
	B16 育人质量 （6分）	1. 初中毕业生升学（2分） 2. 学生综合素质（3分） 3. 初中毕业学业水平测试（1分）	依据安徽省义务教育均衡发展状况监测数据，抽查3～5所城乡中小学，查学校检测评价原始材料、统计材料，问卷调查、访谈 1. 初中毕业生升入高中阶段比例不低于80%（1分）；城乡初中毕业生升入高中阶段比例基本均衡（1分） 说明：初中毕业生升入高中阶段比例每差5%扣0.2分，扣完为止 2. 学生品德良好，行为规范，近3年学生违法率1‰以下（1分）；国家学生体质健康标准合格率不低于95%（2分） 说明：合格率每差5%扣0.2分，扣完为止 3. 城乡初中学校间毕业生毕业学业水平测试平均成绩基本均衡（1分）		

（续表）

一级指标	二级指标	评估要点及分值	评分办法	评分依据	评分
A7 满意度调查 （6分）	B17 内部评价 （3分）	1. 教师满意度（1分） 2. 学生满意度（1分） 3. 校长满意度（1分）	1. 教师对当地义务教育均衡发展工作的满意程度达到90%（1分） 2. 学生对当地义务教育均衡发展工作的满意程度达到90%（1分） 3. 校长对当地义务教育均衡发展工作的满意程度达到90%（1分） 说明：满意度每差5%扣0.2分，扣完为止	1.《国家中长期教育改革和发展规划纲要（2010—2020年）》 2.《安徽省中长期教育改革和发展规划纲要（2010—2020年）》	
	B18 外部评价 （3分）	1. 家长满意度（1分） 2. 两代表一委员满意度（1分） 3. 投诉情况（1分）	1. 家长对当地义务教育均衡发展工作的满意程度达到90%（1分） 2. 两代表一委员对当地义务教育均衡发展工作的满意程度达到90%（1分） 说明：满意度每差5%扣0.1分，扣完为止 3. 安徽教育网投诉受理平台当年未收到当地群众投诉或投诉经调查不实（1分）		
附加指标	加分	本地区在推进义务教育均衡发展、增加教育投入、改善办学条件方面具有示范引领作用	查县级人民政府提供表彰决定等相关材料和资料 1. 受到党中央、国务院表彰，每项3分 2. 受到教育部和省政府表彰，每项2分 说明：累计加分不超过5分	1. 教育部《关于贯彻落实科学发展观　进一步推进义务教育均衡发展的意见》（教基一〔2010〕1号） 2. 教育部《关于进一步推进义务教育均衡发展的若干意见》（教基〔2005〕9号） 3.《关于深入推进义务教育均衡发展的意见》（皖政办〔2009〕88号） 4.《关于进一步推进义务教育均衡发展的意见》（皖政〔2006〕54号）	
	一票否决	本地区在推进义务教育均衡发展方面存在重大过失	根据现场检查和上级通报，凡有以下情形之一的，当年不能认定为义务教育均衡发展合格县（区） 1. 中央、省划拨的各项教育经费没有按时足额拨付到学校，存在挤占、截留、挪用教育经费现象 2. 义务教育普及程度中的适龄儿童少年入学率，在校学生控辍率降到“普九”验收标准以下的 3. 义务教育阶段学校有重大违规办学行为，或发生重大安全责任事故，造成恶劣影响的		

课题组成员：汪开寿　武庆鸿　杨　幂　　　**撰写人**：杨　幂

本指标体系为2011年制定，为安徽省义务教育均衡发展督导评估提供了重要参考。

安徽省义务教育阶段学生课业负担监测指标体系

监测指标	监测要点
在校学习时间	学生在校学习时间(不含课间休息、课外活动和社会实践),小学生每天不超过 6 小时,初中生每天不超过 7 小时
	不组织走读生集体晚自习
	寄宿制学校学生结束晚自习时间不超过晚上 21 点
	不利用晚自习时间组织文化课补习或学科教学活动
课程实施	音乐、体育、美术、信息技术、综合实践活动、研究性学习等课程开设规范,无挪用、挤占现象
	无随意增减课程和课时、增加课程难度、赶超教学进度和提前结束课程现象
	未经省级教育主管部门同意,学校不组织学生参加各种违背教育规律的竞赛和竞赛班
	学校不分重点班和非重点班
体育锻炼	保证学生在校园内每天至少有 1 小时的体育锻炼时间
作业量	小学一、二年级不留书面课外作业
	小学生平均每天完成家庭书面作业时间控制在 1 小时内;初中生平均每天完成家庭书面作业时间控制在 2 小时内
	推行"课外零负担书面作业"模式,鼓励当堂作业
	增加学生课后阅读量
违规补课情况	不以任何名目在双休日、寒暑假和其他法定节假日组织学生集体上课补课
	教师不得对学生实行有偿家教、有偿补课,不私自在校外兼课、兼职
考试管理	坚持免试就近入学原则,学校不提前招生和举行任何形式的选拔性考试,不以各种学科竞赛成绩、特长评级作为录取依据
	小学、初中推行日常考试成绩无分数评价
	小学一、二年级每学期只进行期末考试,不组织期中考试
	试题依据课程标准,数量、难度、阅读量等适中,无偏题、难题、怪题
	不以考试成绩给班级、学生排列名次(座位、考场)

课题组成员:汪开寿　武庆鸿　林禄明　杨　昦　　　**撰写人:**杨　昦

安徽省中等职业学校学前教育专业评估指标体系

一级指标	二级指标	三级指标	分值	内涵说明	评价方法	得分	
						自评	评估
1. 专业设置（12分）	1－1 领导作用（4分）	1－1－1 教育理念	2	具有先进的教育教学理念，办学思路清晰，质量意识高，得2分	1. 听取汇报 2. 查看体现办学思路的相关文件		
		1－1－2 重视程度	2	1. 学校重视学前教育工作，学前教育的优先地位得到切实落实，得1分 2. 学校关心师生工作、学习和生活状况，注重合作育人，得1分	1. 听取汇报 2. 访谈教师和学生		
	1－2 发展思路（8分）	1－2－1 培养方案	1	人才培养方案符合现代学前教育要求，体现德、智、体、美全面发展，有利于学生师德、素养和技能提高，得1分	查阅人才培养方案、专业建设论证报告		
		1－2－2 专业定位	2	1. 专业定位符合学校整体发展规划和幼儿教师培养基本规律，得1分 2. 专业定位与学校的目标定位、层次定位、服务面向定位相一致，得1分	1. 听取汇报 2. 召开座谈会 3. 查阅资料		
		1－2－3 建设规划	3	1. 制定符合教育教学规律和学校实际的专业建设发展规划，并作为学校总体发展目标的重要内容，得2分 2. 专业建设规划可操作性强，落实到位，成效显著，得1分	1. 查看学校近期及远期发展规划、专业建设规划、近3年学校工作计划和总结		
		1－2－4 动态机制	2	深入开展调查研究，根据市场需求变化及时调整招生计划，形成专业动态调整机制，得2分	1. 查看调研报告		

（续表）

一级指标	二级指标	三级指标	分值	内涵说明	评价方法	得分	
						自评	评估
2. 办学条件（42分）	2—1 教学资源（18分）	2—1—1 基础设施	8	1. 有独立校园，能够满足教学与生活需要，得0.5分 2. 有形体训练室，达到每200名学生拥有1个形体训练室，得2分；达到每300名学生1个，得1分；达不到300人1个，得0分 3. 有音乐教室，保证学生上声乐课时能够使用，达到每200名学生1个，得2分；达到每300名学生1个，得1分，达不到300人1个，得0分 4. 有钢琴室，每15名学生1台，得2分；每20人1台，得1分；达不到20人1台，得0分 5. 有手工制作室，每200名学生1间，能够满足教学需要，得0.5分 6. 有微格、心理观察等专用教师和实验室，得0.5分 7. 各种专用教室平时开放，钢琴等乐器使用率高，得0.5分	1. 实地查看，按照在校生人数核实 2. 访谈学生 3. 查看使用记录		
		2—1—2 仪器设备	3	1. 生均教学仪器设备值达到2000元，得2分；达到1500元，得1分；否则，得0分 2. 配备多媒体教室和语音教室，百名学生配备计算机10台，得0.5分；百名学生配备语音室座位数10个，得0.5分	1. 实地查看 2. 查阅专业设备清单		
		2—1—3 图书资料	4	1. 教育类（主要是学前教育类）图书生均册数80册以上，得2分；70～80册之间，得1分；小于70册，得0分 2. 与专业教育有关的期刊20种以上，得1分；15种以上，得0.5分；少于15种，得0分 3. 每年新增专业图书达到生均4册，得1分；达不到，得0分	1. 实地查看图书馆 2. 查阅图书藏书统计表 3. 查阅图书		
		2—1—4 网络资源	3	1. 建立优质电子图书资源，利用效果好，得1.5分 2. 建成校园网，得0.5分 3. 实施计算机辅助教学管理，现代化管理水平高，得1分	1. 查阅电子图书和教师多媒体课件 2. 浏览校园网站		

（续表）

一级指标	二级指标	三级指标	分值	内涵说明	评价方法	得分	
						自评	评估
2. 办学条件（42 分）	2—2 师资队伍（24 分）	2—2—1 专任教师	10	1. 专任教师与本专业在校学生之比达到教育部的规定比例 1∶16，得 3 分；达 1∶24，得 2 分；达 1∶30，得 1 分；否则得 0 分 2. 专任教师数达到教职工总数的 70%，外聘教师达到专业教师总数的 10%，得 2 分；达到其中一项，得 1 分 3. 专任教师具有本科及以上学历人数应达到 100%，具有硕士及以上学历人数达到 20%，得 2 分；达到其中一项，得 1 分 4. 中高级职称比例合理，具有高级专业技术职称的比例不低于 25%，中级专业技术职称及以上人数不低于 40%，得 2 分；达到其中一项，得 1 分 5. 每门主干课程专任教师不少于 2 人，并配有骨干教师，得 1 分	1. 查看招生计划、学生学籍档案、教师统计表或工资表 2. 抽查教师资格证、学历证书、职称证书、聘任文件等材料 3. 查看骨干教师名单等		
		2—2—2 梯队建设	3	1. 教师的年龄结构、学历结构、职称结构、专业结构分布合理，发展趋势良好，得 2 分；其中有一项不合理，扣 0.5 分，扣完为止 2. 有学科带头人和一定数量的骨干教师，得 1 分	1. 查骨干教师、学科带头人等文件		
		2—2—3 教科研能力	7	1. 近 3 年每年专业教师公开出版学术著作或教材，每本 0.5 分，总分不超过 2 分 2. 近 3 年人均每年发表论文 2 篇以上，得 1.5 分；1 篇以上，得 0.5 分，否则得 0 分 3. 近 3 年科研课题立项，国家级每项 1 分，省级每项 0.5 分，市级每项 0.3 分。总分不超过 2.5 分 4. 近 3 年本专业教师平均每年获省级以上奖励 2 次，得 1 分；1 次，得 0.5 分，否则得 0 分	1. 查看学术著作或教材出版原件、论文期刊、课题立项文件、获奖证书及文件等资料		
		2—2—4 教师参与教改活动	4	1. 每周教研活动时间两小时以上，得 0.5 分 2. 教研活动内容丰富，有专题研究，有利于教学质量提高，得 1 分；教研组工作有计划、有记录、有总结，得 0.5 分 3. 参与校级及以上教改立项教师比例达到专任教师总数的 15%，得 1 分 4. 定期组织教师参与继续教育与培训，有培训措施，培训合格率达 100%，得 1 分	1. 查看教研组工作计划及记录、总结、培训资料等 2. 查阅教师继续教育毕业证书、培训计划及相关资料		

（续表）

一级指标	二级指标	三级指标	分值	内涵说明	评价方法	得分	
						自评	评估
3. 教学过程与管理（30分）	3－1 教学运行（20分）	3－1－1 教学计划	5	1. 教学计划制订科学、合理，符合人才培养要求，执行情况良好，得1分 2. 对每门课程（或实验）的教学目标、教学内容、教学要求、教材、教法、考核方式和参考书目有明确要求，得3分 3. 严格按照培养方案的要求组织实施教育教学工作，得1分	1. 查看教学实施方案、教学计划、教学日历等 2. 访谈教师和学生		
		3－1－2 课程建设	6	1. 符合本专业人才培养目标，并严格执行，效果较好，得1分 2. 积极开展课程体系和课程内容改革，措施有力，成效明显，得1分 3. 建立科学的教材评估和选用制度，执行情况良好，得2分 4. 主要使用国家规划教材，能选用公认水平较高的教材，得1分 5. 能够根据学前教育实际需要编写校本教材，得1分	1. 查看课程设置目录、使用教材一览表（标明选用或自编）		
		3－1－3 教学方法	3	1. 能够使用多媒体和网络进行教学，成效显著，得1分 2. 重视改革教学方法，体现学生主体，突出能力培养，得2分	1. 听取汇报 2. 查看教学设计、教案 3. 访谈教师和学生		
		3－1－4 实践教学	6	1. 内容设计科学合理，符合培养目标，有特色，效果好，得1分 2. 积极开展各种技能等级证书考取工作，能够实行“双证制”，得2分 3. 建立必需的校内实训基地和较为稳定的校外实习基地，能满足学生职业技能和实践能力的需要，得2分；达到其中一项，得1分 4. 校外实习管理制度齐全，管理规范，执行严格，得1分	1. 实地查看校内实训基地，抽查校外实习基地 2. 查阅合作协议书、实习计划、实习实训记录等实践教学资料 3. 通过访谈，了解开展等级证书考取工作		

（续表）

一级指标	二级指标	三级指标	分值	内涵说明	评价方法	得分	
						自评	评估
3. 教学过程与管理（30分）	3－2 质量监控（10分）	3－2－1 管理制度	2	1. 教学管理规范，规章制度健全，执行严格，得1分 2. 各类教学文件完整，有学年和学期工作计划、工作记录和总结，执行情况好，得1分；缺一项扣0.5分，扣完为止	1. 查看管理制度汇编、教学文件、工作计划、工作总结等		
		3－2－2 质量标准	2	制定主要教学环节的质量标准，严格执行，效果好，得2分	1. 查阅相关文件 2. 访谈有关教师		
		3－2－3 教学环节监控	3	1. 教学质量保障与监控体系完善，监控及时、到位，运行有效，得1分 2. 对教案编写、作业批改、考试命题和试卷评阅、辅导答疑、实践教学等各个教学环节有明确的监控措施，执行有力，得2分；缺一项，扣0.5分，扣完为止	1. 查阅质量监控的组织机构文件、教师教学质量评价方案等 2. 访谈有关教师		
		3－2－4 教学评估与检查	3	1. 积极开展学生评教、教师评教和教师评学的活动，成效显著，得2分 2. 制定学生专业能力年度考核办法，执行情况良好，得1分	1. 访谈教师和学生 2. 查看资料		
4. 教育质量与效益（16分）	4－1 教学效果（7分）	4－1－1 学生专业知识	1	教育基本理论掌握较好，专业知识面较宽，得1分	1. 查看学生年度学习成绩		
		4－1－2 学生综合素质	4	1. 思想道德修养高，心理素质好，具有社会责任感，得0.5分 2. 积极参加各类技能比赛，获得国家级竞赛三等奖以上1次，得1分；获得省级竞赛三等奖以上1次，得0.5分；两项累计不超过3分 3. 学生较多参与社会实践活动，得0.5分	1. 查看学生获奖证书		
		4－1－3 学生创新能力	2	1. 学生热爱生活，具有一定的创新精神，得0.5分 2. 近3年获得省级以上创意类奖项1次以上，得1分；市级以上奖项1次，得0.5分；两项累计不超过1.5分	1. 召开教师和学生座谈会		

（续表）

一级指标	二级指标	三级指标	分值	内涵说明	评价方法	得分	
						自评	评估
4. 教育质量与效益（16分）	4－2 就业质量（6分）	4－2－1 就业率	4	1. 近3年，平均就业率达90%，得1.5分；达80%～90%，得1分；达75%～80%，得0.5分；达75%以下，得0分 2. 近3年，平均专业对口率达80%，得1.5分；达70%～80%，得1分；达60%～70%，得0.5分；达60%以下，得0分 3. 有就业、创业典型事例，得1分	1. 查看就业率和对口就业率统计表 2. 访谈相关人员		
		4－2－2 社会评价	2	1. 毕业生就业质量跟踪工作计划具体，用人单位评价反馈及时有效，得1分 2. 用人单位对毕业生的好评率高，社会形象好；得1分	1. 访谈用人单位有关人员 2. 近3年毕业生获得用人单位表彰情况		
	4－3 综合效益（3分）	4－3－1 毕业生数量	1	1. 连续多年为社会输送毕业生，较好地满足地方发展需要，得1分	1. 查看近几年毕业生数量 2. 查阅就业、创业典型材料		
		4－3－2 社会服务	2	采用灵活新颖的教学方式开展幼儿教育，积极为当地经济社会发展服务，得2分	1. 访谈用人单位有关人员		

备注：本指标体系一级指标4个，二级指标9个，三级指标29个。

评估结论分为优秀、合格、基本合格、不合格四种，其标准如下——优秀：85分以上；合格：75～84分；基本合格：60～74分；不合格：小于60分。

课题组成员：汪开寿　严　萍　　　**撰写人：**严　萍

安徽省普通高中国际班评估指标体系(试行)

学校名称：　　　　　　　　　　　　　　　　　　项目名称：

一级指标(分值)	二级指标(分值)	评估要点及分值	评分依据	评分
A－1 培养目标与培养方案 (10分)	B－1 培养目标 (4分)	坚持党的教育方针和社会主义办学方向,全面实施素质教育,在《中华人民共和国教育法》等相关法律法规范围内实施培养,促进学校多元发展,特色发展(2分)	1. 听取学校分管领导和项目主要负责人汇报 2. 查看中外合作办学协议书及办学方案 3. 查看合作方法人资格证明、我驻外使(领)馆提供的外方学校及机构的资质认证、相关课程学分认证程序与要求等材料(发放国外证书适用)	
		培养目标与获得《项目批准书》时的承诺、与招生简章及招生广告宣传中的承诺相符(2分)		
	B－2 培养方案 (6分)	培养方案必须符合培养目标要求,科学、合理、可行(2分)		
		具备全面规范的国际班教育教学计划、国外课程学分认证程序与要求、毕业标准(2分)		
		体现引进优质教育资源,促进学校多元发展、特色发展等内容(2分)		
A－2 师资队伍与教学设施 (20分)	B－3 师资评聘 (6分)	建立中外双方师资评聘标准和评聘程序,并严格按照规定操作(2分)	1. 查看外国文教专家聘请单位资格证明、外籍教师个人信息相关资料 2. 查看教师业务档案和教师培养计划 3. 个别访谈 4. 实地考察设施及使用记录	
		具备开设国际课程所需要的师资条件,具备外籍教师聘请资质,聘请的外籍教师必须年审合格,且实际聘请时间不少于一年(2分);境外合作方对所推荐聘任的外籍教师进行跟踪管理,并提供其个人品行和教育教学能力的评鉴材料(2分)		
	B－4 师资结构 (4分)	中外双方师资队伍的整体学历结构、教学经验、实践经验,以及外籍教师的比例等符合中外合作办学的要求(4分)		
	B－5 师资培训 (4分)	依法建立教师培训制度,制定有师资队伍建设计划及相应的保障实施措施;并能够认真执行(4分)		
	B－6 教学设施 (6分)	具有相对独立的校舍场地和良好的设施设备,能够满足教学活动的需要(6分)		

（续表）

一级指标（分值）	二级指标（分值）	评估要点及分值	评分依据	评分
A—3 教学组织与质量监督 （30分）	B—7 教学计划 （7分）	教学计划完整，能够充分体现项目培养方案（2分）	1. 查看教学计划和课程实施方案、课表、教材目录及样书等 2. 随机调查课程方案落实情况 3. 召开教师、学生座谈会 4. 听课	
		课程安排科学合理，能充分体现中外合作办学特色（1分）；课程设置引进的境外课程（特别是人文学科课程）经省级教育行政部门审核并通过（1分）		
		在完成国家规定课程的前提下，教学计划自主开展教育教学活动（2分）；采取适当方式，方便国际班学生参加高中学业水平考试（1）分		
	B—8 教材建设 （5分）	建立科学的教材引进和选用制度，引进国际上具有先进性的教材并经省中小学教材审定委员会审查通过（3分）；教材选用的整体水平较高，使用效果较好（2分）		
	B—9 教学方式 （5分）	教学方式选用得当，能体现国际班特色和课程特点（3分）		
		教学语言与培养要求相适应等（2分）		
	B—10 教学文件及教学档案 （3分）	教学文件及教学档案完整、齐备。教学文件包括：培养方案、教学计划、教学日历、课程教学大纲及相关管理制度文件等；教学档案包括：学生学籍材料、成绩登记表、课程考核的原始材料等（3分）		
	B—11 教学质量监控 （10分）	认真执行教育行政部门相关文件，办学行为规范（6分）		
		建立健全教育教学质量监控机制并有效运行（4分）		

（续表）

一级指标（分值）	二级指标（分值）	评估要点及分值	评分依据	评分
A—4 项目管理 （25）	B—12 管理机构 （6分）	建立项目管理机构，配备专职工作人员，管理制度健全并发挥作用（2分）	1. 查阅有关档案资料 2. 考察学校机构设置和职能划分 3. 个别访谈	
		按照管辖权限按时参加教育行政部门组织的年审，定期向上级管理部门提交办学报告，每年向社会公布办学基本情况（2分）；办学过程中与合作方合作方式、内容等发生实质性变化按管辖权限履行报备手续并通过（1分）；境外合作方按年度提供其主管机构和社会组织对其发展情况的评价材料（1分）		
	B—13 资金管理 （4分）	依法建立健全财务、会计制度和资金管理制度，并按照有关规定设置会计账簿（2分）	1. 查看财务资料，包括年度财务会计报告、会计账簿、审计报告等 2. 听取有关负责人汇报 3. 个别访谈	
		学费标准合理，体现公益性办学原则，办学结余继续用于国际班的教育教学活动或改善办学条件（1分）；实行收费公示制度，收费项目和标准符合国家有关规定和当地实际，在招生简章或招生广告中载明并向社会公布（1分）；严格按学期收费，不跨学期预收（1分）		
	B—14 招生管理 （7分）	按照市教育行政部门下达计划招生，招生规模合理（2分）；遵守我省普通高中招生管理有关规定，不跨市招生，不借国际班招生之名招收择校生（2分）	1. 查看招生简章与招生广告等资料 2. 召开学生座谈会或个别访谈 3. 查看举报或投诉情况处理资料	
		招生政策、过程、信息公开，实行“阳光操作”(1)分；招生简章、招生广告真实可信，与审批的申报材料一致，并报市教育行政部门审核(3分)		
	B—15 学籍管理 （2分）	依规建立学籍管理制度，纳入普通高中学生统一管理（2分）	1. 查看学籍管理相关制度、资料 2. 召开学生座谈会或个别访谈	
		已录取的国际班学生中考分数未达到本校录取分数线的，不得与本校普通班学生进行学籍互转（3分）		

（续表）

一级指标（分值）	二级指标（分值）	评估要点及分值	评分依据	评分
	B—16 文凭证书管理（4 分）	建立符合法规要求的、规范的颁发文凭证书的管理办法(1)分;所颁发的文凭证书必须与中外合作办学项目审批以及招生简章和招生广告宣传中的承诺相符(1 分);取得国内高中毕业证书需修完全部规定课程并确定相应学分,学业水平考试成绩和综合素质评价合格,学制满三年;取得国外教育机构学历证书需与该教育机构在其所属国颁发的学历证书相同,并在该国获得承认(2 分)	查阅颁发文凭证书的具体管理办法、证书样本等材料	
A—5 培养质量与社会反响（15 分＋20 分）	B—17 培养质量（10 分）	学生按课程计划完成课程学习,学业质量达到课程目标要求,学生个人发展状况良好(10 分)	1. 现场测评 2. 随机抽查学生作业、测试卷等 3. 个别访谈 4. 查阅上级主管部门收到投诉及处理情况	
	B—18 工作满意度（6 分）	国际班学生满意度分值＝(参加抽样调查国际班学生对国际班工作满意人数÷参加抽样调查国际班学生总人数)×3 分(3 分)		
	B—19 工作特色加分（20 分）	国际班在师资队伍建设、课程开发与管理、办学模式与项目管理、教学组织与质量监控、教学改革与质量提升等方面紧密结合实际,积极创新思路,工作特色鲜明,社会反响良好(20 分)		

备注:本评估指标体系有 5 项一级指标,19 项二级指标。该评估指标体系在参照安徽省《关于加强普通高中国际班管理的意见》(皖教基〔2012〕23 号)及教育部中外合作办学项目指标制定,做到可测可评,赋予分值,不含 B—19 工作特色加分。合格:80～100 分;基本合格:60～79 分;不合格:0～59 分。

本指标体系为 2013 年制定,适用于安徽省普通高中国际班评估。

撰写人:林禄明

安徽省高等学校中外合作办学项目评估指标体系(试行)

合作项目名称：　　合作专业：　　办学层次：

一级指标（分值）	二级指标（分值）	评估要点及分值	评分依据	评分
A－1 培养目标与培养方案 （10 分）	B－1 培养目标 （4 分）	在培养层次、人才类型、服务面向等方面定位科学、合理；符合当前经济社会发展需要（2 分）	1. 听取学校分管领导和项目主要负责人汇报 2. 查看项目申报书、项目规划书、人才培养方案等资料	
		培养目标与获得《项目批准书》时的承诺、与招生简章及招生广告宣传中的承诺相符（2 分）		
	B－2 培养方案 （6 分）	培养方案必须符合培养目标要求，科学、合理、可行（2 分）		
		实施本科以上高等学历教育的中外合作办学项目的教育教学计划、培养方案、学制年限的制定和执行必须符合国家的有关规定；实施外国教育机构学士学位以上学历学位教育的中外合作办学项目的教育教学计划、培养方案、课程设置、教学内容应不低于外国教育机构在其所属国的标准和学术要求；同时实施中国高等学历教育和外国学历学位教育，并颁发中国学历、学位证书和外国教育机构学历、学位证书的中外合作办学项目的培养目标、培养要求、课程设置、教学内容等必须满足双方的学术要求（3 分）		
		培养方案能够体现出引进优质教育资源等内容（1 分）		
A－2 师资队伍与教学设施 （20 分）	B－3 师资评聘 （6 分）	建立中、外双方师资评聘标准和评聘程序，并严格按照规定操作（3 分）	1. 查看学校有关档案资料 2. 查看教师业务档案和教师培养计划 3. 随机选择部分学生、教师了解情况 4. 实地考察设施及使用记录	
		聘任的外籍教师必须具备学士以上学位和相应的职业证书，并具有 2 年以上教育、教学经验（3 分）		

（续表）

一级指标（分值）	二级指标（分值）	评估要点及分值	评分依据	评分
A—2 师资队伍与教学设施（20分）	B—4 师资结构（4分）	中外双方师资队伍的整体学历结构、教学经验、实践经验，以及外籍教师的比例等符合中外合作办学的要求（4分）		
	B—5 师资培训（4分）	依法建立教师培训制度，制定师资队伍建设计划及相应的保障实施措施；并能够认真执行（4分）		
	B—6 教学设施（6分）	校舍、实验室、实习基地、图书馆、多媒体教学设施、案例教学条件、计算机及网络等，符合规定的标准和要求，并且能够满足教学活动的需要（6分）		
A—3 教学组织与质量监督（25分）	B—7 教学计划（5分）	项目教学计划的制订能够充分体现项目培养方案（1分）	1. 查看教学计划和课程实施方案 2. 查看总课表和班级课表等 3. 随机调查课程方案落实情况 4. 召开教师、学生座谈会 5. 听课	
		课程安排能够体现外方课程特色，能够结合学科、专业特点，开设必要的国情课程、专题讲座、专题报告及实践活动等（1分）		
		引进的外方课程和核心课程达到项目全部课程和核心课程的三分之一；外籍教师担负的专业核心课程的门数和教学时数达到全部课程的三分之一（2分）		
		严格按照教学计划组织实施教学等（1分）		
	B—8 教学大纲及教材（5分）	课程教学大纲编写规范、科学、合理（1分）		
		建立科学的教材引进和选用制度，引进了在国际上具有先进性的教材（2分）		
		教材选用的整体水平较高，使用效果较好（2分）		
	B—9 教学方式（5分）	适应学科专业的特点，采取多媒体教学、案例教学等教学方式（3分）		
		教学语言与培养要求相适应等（2分）		

（续表）

一级指标（分值）	二级指标（分值）	评估要点及分值	评分依据	评分
A—3 教学组织与质量监督 （25 分）	B—10 教学文件及教学档案 （4 分）	教学文件及教学档案完整、齐备。教学文件包括：培养方案、教学计划、教学日历、课程教学大纲及相关管理制度文件等；教学档案包括：学生学籍材料、成绩登记表、课程考核的原始材料等（4 分）		
	B—11 教学质量监督 （6 分）	建立教学质量过程保障机构，建立教学质量监督机制、保证教育质量持续改进的反馈机制和激励机制（3 分）		
		项目实施学校采取有效措施保证课程设置、教学内容不低于该外国教育机构在其所属国的标准和要求（3 分）		
A—4 项目管理 （25）	B—12 管理机构 （8 分）	依法建立项目管理机构，管理制度健全，定期召开管理机构会议，项目管理机构确实能够起到领导和监督作用（2 分）	1. 查阅有关档案资料 2. 考察学校机构设置和职能划分 3. 召开教职工座谈会 4. 个别访谈	
		与学生建立有效的沟通机制，提供良好服务（2 分）		
		每年向社会公布项目的办学层次和类别、专业设置、课程内容、招生规模、收费项目和标准等办学基本情况（2 分）		
		定期向上级管理部门提交办学报告，内容应当包括招收学生、课程设置、师资配备、教学质量、财务状况等基本情况（2 分）		
	B—13 资金管理 （5 分）	依法建立健全财务、会计制度和资金管理制度，并在学校财务账户内设立中外合作办学项目专项，统一办理收支业务（2 分）	1. 查看财务资料，包括年度财务会计报告、会计账簿、审计报告等 2. 听取有关负责人汇报 3. 个别访谈	
		收费项目和标准符合国家有关规定，并向社会公布；按照学年或者学期收费；以人民币计收学费和其他费用，不得以外汇计收学费和其他费用，无抽逃办学资金、挪用办学经费的情况；所收取的费用主要用于教育教学活动和改善办学条件，办学结余应当继续用于项目的教育教学活动或办学条件改善，不得从事营利性经营活动（3 分）		

（续表）

一级指标（分值）	二级指标（分值）	评估要点及分值	评分依据	评分
A－4 项目管理（25）	B－14 招生和学籍管理（6分）	制定招生录取管理办法；纳入国家高等学校招生计划并严格按照同批次录取，颁发外国学历学位的中外合作办学学生的录取标准不低于外国教育机构在其所属国的录取标准（2分）	1. 查看招生简章与招生广告等资料 2. 召开学生座谈会或个别访谈 3. 查看举报或投诉情况处理资料	
		依法建立学籍管理制度，学生学籍在境外教育机构注册（2分）		
		招生、录取、考试工作严谨规范，建立比较完整的原始档案材料；实际招生与招生简章和招生广告宣传的承诺相符。招生简章和招生广告必须具备完整的原始备案材料（2分）		
	B－15 文凭证书管理（6分）	建立了符合法规要求的、规范的颁发文凭证书的管理办法（2分）		
		颁发中国学历学位证书的项目严格按照国家有关规定要求执行；颁发的外国教育机构的学历、学位证书与该国教育机构在其所属国颁发的学历、学位证书相同，并在该国获得承认（2分）	1. 查阅颁发文凭证书的具体管理办法 2. 颁发的外国教育机构学历和证书在该国获得承认的资质认证证书 （如暂无毕业生，此项后两点刨除，比例折算总分）	
		所颁发的文凭证书必须与中外合作办学项目审批以及招生简章和招生广告宣传中的承诺相符（2分）		
A－5 培养质量与社会反响（20分）	B－16 学生满意度（8分）	满意度达99%以上，得8分；满意度在95%～99%，得7分；满意度在90%～95%，得6分；满意度在85%～90%，得5分；满意度在80%～85%，得4分；满意度在75%～80%，得3分；满意度在70%～75%，得2分；满意度在65%～70%，得1分；满意度低于65%，不得分（8分）	1. 现场测评 2. 随机抽查学生作业、测试卷、论文等 3. 个别访谈 4. 查阅上级主管部门收到投诉及处理情况	
	B－17 学业质量（8分）	学生按课程计划完成课程学习，学业质量达到课程目标要求（8分）		
	B－18 社会反响（4分）	办学项目未受到社会投诉，或受到投诉经查不属实（4分）		

备注：本评估指标体系有5项一级指标，18项二级指标。该评估指标体系在参照教育部中外合作办学项目指标基础上，将其进一步细化，做到可测可评，赋予分值，努力体现国家对中外合作办学的方针政策，力求反映中外合作办学项目的特点、走势和方向。合格：85～100分；基本合格：70～84分；不合格：0～69分。

课题组成员：汪开寿　武庆鸿　林禄明　严　萍　杨　淉　　**撰写人：**严　萍

本指标体系为2012年制定，适用于安徽省高等学校中外合作办学评估。2012年、2013年据此分别对合肥学院和安徽中澳科技职业学院中外合作办学项目进行了评估。

安徽省普通高校大学生创新创业教育示范校评选标准

一级指标	二级指标	具体分值
组织领导（10分）	校级组织（4分）	学校党政领导高度重视创新创业教育工作，成立校创新创业教育指导委员会或创新创业教育工作领导小组（2分）；把创新创业教育作为高等教育教学改革的重要内容，开展普遍的创新创业教育，培养大学生的创新精神、创业意识和能力（2分）
	机构建设（3分）	成立常设创新创业教育工作机构（2分）；并设专人负责全校大学生创新创业教育工作（1分）
	工作机制（3分）	形成学校主要领导牵头，分管校领导具体负责，教学、科研、学工、产业、财务等部门共同配合，全体教职员工和学生积极参与的创新创业教育领导体制和工作机制（3分）
工作条件（15分）	经费投入（6分）	将创新创业教育所需经费纳入年度预算，并逐年加大对创新创业教育的资金投入（3分）；通过积极自筹、社会捐助、个人支持等渠道，建立大学生创新创业投资基金，用于扶持重点创业项目，支持学生创业实践（3分）
	硬件建设（2分）	配备计算机、打印机、传真机、复印机、长途电话、音像设备等常用设备（和其他部门兼用也可）（2分）
	工作队伍（7分）	在发挥现有教师队伍作用的基础上，通过培养、引进、使用等环节的不断优化，建设与创新创业教育要求相适应的、专兼相结合的高素质创新创业教育师资队伍（4分）；积极选派创业指导教师参加国内外专业培训（3分）
工作内容（50分）	制度建设（4分）	结合实际，制定具有行业特征、学校特色、专业特点的推进创新创业教育的操作性办法和规定，明确创新创业教育的指导思想、基本目标、政策措施和保障办法（2分）；组织院（系）大学生进行创新创业教育经验总结、交流，建立并实施创新创业教育工作奖惩制度（2分）
	基地建设（12分）	充分利用和依托学校已有创业园、科技园、软件园或产学研基地等为大学生提供创业孵化基地，或为大学生创业提供相对固定的场所，每校至少建立2个以上的创新创业教育实践、创业项目孵化等基地（7分）；对大学生创业项目给予资金、技术、智力和政策等方面的扶持，提供经常性的咨询、指导和跟踪服务（5分）

（续表）

一级指标	二级指标	具体分值
工作内容（50分）	创业教育（12分）	将“创业基础”作为面向全体高校学生开展创业教育的核心课程，纳入学校教学计划，不少于32学时、不低于2学分（10分）
	创业指导与实践（12分）	开设创新创业教育公共必修（选修）课，列入职业发展与就业指导课程教学计划（4分）；积极开展大学生创业带头人培训，对有创业愿望的学生进行针对性指导，在校大学生接受创业指导和创业技能培训的人数不少于20%（4分）；建立大学生创业社团组织，经常组织创业计划大赛等与创新创业教育相关的活动（4分）
	创业宣传（4分）	经常性举办大学生创业成功典型宣传教育活动，充分发挥典型示范带动作用，挖掘树立大学生成功创业典型，广泛宣传，提高大学生的创业意识和能力（4分）
	调查研究（6分）	成立大学生创新创业教学研究机构（2分）；深入开展大学生创新创业教育和研究工作，学校当年在省级报纸杂志公开（有CN刊号）发表创新创业教育工作研究文章3篇以上（2分）；开展毕业生创业状况分析、毕业生创业跟踪调查（2分）
工作绩效（25+10分）	工作实绩（25分）	参加创业实践的大学生逐年增加，在培养大学生创业意识和创业能力方面有成效，学校近3年来在校生或毕业生中有创业成功典型和案例（17分）
		在大学生创业教育工作中有创新、有特色，在全省具有示范、辐射和带动作用（6分）；积极支持、参与全省大学生创业教育活动，并作出突出贡献（2分）
	工作特色（10分）	在一个评估周期内，学校在增加经费投入、加强师资队伍建设、完善服务体系、开展创新创业教育和培训、建设和利用创业孵化基地、组织创业社团、挖掘创业典型等方面，紧密结合实际，积极创新工作思路，采取切实有效的举措，培养大学生创业意识和能力，引导大学生进行创业实践，形成鲜明工作特色，得到社会认可，通过新闻媒体以及会议交流宣传推广（10分）

撰写人：林禄明

安徽省高等教育自学考试社会助学机构评估指标体系

一级指标（分值）	二级指标（分值）	评分要点（分值）	评分办法	赋分
A1 组织管理（20 分）	B1 组织机构（5 分）	1. 领导班子健全，负责人具有 5 年以上从事高等教育管理经历、中级以上职称或者大学专科以上学历；年龄不超过 65 周岁，能全职从事助学机构的管理工作（2 分） 2. 建立了教务、学生管理、保卫、后勤等常设机构，配备与助学规模相适应的辅导员（班主任）、宿管员以及专职或兼职的教学督导员，专职教学管理人员具有相应的管理工作经历（3 分）	1. 查领导班子成员、专职教学管理人员资格 2. 查学校机构设置及管理人员名册、工作岗位	
	B2 登记注册（5 分）	1. 助学机构办学单位具有高等非学历教育资质，经教育行政部门批准，在省考办登记注册；助学专业、层次严格履行审批、登记备案手续（3 分） 2. 积极主动接受教育行政部门和自考管理部门的检查、指导和监督（1 分） 3. 及时按要求上报自评报告、提交年审和评估的有关材料（1 分）	1. 查办学许可证、事业单位法人证或其他批准文件和证明 2. 听取汇报，核查相关记录 （如发现提交虚假证明文件或存在采取欺诈手段骗取助学资格情况，实行一票否决）	
	B3 安全稳定（5 分）	1. 建立安全稳定责任制，法定代表人为第一责任人；制定和完善《突发事件应急处置预案》（2 分） 2. 强化校园及周边治安综合治理，加强与当地综治部门联系，积极消除各类安全隐患，有效预防影响安全稳定的事件发生（3 分）	1. 查相关制度文件、记录 2. 听取汇报，专家现场提问，实地查看助学场所 （如发生考生集体上访等群体事件，B3 项记 0 分，情节恶劣的，实行一票否决；发生重大安全责任事故，实行一票否决）	
	B4 财务管理（5 分）	1. 财务制度健全，管理规范（1 分） 2. 严格执行省物价局收费标准，收费项目备案且公示（1 分） 3. 收费行为规范，开具正式发票（1 分） 4. 有相对稳定的经费来源，确保教育教学正常运转；流动资金不低于 30 万元（2 分）	1. 查近年财务管理资料 2. 查向物价部门履行备案手续的材料、收费公示表、收费发票存根	

（续表）

一级指标（分值）	二级指标（分值）	评分要点（分值）	评分办法	赋分
A2 办学条件 （30 分）	B5 场地设施 （15 分）	1. 具备相对固定的、与办学规模相适应、产权明确且独立使用的办学场所。非全日制自学考试助学机构校舍面积不少于 1000 平方米、全日制自学考试助学机构校舍面积不低于 3000 平方米，教学面积不低于 80%，生均建筑面积不低于 10 平方米；其中自有校舍面积不低于 200 平方米。若租赁场地开展助学活动的，租赁手续完备、齐全、规范（5 分） 2. 具有与助学规模、专业相适应的微机室、多媒体教室、配套教学设施设备等，设备总值不少于 100 万元，图书资料不少于 10000 册（5 分） 3. 后勤保障设施健全，符合消防、卫生要求，办学条件安全、达标（5 分）	1. 查土地证、房产证；租赁办学查租赁合同和租赁期内房屋的使用许可证书 2. 现场查看教室、相关仪器设备等 3. 查校舍安全和达标证明、卫生许可证、消防安全合格证、餐饮服务许可证等材料，实地查看学生食宿场所	
	B6 师资队伍 （15 分）	1. 具备相对稳定、与办学规模相适应、符合教学要求的师资力量。配备至少 3 名专职管理人员，每个专业（课程）配备至少 2 名专职教师（5 分） 2. 教师均具有高校教师资格证，其中 50%以上具有中级及中级以上职称（5 分） 3. 按照不高于 20∶1 的生师比配备专任教师；专职教师数量不少于其教师总数的 1/3（5 分）	1. 查教师名单、聘用合同和学历证书、资格证书、专业技术职务证书的复印件	
A3 办学行为 （30 分）	B7 招生工作 （15 分）	1. 招生简章、广告宣传对助学机构的性质、学历层次、办学地点、食宿条件、收费标准、证书类别、颁证方式均须逐一明确，无虚假和误导信息（5 分） 2. 助学机构派专人或设置专门的部门负责生源组织工作，制订了周密的招生工作方案（5 分） 3. 无违规招生行为（5 分）	1. 查审批记录，2010 年和 2011 年招生简章和广告，学校自建网站、社会专业网络机构发布的宣传 2. 查招生工作人员名册和培训资料、招生方案 3. 查相关记录，有无举报且是否属实 （如发生重大违规事件，实行一票否决）	
	B8 教学管理 （15 分）	1. 根据专业计划和考试课程安排编制教学计划，课程安排合理（5 分） 2. 具有完整的教学、考籍等档案（2 分） 3. 根据专业计划和教材大纲的要求，足时开课，严格按照进度授课（5 分） 4. 通过正规渠道购买、使用正版教材（3 分）	1. 查课程教学计划 2. 查教师笔记、教学管理档案资料、学生作业、测试资料和考勤记录等 3. 查班级课表，访谈学生，随机进教室听课 4. 查购买教材的票据	

（续表）

一级指标（分值）	二级指标（分值）	评分要点（分值）	评分办法	赋分
A4 办学效益 （30 分）	B9 社会效益 （15 分）	1. 考风考纪良好，无群体性违规舞弊事件（7 分） 2. 具有稳定的教学质量和良好的社会声誉，无群体性上访事件（8 分）	1. 查省自考办的相关记录 2. 查相关记录，访谈学生 （如发生重大违规事件，实行一票否决）	
	B10 满意度 （15 分）	满意度达 95%及以上（15 分） 满意度在 90%～94%（13 分） 满意度在 85%～89%（11 分） 满意度在 80%～84%（9 分） 满意度在 75%～79%（7 分） 满意度在 70%～74%（5 分） 满意度在 65%～69%（3 分） 满意度低于 65%（0 分）	1. 随机抽取学生 30 人，现场组织满意度调查。按实际满意度调查问卷统计数字分层赋分，统计数字四舍五入保留到整数位	

说明：1. 本评估考核体系设 4 项一级指标、10 项二级指标；量化指标的满分为 100 分。

2. 评估按得分分为优秀、合格、基本合格和不合格四个等次：总分≥90 分为优秀，总分≥75 分且<90 分为合格，总分≥60 分且<75 分为基本合格，总分<60 分为不合格。评为“基本合格”的助学机构，限期 1 年整改，期满后复评。评估结论有效期 3 年；如在 3 年内出现一票否决的情况，立即撤销“优秀”或“合格”等次。

课题组成员：汪开寿　武庆鸿　杨　累　徐光武　　　**撰写人：**杨　累

本指标体系为 2012 年制定，适用于安徽省高等教育自学考试社会助学机构评估。

县域义务教育阶段学校办学效能评估指标体系

A级指标	B级指标	C级指标	评分办法	信息采集手段方法	责任科室
A1 办学方向 （7.5分）	B1 办学理念 （5.5分）	C1 贯彻教育方针 （1分）	1. 学校办学思想端正，实施素质教育有具体措施和过程性记录（1分）	查阅资料 问卷调查 个别访谈	教育科
		C2 面向全体学生 （1分）	1. 不编“重点班”“快慢班”；凡有“实验班”“特长班”等情况，均应有县教育行政部门的批复文件（0.3分）。举办重点班，此C级指标不得分 2. 关心、帮扶和转化品德有缺陷、学习有困难的学生，工作有实效（0.3分） 3. 关爱留守、流动人口的子女、单亲等有特殊情况的儿童（0.4分）	查阅资料 问卷调查 个别访谈	教育科
		C3 执行课程方案 （2.5分）	1. 按规定开齐课程（1分），开足课时（1分），无随意增、减、停、改课程和课时现象（看县教学大检查情况） 2. 开发并实施校本课程（0.5分）		
		C4 控制流生 （1分）	1. 学校无辍学学生，巩固率99%以上（1分）。小学辍学率城区超过0.1%、农村超过0.2%，中学辍学率城区超过1%、农村超过2%，此C级指标不得分		
	B2 办学目标 （2分）	C5 发展规划 （2分）	1. 有学校发展规划（一般3年一个周期），并经教代会通过（0.5分） 2. 教师对学校发展规划知晓度（0.5分）和认可度（0.5分）达80%以上 3. 制订年度工作计划，年度计划体现发展规划，部门计划反映学校计划（0.5分）	查阅资料 问卷调查 个别访谈	督导室

（续表）

A级指标	B级指标	C级指标	评分办法	信息采集手段方法	责任科室
A2 学校管理 （58.5分）	B3 管理体制 （7分）	C6 管理运行机制 （4分）	1. 实行校长负责的行政例会制度（0.3分），平稳扎实推进绩效工资制度（0.4分）和岗位设置管理制度（0.3分） 2. 坚持校务公开，每年至少召开一次教代会（0.6分）。发挥工会、共青团、妇女等群众团体在民主管理、科学决策和群众监督等方面的作用（0.2分）。维护教职工合法权益，无侵犯教职工合法权益行为（0.2分） 3. 积极、按时、保质完成县教育局布置的会议、培训和各类活动（1分）。按时上报县局要求的各项材料（1分）	查阅资料 科室统计 问卷调查 个别访谈	人事科、 工会办公室
		C7 安全稳定 （3分）	1. 安全卫生制度健全（0.3分）。建立信访工作责任制和责任追究制（0.3分），认真及时处理各种来信来访（0.3分） 2. 聘请法制副校长或校外法制辅导员（0.1分），每学期至少组织1次法制教育活动（0.3分），每年有4次以上安全卫生教育（0.3分）、2次以上的预案演练（0.3分） 3. 学校为学生投保校方责任险，配备专业保安人员，按规定配置校园安全监控系统（0.3分） 4. 无安全隐患，或当年出现设施、设备安全隐患的能立即上报、修缮和消除（0.3分） 5. 无重大安全责任事故（0.5分）。本项没有问题的，须有校长承诺签名，有当地派出所的相关证明。有重大安全责任事故此C级指标不得分	查阅资料 科室统计 问卷调查 个别访谈	政法科
	B4 队伍建设 （15分）	C8 领导班子 （1分）	1. 正副校长经岗位培训，持证上岗，新任职校长要积极参加岗位培训（0.3分）。领导班子内分工明确、团结务实、廉洁自律，执行上级决议和指示（0.4分） 2. 建立学习、议事、廉政等制度，落实党风廉政责任制（0.3分）	科室统计 查阅资料 问卷调查 个别访谈	监察室 人事科
		C9 教师任用 （3分）	1. 执行教师资格任用制度，聘用教师应具备相应教师资格（0.5分） 2. 小学教师本科以上学历、初中教师本科及研究生学历所占比例有所提高（0.5分） 3. 各学科教师专兼职配备齐全（0.5分）；专任教师与行管人员比例合理，行管人员按学校内设机构设置方案配备（1分） 4. 实行全员聘用制，聘用合同签订率100%（0.3分），及时办理变更手续（0.2分）		

（续表）

A级指标	B级指标	C级指标	评分办法	信息采集手段方法	责任科室
A2 学校管理 （58.5分）	B4 队伍建设 （15分）	C10 教师培训和交流 （4分）	1. 学校有明确的师资队伍建设规划或计划，教师业务档案健全，定期考评（0.5分） 2. 积极开展校本培训（0.5分）。完成上级布置的继续教育和派训任务（0.5分）。教师继续教育课时完成率不低于98%（0.25分），全年参训出勤率不低于95%（0.25分） 3. 落实教师定期交流制度（0.5分）。做好支教、结对帮扶工作（0.5分） 4. 在教师的学历提升、信息技术、普通话培训、骨干教师、学科带头人和名师的培养工作等方面取得成效（1分）	科室统计 查阅资料 问卷调查 个别访谈	人事科
		C11 教科研工作 （4分）	1. 建立考评制度和奖励制度（0.5分），有一定的经费投入（0.5分） 2. 实行校本教研和校本研修（0.3分），加强与县内外学校教科研交流与合作（0.3分） 3. 注重教师学习共同体建设，加强年级组、教研组（备课组）建设和管理（0.3分），发挥骨干教师的示范和引领作用（0.3分） 4. 集体课题或实验项目体现教改方向（0.5分），教师个人课题（包括校级）研究达50%以上（0.3分）。被省、市、县级规划立项分别得0.3、0.2、0.1分，满分0.5分；同一课题被多级立项，取最高等级分，不重复计算 5. 科研成果丰富，承担的集体课题或实验项目全部按时顺利结题、个人课题按时结题（1分）	科室统计 查阅资料 问卷调查	教研室
		C12 职业道德 （2分）	1. 有违反教师遵守职业道德规范的行为之一，该项不得分（2分）	科室统计 问卷调查 个别访谈	政法科
		C13 教师荣誉 （1分）	1. 教职工本学年度获得政府或教育行政部门正式表彰（0.5分）。每项0.1分，满分0.5分 2. 教师获本学年度教学业务称号或奖项（0.5分）。省、市、县级每项各0.2分、0.1分、0.05分，满分0.5分	科室统计 查阅资料 个别访谈	人事科
	B5 德育管理 （8分）	C14 队伍、工作制度 （2分）	1. 建立健全学校“全员、全程、全方位”的德育工作机制和责任制（0.5分），德育队伍健全（0.2分），每学期至少召开2次德育专题研究会议（0.3分） 2. 开展班主任培训并考核。每学期不少于1次培训（0.2分），《班主任实录》（0.2分）、班主任工作例会（0.2分）、工作案例（0.2分）等材料翔实 3. 开展校级优秀班主任经验交流、评选表彰，开展德育论文评选，教师参与率高（0.2分）	科室统计 查阅资料 现场观察 问卷调查	教育科

（续表）

A级指标	B级指标	C级指标	评分办法	信息采集手段方法	责任科室
A2 学校管理 （58.5分）	B5 德育管理 （8分）	C15 德育常规 （4分）	1. 坚持升降国旗制度，共青团、少先队工作正常开展，举行入团入队仪式、开学和毕业典礼等工作常态化（1分） 2. 根据《中、小学生守则》《中、小学生行为规范》的要求，学校和班级有具体的校规班约（1分） 3. 大力实施国学经典教育（0.5分） 4. 建有“学校、家庭、社会”三位一体德育工作平台，一年开展2次以上与社区、家长学校的互动活动（0.5分） 5. 认真开展“千名教师访万家”活动（1分）	科室统计 查阅资料 现场观察 问卷调查	教育科
		C16 心理健康教育 （1.5分）	1. 有心理咨询室（0.1分），有10册以上学生心理健康阅读资料（0.1分），咨询室每周开放时间不少于5小时（0.1分）。有1名以上（含）专、兼职教师，并已取得培训结业证书（0.1分） 2. 开展具有特色的心理健康教育活动（0.3分），定期对学生开展咨询辅导活动（0.5分），有较为翔实的活动记录、有较为完整的心理健康档案（0.3分）		
		C17 留守儿童之家建设 （0.5分）	1. 留守儿童之家定人管理，设备使用正常（0.2分） 2. 关爱留守儿童工作有计划和活动安排，活动内容较丰富（0.3分）		
	B6 校园文化建设 （2分）	C18 活动开展 （1分）	1. 校园文化活动丰富多彩，开设艺术团队、兴趣小组等，每年开展艺术节、合唱节等全校性艺术活动，不断推进书香校园建设（0.5分） 2. 用字用语规范，做到说普通话、用规范字，板报橱窗及时更新（0.5分）		
		C19 校园氛围 （1分）	1. 形成切合实际的“一训三风”（校训、校风、教风、学风）（0.5分） 2. 师生员工关系和谐，教职工群体凝聚力强（0.5分）		
	B7 教学管理 （18.5分）	C20 招生与考试 （1.5分）	1. 坚持免试就近入学，无违规招生行为（0.5分）。加强学籍管理，无空挂学籍、重复学籍和借读现象（0.5分）。发现违规招生现象此C级指标不得分 2. 学校承担的监考、阅卷等考试工作无失误、舞弊现象（0.5分）。不承担考试任务的，此项不扣分	科室统计 查阅资料 问卷调查 个别访谈	招办

（续表）

A 级指标	B 级指标	C 级指标	评分办法	信息采集手段方法	责任科室
A2 学校管理（58.5 分）	B7 教学管理（18.5 分）	C21 教学常规及教学技能（6 分）	1 教师按照《中小学各学科教学规范》和素质教育要求，进行备课、上课、作业布置与批改、辅导、考核等教学活动（1 分） 2. 课堂教学注重差异，因材施教，激发学生自主参与、自主探究，培养兴趣，发展能力，实行有效教学（0.5 分） 3. 参加课堂教学比赛获奖 4.5 分，其中省一等奖每人次 0.3 分，二等奖每人次 0.25 分；市一等奖每人次 0.2 分，二等奖每人次 0.1 分（同一人次以最高奖项计算）；县级比赛教师获奖比赛第一名得 3.5 分，每下降一个名次减 0.3 分（非城区学校上浮一位）	问卷调查 个别访谈 查阅资料 听课评课	教研室
		C22 体卫艺工作（3 分）	1. 体育课、艺术教育课开设正常规范（各 0.2 分）。规范“两操”，保证学生每天有 1 小时体育活动时间（0.2 分）。组织大课间活动，活动开展正常（0.2 分） 2. 开展健康教育（0.3 分）。每年组织一次学生体验，有预防近视眼及其他常见病的措施（0.3 分） 3. 推进“体艺 2+1”活动（1 分）。建立体育、艺术教育质量监测制度（0.3 分）。每年举办一次校运动会，积极组队参加市、县运动会和文艺竞赛（0.3 分）	科室统计 查阅资料 问卷调查 个别访谈	教育科
		C23 质量监控（7 分）	1. 出台日常巡课、随机听课、教学视导等教学评价和质量监控制度（0.5 分） 2. 定期开展“评教评学”活动，每学期不少于 1 次（0.5 分）。专任教师每人每学期校内公开课至少 1 次（0.5 分）；教师“达标课”城区学校达 80%、其他学校达 60%（0.5 分） 3. 落实听、评课制度。常态课随机听课范围覆盖各年级及各学科（0.5 分）。校长（初中、中心小学）每周听课不少于 1 节，每学期听课不少于 20 节（1 分）；其他教学管理人员每学期听课不少于 20 节（其中随机听课不少于 10 节）（1 分）；城区学校教师听课不少于 15 节，非城区学校教师听课不少于 10 节（0.5 分） 4. 实施教学质量抽测，学校和学科教师有期中和期末教学质量分析报告（1 分） 5. 改革考试、考核和评价办法，加强平时考查，控制考试次数（0.5 分）。按程序要求进行小学生初中生综合素质评价，手续完备、资料健全（0.5 分）	查阅资料 个别访谈	教研室
		C24 学生课业负担（1 分）	1. 控制学生在校集中教学活动时间，遵守上级规定的作息时间和课时安排，不占用学生课外活动、节假日、双休日和休息时间组织集体补课、上新课（0.5 分） 2. 教材教辅选用符合规范要求（0.5 分）。发现违规现象，此 C 级指标不得分	问卷调查 个别访谈 查阅资料	教育科、督导室、监察室

（续表）

A级指标	B级指标	C级指标	评分办法	信息采集手段方法	责任科室
A2 学校管理 （58.5分）	B8 后勤管理 （8分）	C25 财产管理及后勤工作 （4分）	1. 执行学校财务内部控制制度，经费支出审批程序规范（0.5分） 2. 财务人员按时参加会计业务学习、培训和继续教育（0.5分） 3. 执行固定资产管理和维护制度，固定资产台账健全，账实、账账相符（0.5分） 4. 及时完成上级安排的财务和统计工作任务，财务和统计资料保管完整、规范（0.5分） 5. 执行教育收费公示制度（0.5分），无乱收费（0.5分）。发现乱收费现象，此C级指标不得分 6. 推进财务公开，实行民主理财（1分）	查阅资料 个别访谈 科室统计	计财科
		C26 经费使用 （4分）	1. 所有收入纳入政府非税管理（0.5分）。私设“小金库”或账外账的，此C级指标不得分 2. 落实义务教育经费保障机制，规范使用公用经费（1分），教师培训费不低于公用经费预算总额的5%（0.5分），艺体和图书经费有保障（0.5分）。公用经费用于人员经费、旅游、偿债和基本建设的，此C级指标不得分 3. 对家庭经济困难学生有减免制度、措施和实效（0.5分） 4. 有合理的学校内部考核分配制度，教职工认可度高（0.5分） 5. 严格执行年度预算批复，预算批复资金和专项资金专款专用，完成财政预算年度任务（0.5分）		
A3 设施装备 （12分）	B9 校园校舍 （3分）	C27 校园 （1分）	1. 校园环境达到净化、绿化、美化要求（0.5分） 2. 教学和办公区域整洁有序（0.5分）	查阅资料 实地查看	基建办
		C28 校舍 （1.7分）	1. 校舍基建维修程序规范，资料规范完整（0.7分） 2. 学校建有图书阅览、计算机（1间/12个教学班）、音乐、美术、综合实践、多媒体（农远专用教室）、电子备课等专用教室以及体育器材、卫生保健等专用室。小学要建有实验室；中学要建有理化生实验室（1分）。其中缺一项扣0.1分，扣完为止		
		C29 场地 （0.3分）	1. 小学建有直道60米以上的体育运动场地和球类场地；中学建有直道100米、环道250米以上的田径运动场地和球类场地（0.3分）		

（续表）

A级指标	B级指标	C级指标	评分办法	信息采集手段方法	责任科室
A3 设施装备 （12 分）	B10 装备条件及使用 （5 分）	C30 教育装备 （1 分）	1. 小学实验仪器按省标准化建设要求配备，实验材料及其他消耗性器材及时得到添置，保证教学需要；中学理、化、生实验仪器按省标准化建设要求配备，理、化、生实验材料及其他消耗性器材及时得到添置，保证教学需要（0.25 分） 2. 小学电教及信息技术装备（含“班班通”装备）、中学信息技术装备（含“班班通”装备）均按省标准化建设要求配备，并及时维修，确保完好率（0.25 分） 3. 学校电教软件资源，体、卫、艺、劳器材按省标准化建设要求基本配齐（0.15 分）；电子图书作用能够充分发挥（0.1 分） 4. 小学生生均图书 20 册以上；初中生生均图书 30 册以上（农村 20 册以上）（0.15 分）。报刊种类达到省颁要求（0.1 分）	实地查看 查阅资料 个别访谈 问卷调查	教研室
		C31 使用情况 （4 分）	1. 小学科学实验（包括演示实验和分组实验）开出率达 100%；中学理化生实验（包括演示实验和分组实验）开出率达 100%（1.5 分） 2. 音乐、美术、劳技、科技、信息技术等专用教室和器材、设备（中学含体育器材）使用效率高（1.5 分） 3. 图书、阅览室利用率高，坚持每天开放（0.5 分）。小学生借阅图书每学年生均不少于 6 册，中学生借阅图书每学年生均不少于 8 册（0.5 分）		
	B11 教育信息化 （4 分）	C32 信息技术使用 （3 分）	1. 从实际出发使用各类媒体进行教学，充分发挥“班班通”装备作用，并实现管理制度化、规范化（1 分） 2. 信息技术开课率符合要求，小学“班班通”设备每周开 15 节，中学 18 节（0.5 分） 3. 充分利用校园网、卫星宽带网及各种电教资源（0.5 分）；积极运用远程研训平台、专题学习网站等课程整合平台，开展电教资源与学科整合（0.5 分） 4. 积极参与电子备课、电教课题研究；参加各类电教活动，并取得县级二等奖以上（0.5 分）	实地查看 查阅资料 个别访谈 问卷调查	电教馆
		C33 电子政务 （1 分）	1. 电子政务平台文件做到及时收发（1 分）。每迟收、未收 1 次扣 0.2 分，扣完为止	查看资料	办公室

（续表）

A级指标	B级指标	C级指标	评分办法	信息采集手段方法	责任科室
A4 办学质量 （22分）	B12 学生质量 （18分）	C34 德育 （3分）	1. 中小学生日常行为习惯：优秀（1分）、良好（0.8分）、一般（0.6分）、较差（不得分） 2. 中小学生无违法犯罪行为或犯罪事件（1分），有则此项不得分 3. 中小学生有热爱集体、关爱他人、助人为乐等社会影响较大、知晓度高的典型事例（1分）	科室统计 查阅资料 现场观察 问卷调查	教育科
		C35 智育 （10分）	1. 学校重视素质教育，形成至少3个以上科（劳）技兴趣小组，有活动过程及资料（1分） 2. 教学质量抽测平均成绩第一名得2分，每下降一个名次减0.1分（非城区学校上浮一位） 3. 小学、初中毕业考试成绩（7分）；各科合计均分（4.5分）、及格率（1分）、优秀率（1.5分）。第一名得满分，每下降一个名次，分别减扣0.4分、0.1分和0.15分（非城区学校上浮一位）	科室统计 查阅资料 现场观察 问卷调查	教育科
		C36 体育 （2分）	1. 实施学生体质健康标准，合格率达95%以上（0.3分） 2. 学生养成良好的体育锻炼习惯和卫生习惯，体育课（身体素质主要指标抽测）及格率中小学均≥95 %（0.3分） 3. 学校积极组织学生参加且应参加的各级政府和教育行政部门开展的体育运动和竞赛（0.5分），缺1次减0.2分，扣完为止；获得团体1～2名（0.6分），3～4名（0.4分），5～6名（0.2分），7～8名（0.1分）；学生获奖比例居全县前三名（0.3分），居4～6名（0.2分），居7～8名（0.1分）	科室统计 查阅资料 现场抽测 问卷调查	教研室
		C37 美育 （2分）	1. 学生音乐、美术知识和能力达到教学要求，考核的合格率达95%以上（0.5分） 2. 小学多数学生具有声乐、器乐、舞蹈、美术、书法、摄影等方面的兴趣爱好，并有部分学生发展为特长，具有健康的审美情趣和初步的审美能力；中学生在达到上述要求基础上，要求学生审美与表现综合素质优良率高（0.5分） 3. 学生积极参加各级政府和教育行政部门开展的艺术活动和竞赛，获得团体奖总分达县均分（0.5分）；学生获奖比例居全县前三名（0.5分），居4～6名（0.3分），居7～9名（0.1分）	科室统计 听取汇报 查阅资料 现场观察	教研室
		C38 升学情况 （1分）	1. 小学免试入学率达100%；初中毕业生进入高中阶段教育比例达96%以上并完成职业学校、民办学校高中阶段招生任务（1分）	查阅资料 个别访谈	教育科

（续表）

A 级指标	B 级指标	C 级指标	评分办法	信息采集手段方法	责任科室
A4 办学质量 （22 分）	B13 社会评价 （4 分）	C39 奖励表彰 （1.5 分）	1. 学校本学年度获得县级以上政府、教育行政部门表彰（不包括个人获奖）达 3 次（1.5 分），达 2 次（1 分），达 1 次（0.5 分）	查阅资料 个别访谈	办公室
		C40 媒体宣传 （1.5 分）	1. 重视宣传工作，积极向党报党刊、教育报刊、电视台等投稿，宣传学校教育改革与发展成就（0.5 分）。每校每月上报县教育网的宣传稿件不少于 4 篇（0.5 分），每少一篇，扣 0.1 分，扣完为止 2. 学校本学年度被县级以上媒体正面报道 2 次以上，得 0.5 分；受到负面报道 1 次，此 C 级指标不得分	查阅资料	办公室
		C41 投诉情况 （1 分）	1. 学校办学规范、收费合法（1 分）。有投诉并查实，此 C 级指标不得分	查阅资料 个别访谈	监察室
A5 特色创新 （附加分 5 分）			1. 特色学校创建活动成效显著，被县级以上命名为特色学校（1 分） 2. 课程改革、教学管理、安全工作、德育工作、师资队伍建设、教科研活动开展、学生社团建设、校园文化建设等方面的特色和创新之处（4 分）（学校列举并提供相关材料）	学校介绍 现场考察	教育科

课题组成员：汪开寿　武庆鸿　林禄明　杨　萛　严　萍　姚士鼎　周　红　李品华　　**撰写人：**杨　萛

本指标体系为 2013 年制定，适用于县域义务教育阶段学校办学效能评估。

安徽省农村义务教育阶段学校教师特设岗位计划项目评估指标体系

评估指标(分值)	评估要点及分值	评分依据	评分
组织领导(5分)	成立“特岗计划”工作领导组,统筹各项工作(2分);教育、财政、人社、编制部门之间的分工明确、通力协作(3分)	看文件,访谈相关负责人	
招聘、岗位安排及现在岗情况(15分)	制订完备的招聘方案(2分);招聘信息通过网站、宣传册等进行广泛宣传(1分);招聘政策执行到位,未有违规现象发生(2分)	核查相关文件、宣传资料	
	岗位安排做到公平、公正、合理(2分);严格执行高分优先择岗(1分);所有“特岗教师”均安排在农村义务教育阶段学校(1分);坚持以人为本,充分考虑并有效保障教师,尤其是女教师的人身、财产安全(1分)	核查相关文件记录,访谈“特岗计划”教师	
	“特岗计划”教师招聘到岗率和留任率高(4分);流失人数及原因记录充分(1分)	核查相关文件记录,访谈“特岗计划”教师	
工资待遇落实(28分)	在聘期间,“特岗计划”教师工资发放执行国家统一的事业单位工资制度和标准(4分),收入水平做到不低于当地同级公办教师平均水平(3分)	核查相关政策文件,查近年财务管理资料,访谈“特岗计划”教师	
	公积金、医疗保险、社会保险等津补贴参照当地同等条件公办教师年收入水平综合确定(7分)		
	在聘期间,职称评聘、评优评先、进修培训等方面与当地公办教师享受同等对待(7分)		
	新录用到国家扶贫开发工作重点县的大中专毕业生试用期满合格后,其薪级工资发放执行,在县城(含城关镇)工作的,可在所定级别内高定一档;在县以下乡镇工作的,在所定级别内高定2档(7分)		

（续表）

评估指标(分值)	评估要点及分值	评分依据	评分
中央资金使用及地方资金配套（12 分）	中央财政拨付的专项资金使用规范，安排到位（4 分）；特设岗位教师工资性年收入水平高于中央人均补贴标准的，县级财政承担资金配套落实到位（4 分）；县级财政承担招聘面试费用、体检费用（4 分）	查看相关文件、近年财务管理资料，访谈“特岗计划”教师	
服务期满留任安置（30 分）	“特岗教师”留任率高，工作岗位安排到位、合理（8 分）；及时为留任的特岗教师在核定的县（区）教职工编制总额内办理了入编、工资统发等手续（8 分）；当地义务教育阶段学校教师空缺需补充人员时，严格执行在同等条件下应优先聘用服务期满特岗教师（5 分）；采取了有效措施，有效保障“特岗计划”教师生活待遇（5 分）；为服务期满重新择业的特岗教师提供便宜条件（4 分）	查近年工资花名册、人事管理档案，访谈“特岗计划”教师	
日常管理（10 分）	及时更新了“特岗计划”教师数据库（4 分）；档案管理，包括在聘期间年度考核、转正定级、职称评聘等材料管理规范（3 分）；关注特岗教师专业发展，并制定了相关制度和办法（3 分）	查看相关制度、档案资料，访谈“特岗计划”教师	

撰写人：林禄明

安徽省高等学校学生资助工作评估指标体系

一级指标	二级指标	三级指标	评分要点及分值	评分办法	得分
A1 组织保障 （18 分）	B1 组织领导 （13 分）	C1 组织机构 （8 分）	1. 成立学校主要负责同志担任组长、相关部门负责人参加的学生资助工作领导小组，实行校长负责制，得 3 分 2. 领导小组定期召开会议，研究资助工作，集体确定评选和认定结果，得 2 分 3. 建立健全学生资助管理机构，按照规定比例（1∶2500）配足专职工作人员并明确分工，得 3 分	1. 听取汇报 2. 查阅会议纪要 3. 查看成立文件、领导小组成员名单等	
		C2 制度建设 （5 分）	1. 制定并执行校、职能部门和院系学生资助管理工作的日常管理制度，同时制定工作流程并公开，得 1 分 2. 制定并执行校、职能部门和院系学生资助管理工作的资金预算、申请和发放等环节的财务管理制度，得 1 分 3. 结合学校实际，建有完善的“奖、贷、助、补、减”等资助政策的实施办法和管理规定，包括家庭经济困难学生认定及管理、各类奖学金及助学金的评审发放和管理、国家助学贷款管理、勤工助学管理、学费减免、绿色通道管理等，得 3 分	1. 听取汇报 2. 查阅相关文件 3. 查看具体管理规定	
	B2 工作保障 （5 分）	C3 办公条件 （3 分）	1. 学生资助工作管理机构有专门的办公场所，配备必要的办公设备（如电脑、打印机、复印机、传真机等），得 1.5 分 2. 落实专项工作经费，得 1.5 分	1. 实地查看办公场所 2. 查阅相关经费分配文件	
		C4 业务培训 （2 分）	1. 定期对院系资助工作管理人员开展业务培训，得 2 分	1. 查看培训记录	

（续表）

一级指标	二级指标	三级指标	评分要点及分值	评分办法	得分
A2 实施过程 （48 分）	B3 家庭经济困难学生认定和管理 （14 分）	C5 三级管理负责制 （4 分）	1. 建立校、院系、年级（或专业）三级家庭经济困难学生认定组织，得 1 分 2. 校学生资助工作领导小组全面领导学校家庭经济困难学生的认定工作；学校资助管理机构具体负责组织和管理学校的认定工作；院（系）成立以分管学生资助工作的院（系）领导为组长，学生辅导员、班主任等成员参加的认定工作组，负责院（系）认定的具体组织和审核工作；年级（或专业）成立以学生辅导员任组长，班主任、学生代表担任成员的认定评议小组，负责认定的民主评议工作，得 3 分	1. 查阅相关文件 2. 查看评议记录 3. 访谈教师和学生	
		C6 工作程序 （8 分）	1. 认定工作每学年进行一次，每学年开学时启动，原则上开学后 1 个月内完成，得 2 分 2. 认真组织学生填写高等学校学生及家庭情况调查表，再次申请时，填写高等学校家庭经济困难学生认定申请表，得 1 分 3. 家庭经济困难学生认定程序做到公开、公平、公正，建立学生投诉、反馈渠道并有处理机制，得 3 分 4. 每学年定期对全部在册家庭经济困难学生进行一次资格复查，并不定期随机抽取不少于 3%的学生进行核实，根据需要作调整，得 2 分	1. 查看相关文件和工作记录 2. 访谈有关教师和学生	
		C7 动态管理 （2 分）	1. 建立家庭经济困难学生信息档案，及时录入信息，动态掌握学生经济变化情况，实行进出机制，得 1 分 2. 档案信息准确、完备，得 1 分	1. 抽查学生信息档案	
	B4 奖学金、助学金工作 （10 分）	C8 奖助学金评审 （6 分）	1. 按照国家和省有关文件规定的评审认定程序进行评定，严格执行各类奖助学金评审办法，得 2 分 2. 科学把握政策标准，奖助对象界定准确，得 2 分 3. 申请、评定表格（含电子表格）填写完整规范，相关证明材料真实、齐全，得 1 分 4. 对受助学生实行适当的公示制度，得 1 分	1. 查看评审文件 2. 核查申请、评定表格	
		C9 奖助学金发放 （4 分）	1. 奖助学金及时足额发放，得 4 分	1. 查看账目和资金发放记录	

（续表）

一级指标	二级指标	三级指标	评分要点及分值	评分办法	得分
A2 实施过程 （48分）	B5 助学贷 款工作 （15分）	C10 助学贷 款发放 （7分）	1. 配合经办银行开展国家助学贷款各项工作，做到及早放贷、应贷尽贷，得3分 2. 做好国家助学贷款申请学生资格审查工作，学生贷款证明发放及时，得2分 3. 按照规定做好生源地助学贷款申请学生资格审查工作，并按要求出具生源地信用助学贷款回执，得2分	1. 查看贷款回执 2. 访谈经办银行有关人员和学校资助工作有关负责人 3. 查阅相关工作记录	
		C11 助学贷 款管理 （8分）	1. 建立贷款学生档案，学生信息详细准确，档案管理规范有序，确保与贷款学生保持联络通畅，得3分 2. 及时足额缴纳助学贷款风险补偿金与贴息，得2分 3. 开展还款教育，与贷款学生签订还款协议，同时配合经办银行或有关部门做好违约学生的贷款追偿工作，得3分	1. 查看贷款学生档案、还款协议等资料 2. 访谈有关教师和贷款学生	
	B6 学费减免 及其他工作 （9分）	C12 学费减免、 绿色通道 （4分）	1. 对经济困难学生，特别是孤残学生、少数民族学生及烈士子女、优抚家庭子女等实行学费减免，得1分 2. 从2012年秋季开始，对高校就读的孤儿以及孤儿成年后就读高校的，公办高校一律免收学费，民办高校参照同类公办高校标准予以减免，得1分 3. 建立“绿色通道”制度，新生报到现场设立专门“绿色通道”区域，保证所有提出申请且符合条件的家庭经济困难新生入学，得2分	1. 查看相关文件 2. 访谈教师和学生	
		C13 勤工助学 （2分）	1. 设置勤工助学岗位，优先考虑为家庭经济困难学生提供岗位锻炼机会，得1分 2. 加强勤工助学管理，与学生签订具有法律效力的协议书，按时足额支付勤工助学酬金，得1分	1. 查看文件和相关资料	
		C14 应届毕业生 服义务兵役 学费补偿代 偿、临时困 难补助（3分）	1. 落实退役士兵等学生的学费减免政策，不得采取“先收后退”方式，得1分 2. 收到学费补偿和国家助学贷款代偿资金后15个工作日内，向学生补偿学费，得1分 3. 建立完善突发事件应急帮困机制，对发生临时困难的学生发放特殊困难补助，得1分	1. 查看《突发事件应急帮困机制或管理办法》文本	

（续表）

一级指标	二级指标	三级指标	评分要点及分值	评分办法	得分
A3 财务管理 （14分）	B7 资金筹措 （7分）	C15 资助经费 提取比例 （5分）	1. 按照皖政〔2007〕74号文件规定，从高校事业收入中及时足额提取4%～6%的经费，用于学费减免、勤工助学等校内资助工作，得4分 2. 市属高校地方财政配套资金及时足额到位，得1分	1. 查看账目	
		C16 社会资金 （2分）	1. 积极争取企业、社会团体等社会各界的助学资金，设立来自社会资源的奖学金或助学金项目，得2分	1. 查看校内资助项目名称及发放使用情况	
	B8 资金管理 （7分）	C17 预算编制 （2分）	1. 每年制定资助工作预算，并将事业收入4%～6%的经费提取列入年初预算，得1分 2. 预算编制合理规范，符合实际情况，得1分	1. 查看资助资金管理制度文件 2. 核查资助工作预算	
		C18 具体措施 （5分）	1. 及时为资助对象统一办理银行卡，通过银行卡发放国家奖助学金，得1分 2. 校内资助经费的支出按照学生资助部门经办、财务部门审核、领导审批程序办理，得0.5分 3. 严格按照规定评审、发放资金，不私自更改等级、金额，无冒领错发、无平分或强制捐赠等违规现象，无实物或服务形式抵项，无强制消费或抵扣学费行为，不以任何形式挤占、挪用、截留奖助学金，得1.5分 4. 单独设立资助账目，实行专款专用，校内资助资金分账核算，资金拨付、使用及结存手续齐全，得1.5分 5. 接受审计、监察部门的检查和社会监督，得0.5分	1 核查学生原始评定等级、金额与实际发放金额是否吻合 2. 查看账目和发放记录 3. 查看资金拨付、使用及结存手续是否齐全	
A4 工作成效 （20分）	B9 宣传教育 （6分）	C19 政策宣传 （3分）	1. 大力宣传各项资助政策，将《高等学校学生资助政策简介》随同新生录取通知书寄发给新生，得1分 2. 按时按要求开通、公布学生资助工作热线电话，专人值守，得1分 3. 会同经办银行向学生宣传人民银行个人征信系统和有关金融信贷知识，得1分	1. 查看宣传手册 2. 核查热线电话 3. 访谈有关学生 4. 回访银行工作人员	
		C20 诚信教育 （3分）	1. 把诚信教育作为大学生思想政治教育重要内容，得1分 2. 积极开展诚信教育、感恩教育、自强教育和心理健康教育等主题活动，得1分 3. 建立学生诚信档案，加强诚信监督，得0.5分 4. 关爱受助学生，提供“送温暖”等温馨服务，得0.5分	1. 查看教学记录、诚信档案等有关资料 2. 访谈有关师生	

（续表）

一级指标	二级指标	三级指标	评分要点及分值	评分办法	得分
A4 工作成效 （20 分）	B10 投诉情况 （3 分）	C21 咨询投诉处理 （2 分）	1. 制定学生咨询投诉处理办法，设立并公布投诉咨询电话，得 1 分 2. 及时受理投诉意见，并做好咨询、投诉电话登记和处理意见记录，得 1 分	1. 查看制度文件 2. 核实投诉电话 3. 查看来电记录和处理记录	
		C22 学生投诉事件发生率 （1 分）	1. 省级学生资助管理部门未接到该校学生投诉事件，得 1 分	1. 咨询省级学生资助管理部门有关人员	
	B11 资料建设 （5 分）	C23 信息报送 （3 分）	1. 每月按时填写上报高校学生资助管理系统数据，得 1 分 2. 按规定时间、程序和要求准确报送各类学生资助工作报表和材料至省教育厅，得 1 分 3. 院系及时将资助工作开展情况的相关信息报送校学生资助管理中心，得 1 分	1. 向省学生资助中心了解学校数据报送情况 2. 查看资助工作计划和总结	
		C24 文档工作 （2 分）	1. 分类建立学生档案，各类档案保存完备，得 1 分 2. 学校、院系的学生资助材料及时归档，保存完整，得 1 分	1. 查看各类学生档案和文件资料	
	B12 资助成效 （6 分）	C25 具体成绩 （4 分）	1. 无因家庭经济困难失学学生，得 1 分 2. 获资助的贫困生各项能力有所提升，得 1 分 3. 校内借款毕业学生违约率控制在 10%以内，得 1 分 4. 开展学生资助工作研究，承担学校资助工作课题研究，获得结项，得 1 分	1. 听取汇报 2. 查阅相关课题研究资料，了解研究及结项情况 3. 核查借款毕业生违约率	
		C26 媒体报道 （2 分）	1. 注重挖掘并宣传受助学生自立自强、积极向上、回馈社会、奉献爱心的典型事迹，学校举办的学生资助活动被省级以上媒体报导，得 2 分	1. 查看媒体报道证明材料 2. 浏览网页	

备注：本评估指标体系有 4 项一级指标，12 项二级指标，26 项三级指标。

优秀：85～100 分；合格：60～84 分；不合格：0～59 分。

课题组成员：汪开寿　武庆鸿　严　萍　　　**撰写人：**严　萍

安徽省县级学生资助管理机构考核评价指标体系

一级指标	二级指标	三级指标	评分要点及分值	得分
A1 工作机构 及制度建设 （25 分）	B1 组织领导 （13 分）	C1 组织机构 （8 分）	1. 成立县级学生资助工作领导小组，得 1 分 2. 能够组织推动教育等政府部门做好资助各项管理工作，并能及时协调解决工作中存在的问题，得 2 分 3. 领导小组定期召开会议，研究资助工作，集体确定评选和认定结果，得 2 分 4. 建立健全县级学生资助管理机构，配足专职工作人员，明确机构人员职责，得 3 分	
		C2 制度建设 （5 分）	1. 制定并执行学生资助管理工作的日常管理制度，同时制定工作流程并公开，得 1 分 2. 制定并执行学生资助管理工作的资金预算、申请和发放等环节的财务管理制度，得 1 分 3. 结合本县实际，建有完善的“贷、助、补、”等资助政策的实施办法和管理规定，包括家庭经济困难学生认定及管理、中职学生补助、国家助学贷款管理学，得 3 分	
	B2 工作保障 （12 分）	C3 管理人员 （2 分）	1. 有从事资助业务的专职人员，熟悉资助政策、业务操作和系统管理，得 2 分	
		C4 办公条件 （4 分）	1. 学生资助工作管理机构有专门的办公场所，配备必要的办公设备（如电脑、打印机、复印机、传真机等），得 2 分 2. 落实专项工作经费，得 2 分	
		C5 工作计划 （6 分）	1. 制订了全年工作计划，得 2 分 2. 制定受理工作应急预案，得 1 分 3. 项目管理目标明确，得 1 分 4. 申请受理与合同签订工作有序，得 2 分	

（续表）

一级指标	二级指标	三级指标	评分要点及分值	得分
A2 资助工作实施过程及管理 （50分）	B3 高中家庭经济困难学生认定和管理 （13分）	C6 三级管理负责制 （5分）	1. 建立县（区）、学校、年级三级家庭经济困难学生认定组织，得1分 2. 校学生资助工作领导小组全面领导学校家庭经济困难学生的认定工作，得1分 3. 学校资助管理机构具体负责组织和管理学校的认定审核工作，得1分 4. 年级成立以年级部主任为组长，班主任、学生代表担任成员的认定评议小组，负责认定的民主评议工作，得2分	
		C7 工作程序 （8分）	1. 认定工作每学年进行一次，每学年开学时，校学生资助管理机构布置启动认定工作，原则上开学后1个月内完成认定工作，得2分 2. 认真组织学生填写普通高中学生家庭情况调查表，再次申请时，填写普通高中学生家庭经济困难学生认定申请表，得1分 3. 家庭经济困难学生认定程序做到公开、公平、公正，建立学生投诉、反馈渠道并有处理机制，得3分 4. 每学年定期对全部在册家庭经济困难学生进行一次资格复查，并不定期地随机抽取不少于30%的学生进行核实，根据核实情况作出处理和调整，得2分	
	B4 中职学校学生资助工作 （17分）	C8 动态管理 （2分）	1. 建立家庭经济困难学生信息档案，及时将信息录入学生信息管理系统，动态掌握学生经济状况，实行进出机制，得1分 2. 准确及时报送各种财务报表，资助资金收入、支出、结余等核算清楚，相关会计凭证报表等资料真实完整。得1分	
		C9 助学金评审 （7分）	1. 规范学校办学行为及招生行为，定期清查学校办学资格和专业设置，及时公布上报，得3分 2. 在校学生人数真实准确，及时录入学籍信息系统，得2分 3. 按照国家和省有关文件规定的评审认定程序进行评定，严格执行中职学校学生资助办法，得2分	
		C10 助学金发放 （8分）	1. 资助管理部门定期审核资助名单，及时为资助对象办理专用银行卡，银行卡领取记录完整，发放凭证齐全，得3分 2. 资助资金及时足额发放，无冒领错发现象，得2分 3. 发放中无抵顶、抵扣、强制消费、平分资助资金、擅改资助批准现象，得3分	

（续表）

一级指标	二级指标	三级指标	评分要点及分值	得分
A2 资助工作 实施过程 及管理 （50分）	B5 助学贷 款工作 （20分）	C11 需求摸底 （5分）	1. 有效组织辖区内全部高中开展家庭困难学生资格认定，得2分 2. 贷款需求预测与实际发放基本相符，得3分	
		C12 助学贷 款发放 （5分）	1. 主动配合经办银行开展国家助学贷款各项工作，做到及早放贷、应贷尽贷，得2分 2. 认真做好国家助学贷款申请学生资格审查工作，得2分 3. 能高效、正确地完成合同签订和汇总上报工作，得1分	
		C13 助学贷 款管理 （5分）	1. 建立贷款学生档案，做到学生信息详细准确，档案管理规范有序，确保与贷款学生保持联络通畅，得1分 2. 及时足额缴纳助学贷款风险补偿金与贴息，得2分 3. 开展还款教育，与贷款学生签订还款协议，同时配合经办银行或有关部门做好违约学生的贷款追偿工作，得2分	
		C14 贷后管理 （5分）	1. 提前做还款提醒，及时对逾期学生及家长进行催收，并做好记录，得1分 2. 欠款催收率在90%（含）以上或逾期本息额低于1000元，得2分 3. 及时准确办理合同变更、做好档案管理和系统录入、及时报送专户报告，得1分 4. 逾期收缴月报有关数据准确无误，得1分	
A3 资助工作 开展情况 （25分）	B6 宣传教育 （8分）	C15 政策宣传 （4分）	1. 大力宣传各项资助政策，生源地贷款政策在当地家喻户晓，得2分 2. 会同经办银行向学生宣传人民银行个人征信系统和贷款申请及偿还流程知识，得2分	
		C16 诚信教育 （4分）	1. 所有学生均接受诚信教育，得2分 2. 建立学生诚信档案，加强诚信监督，得2分	

（续表）

一级指标	二级指标	三级指标	评分要点及分值	得分
A3 资助工作 开展情况 （25 分）	B7 监督检查 （5 分）	C17 咨询投 诉处理 （3 分）	1. 制定咨询投诉处理办法，设立并公布投诉咨询电话，得 2 分 2. 及时受理投诉意见，并做好咨询、投诉电话登记和处理意见记录，得 1 分	
		C18 投诉事件 发生率 （2 分）	1. 省级学生资助管理部门未接到该校学生投诉事件，得 2 分	
	B8 资料建设 （5 分）	C19 系统维护 （2 分）	1. 及时、准确、完整地录入和更新资助系统信息，得 2 分	
		C20 文档工作 （3 分）	1. 分类建立各类档案并保存完备，得 1 分 2. 上报的档案材料及时、真实和完整，得 2 分	
	B9 资助成效 （7 分）	C21 工作成绩 （5 分）	1. 无因家庭经济困难失学学生，得 1 分 2. 获资助的贫困生各项能力有所提升，得 2 分 3. 逾期率（逾期本息额/年初至评价时点累计应还本息额）小于或等于 2%，得 2 分	
		C22 社会评价 （2 分）	1. 资助机构工作得到社会及群众广泛认同和赞誉，未出现负面报道，得 2 分	

备注：本评估指标体系有 3 项一级指标、9 项二级指标、22 项三级指标。

优秀：85～100 分；合格：60～84 分；不合格：0～59 分。

课题组成员：汪开寿　姚士鼎　李品华　　　**撰写人：**姚士鼎

安徽省经济困难学生资助体系——高校奖助学金项目绩效评价指标体系(试行)

一级指标	二级指标	三级指标	分值	评分标准	得分	备注
业务指标（40分）	组织管理（20分）	组织机构	5	1. 家庭经济困难学生资助工作实行校长负责制，成立国家奖助学金评审领导小组，设立评审委员会，共计3分；缺少一项扣1分 2. 学生资助管理部门按照规定比例配备专兼职人员，工作人员业务熟练，共计2分；缺少一项扣1分		
		制度建设	6	1. 制定奖助学金评审办法，以及家庭经济困难学生认定和管理办法，共计2分；缺少一项，得0分 2. 制定工作流程并公开上墙，得1分 3. 各项管理制度有效执行，得1分 4. 安排专项工作经费，用于资助管理机构的日常办公与培训，得2分		
		政策宣传	4	1. 扎实开展资助政策宣传，宣传活动形式多样，注重实效，得2分；宣传形式单调，效果一般，得1分；宣传工作成效不明显，得0分 2. 开通、公布学生资助工作热线电话，专人值守，做好记录，得1分 3. 做好在线咨询，得1分		
		日常管理	5	1. 定期对院系资助工作管理人员开展业务培训，得1分 2. 对院系和责任处室奖助工作开展考核检查，得1分 3. 准确上报高校学生资助管理系统和学生资助工作报表和材料，得1分 4. 学校、院系的学生资助工作材料及时归档，保存完整，得1分 5. 没有投诉情况，得1分；有投诉情况并经查实有问题的，得0分		

（续表）

一级指标	二级指标	三级指标	分值	评分标准	得分	备注
业务指标（40 分）	项目评审（12 分）	认定情况	3	1. 正确把握政策标准，奖助对象界定准确，得 2 分 2. 建立家庭经济困难学生信息库，得 1 分		
		评审程序	5	1. 家庭经济困难学生认定工作实行三级管理负责制，得 3 分；缺少一级扣 1 分 2. 严格按照下达的奖助学金评审指标组织评审，实行评审公示制度，共计 2 分；缺少一项扣 1 分		
		评审资料	4	1. 申请、评定表格（含电子表格）填写完整规范，得 1 分 2. 相关证明材料真实、齐全，得 1 分 3. 按照规定报送国家奖学金、国家励志奖学金评审情况报告和国家助学金落实情况报告，得 2 分；缺一项，得 1 分；缺两项，得 0 分		
	目标完成情况（8 分）	总体进度	4	项目执行的整体进度情况。主要考核是否按照要求在规定时间完成奖助学金评审和发放。按时按要求完成 100%，得 4 分；完成 90%～100%，得 3 分；完成 80%～90%，得 2 分；完成 70%～80%，得 1 分；低于 70%，得 0 分		
		分期进度	4	主要考核是否按照要求完成 2012 年度第一学期和第二学期的奖助学金评审和发放。按时按要求完成 100%，得 4 分；完成 90%～100%，得 3 分；完成 80%～90%，得 2 分；完成 70%～80%，得 1 分；低于 70%，得 0 分		
财务指标（30 分）	财务制度（5 分）	制定执行情况	5	1. 资金管理、会计核算等财务制度健全，得 3 分；基本健全，得 2 分；较多内容欠缺，得 1 分；不健全，得 0 分 2. 财务和会计核算制度执行严格有效，得 2 分；执行较好，得 1 分；执行不够严格，得 0 分		

（续表）

一级指标	二级指标	三级指标	分值	评分标准	得分	备注
财务指标（30分）	资金管理（15分）	及时性	2	1. 及时为资助对象统一办理银行卡，得1分 2. 通过银行卡及时发放国家奖助学金，得1分		
		规范性	8	1. 资助部门定期核实院系提交的国家助学金发放名单，资助资金（银行卡）领取记录完整、真实，共计2分；缺一项扣1分 2. 专项资金专款专用，账目清晰、实施规范，得2分 3. 不私自更改等级、金额，无挪用、挤占、截留国家奖助学金和用专项资金支付管理性费用等违规现象，无强制捐赠或抵扣学费行为，共计3分；违反一项得0分 4. 接受财政、审计、纪检监察和主管部门的检查和监督，得1分		
		足额性	5	1. 学校按照规定比例提取高校事业收入，用于校内资助工作，得3分，达不到规定比例，得0分 2. 奖助学金足额发放，得2分		
	财务信息（10分）	会计核算	5	1. 会计核算方法符合会计制度、财务制度有关要求，得2分 2. 专项资金实行分项核算，得3分		
		财务资料	5	1. 资金收入、支出、会计信息（凭证、账册、报表）等财务资料真实完整，得3分；根据真实完整情况，酌情减分 2. 资金拨付、使用与结存手续齐全，得2分；不齐全，得0分		
效益指标（30分）	实施效果（9分）	国家奖学金	2	激励优秀学生勤奋学习、努力进取，在德、智、体等方面得到全面发展，得2分		
		国家励志奖学金	2	激励品学兼优的家庭经济困难学生，学习成绩进一步提高，德、智、体等方面进一步发展，得2分		
		国家助学金	2	促使家庭经济困难学生诚实守信、勤奋学习、积极上进，顺利完成学业，得2分		
		投诉情况	3	省级教育主管部门没有接到学生对国家奖助学金评审及发放情况投诉，得3分；有投诉情况，并经核实，每出现一次扣1.5分，扣完为止		

（续表）

一级指标	二级指标	三级指标	分值	评分标准	得分	备注
效益指标（30分）	学生能力提升（11分）	升学率	3	1. 本科高校接受奖助学金学生，考研率30%以上，得3分；25%～30%，得2分；20%～25%，得1分；20%以下，得0分 2. 专科学校接受奖助学金学生，专升本升学率达到30%以上，得3分；25%～30%，得2分；20%～25%，得1分；20%以下，得0分		
		毕业率	2	接受奖助学金学生毕业率为100%，得2分；达99%，得1.5分；达98%，得1分；低于98%，得0分		
		就业率	3	接受奖助学金学生就业率达90%，得3分；85%～90%，得2分；80%～85%，得1分；75%～80%，得0.5分；低于75%，得0分		
		奖励表彰	3	接受奖助学金学生获得国家级表彰1次，得3分；获得省级表彰1次，得2分；获得校级表彰1次，得1分；没有获得表彰，得0分		
	满意情况（10分）	学生满意度	5	问卷调查结果：学生满意度在95%以上，得5分；90%～95%，得4分；85%～90%，得3分；80%～85%，得2分；75%～80%，得1分；低于75%，得0分		
		教职工满意度	5	问卷调查结果：教职工满意度在95%以上，得5分；90%～95%，得4分；85%～90%，得3分；80%～85%，得2分；75%～80%，得1分；低于75%，得0分		

课题组成员：汪开寿　武庆鸿　严　萍　　　**撰写人：**严　萍

本指标体系为2012年制定，适用于2012年省级财政支出高校奖助学金项目绩效考评。

安徽省高等学校科研经费项目绩效考评指标体系(试行)

一级指标	二级指标	三级指标	评分标准	评分方法	得分
业务指标(20分)	目标设定情况(4分)	依据的充分性(1分)	项目资金设立的依据是否充分,是,得1分;否,得0分	查看申请书、审批文件等	
		目标的合理性(1分)	项目有规划,资金使用预定目标明确,目标设置科学合理。符合得1分,否则不得分	查看申请书	
		项目经费预算(2分)	有项目经费预算,重点支出科目和支出结构编制合理。符合得2分,否则酌情扣分	查看申请书、财务资料	
	项目完成情况(10分)	项目执行情况(2分)	项目实施有具体计划(立项后符合相关条件进行项目变更,需按项目申请渠道履行报批手续),并按照项目计划组织实施工作,得2分;基本按照项目计划组织实施工作,得1分;其余情况0分	查看申请书(项目变更申请批复)相关材料	
		项目结题验收情况(4分)	已完成的项目按照规定时间和程序结题验收,有验收报告及总结,重点项目结项有专家鉴定记录。完全符合得4分,否则按每项1分扣分。尚未完成的项目考察中期成果	查看项目结题验收资料	
		项目完成质量(4分)	项目实施的实际结果是否达到预期设定目标。结题验收结论为优秀,得4分;良好,得3分;合格,得2分;不合格,得0分	查看申请书、结题验收报告等材料	
	组织管理情况(6分)	机构人员保障(3分)	1. 有专门机构实施项目管理,得1分 2. 项目有专人负责,得2分	查看相关文件	
		管理制度保障(3分)	有完善的项目管理制度并有效执行,得3分;有管理制度但未能有效执行,得1～2分;其余情况不得分	查看相关制度文件	

（续表）

一级指标	二级指标	三级指标	评分标准	评分方法	得分
财务指标（30分）	制度管理情况（10分）	管理制度制定情况（4分）	科研经费财务管理制度规范、健全，包括经费管理办法、财务报销制度等。完全符合得4分，基本符合得3分，较多内容欠缺得1～2分	查看财务管理制度文件	
		内控制度执行情况（6分）	1. 科研经费转拨是否规范，是否存在层层转拨、变相转拨问题，规范得2分，否得0分 2. 科研经费支出是否经过科研、财务等各级人员和各个环节审核、签字，是得2分，否得0分 3. 科研、财务、审计和纪检等部门在科研经费使用、管理、监督过程中，职责和权限是否落实到位，是得2分，否得0分	查看财务管理制度执行记录	
	资金管理情况（12分）	资金支付情况（4分）	1. 科研经费是否根据项目合同及项目建设进度支付，是得2分，否0分 2. 科研经费支出科目、金额、进度和预算批复相符情况，相符得2分，否0分	查看资金计划与支出明细表	
		支出规范情况（8分）	1. 科研经费报销按规定权限履行审批手续，报销票据真实合法，未发现使用假票据现象，是得2分，否得0分 2. 科研经费支出与科研任务相关，不存在挪用、挤占、虚列支出、虚构经济业务或以非法手段套取科研经费现象，是得2分，否得0分 3. 科研经费支出中招待费、劳务费等费用支出符合科研经费管理制度和项目预算要求，劳务费由本人签收或转至本人个人银行账户，依法缴纳所得税，不存在他人代签问题，是得2分，否得0分 4. 科研经费支出中间接费用和结存结余资金管理规范，未发现在核定的间接费用之外以任何名义在项目经费中重复提取、列支相关费用，未发现违反规定使用和转移结存结余资金，规范得2分，否得0分	查看财务制度、财务管理措施文件、资金支出明细表	
	财务信息状况（5分）	财务资料完整性（2分）	科研经费收入、支出、资产（包括账、卡、物）等财务资料的真实、完整性。真实完整2分，基本真实完整得1分，其余得0分	查看财务资料	
		会计核算准确性（3分）	1. 会计核算方法是否符合财务制度、会计制度有关要求，符合得2分，否则得0分 2. 专项资金是否做到分项核算，是得1分，否得0分	核查会计核算	
	资产管理情况（3分）	项目资产管理（3分）	使用科研经费购置和形成的资产是否严格执行国家资产管理的有关规定，统一纳入学校资产管理，合理使用，认真维护，不存在隐匿、私自转让、非法占有等问题，能够做到得3分，基本做到得2分，没有做到得0分	查看固定资产和使用记录	

（续表）

一级指标	二级指标	三级指标	评分标准	评分方法	得分
效益指标（50分）	科研成果水平（20）	成果发表（出版）情况（10分）	有下列情况之一者，得10分： 1. 成果正式出版或发表（有CN刊号），且有标注项目 2. 研究报告提交市级以上人民政府、省政府各部门、国务院各部委、大中型企业等 3. 实验类的项目，有完整的实验记录和结果 其他情况酌情打分	查看相关奖励证书、论文、专著	
		成果社会反响（10分）	有下列情况之一者，得10分： 1. 成果被市级以上人民政府、省政府各部门、国务院各部委、大中型企业等采纳 2. 成果应用于生产实践，产生经济效益 3. 成果被国内外著名期刊转载、评论或被译成外文出版 4. 获得省部级以上奖励 其他情况酌情打分		
	学科专业发展与社会经济效益（20分）	促进相关学科专业发展情况（5分）	通过项目实施，在推动学科发展方面起到重要作用，得5分；对推动学科发展起到一定作用，得3～4分；对推动本学科发展作用不明显，得1分	查看成果资料及学位点、优秀教学团队、精品专业、精品课程、教材建设等情况	
		推动师资队伍建设情况（5分）	通过项目实施，培养（培育）产生了教育部及省级教学创新团队、学术创新平台、学科带头人、教学名师、教坛新秀等。取得其中一项得5分	查看相关文件	
		服务经济社会发展情况（10分）	项目成果顺利实现转化，产业化前景较好，对相关行业和产业发展、社会建设起到积极影响和推动作用。根据专家评定，确定具体分值	查看相关文件	

（续表）

一级指标	二级指标	三级指标	评分标准	评分方法	得分
效益指标（50分）	学术风气和学术道德（10分）	学术相似程度（6分）	项目研究过程中不存在抄袭、剽窃、重复发表等学术不端行为的，得6分。情节轻微的，酌情扣分。其他情况不得分	利用省学术鉴定信息管理系统对研究成果进行抽检，座谈随访等	
		项目组成员参与研究情况（2分）	项目组成员均实际参与研究，不存在冒名、挂名等情况。完全符合，得2分；不完全符合，得1分；完全不符合，得0分	查看研究记录、研究成果	
		举报情况（2分）	省教育主管部门没有接到学术造假举报，得2分。接到举报，并经核实确实存在学术造假，得0分	省教育主管部门提供举报记录	
附加项（10分）	亮点与特色（10分）		1. 研究生参与课题，并取得研究成果，得2分 2. 获得专利授权，得2分 3. 研究成果填补理论空白，得2分 4. 项目研究对地方经济社会发展作出突出贡献，得2分 5. 为企业发展解决关键技术，得2分	查看证明材料	

本指标体系为2012年制定，适用于2012年省级财政支出高校科研经费项目绩效考评。

撰写人：林禄明

安徽省高等学校发展专项经费项目支出绩效评价指标体系

一级指标	二级指标	三级指标	评分标准	评分方法	得分
投入（12 分）	项目立项（6 分）	立项规范性（2 分）	项目立项经过充分论证、风险评估、集体决策等（1 分）；设立程序规范，提交文件、材料符合相关要求（1 分）	查看项目申报书、建设任务书等	
		目标合理性（2 分）	项目建设目标和内容符合我省建设高等教育强省的决策部署，为提高高等教育质量所必需（1 分）；项目建设目标契合项目单位职责和现状，建设预期成果符合正常的业绩水平（1 分）	查看项目申报书、建设任务书等	
		指标明确性（2 分）	依据项目建设目标设定的建设思路清晰，建设任务书建设内容细化、可衡量、有验收要点（1 分）；与预算确定的项目投资额或资金量相匹配（1 分）	查看项目申报书、建设任务书等	
	资金落实（6 分）	资金到位率（3 分）	实际到位资金与计划投入资金相符（2 分），项目单位按规定足额拨付配套经费（1 分）	查看资金计划与支出明细表	
		到位及时率（3 分）	专项经费根据项目申报书及项目建设进度支付（2 分），支出科目、金额、进度和预算批复相符（1 分）	查看资金计划与支出明细表	
过程（36 分）	业务管理（16 分）	管理制度健全性（3 分）	制定质量工程项目管理办法（1 分），管理制度合法合规、完善（2 分）	查看教学业务管理制度文件	
		制度执行有效性（7 分）	项目单位应有专门机构具体负责本单位项目建设的规划、实施、管理和检查等工作（2 分）；项目实施有具体计划（立项后符合相关条件进行项目变更，需按项目申请渠道履行报批手续），并按照项目计划组织实施工作（2 分）；项目申报书、验收报告、技术鉴定等资料齐全并及时归档（3 分）	查看教学业务管理制度文件	
		项目质量可控性（6 分）	开展项目实施过程监控，不定期开展项目建设情况检查（2 分）；项目中期检查落实到位（2 分）；项目建设期满需要接受验收（2 分）	查看项目建设情况、检查记录和验收资料	

（续表）

一级指标	二级指标	三级指标	评分标准	评分方法	得分
过程（36 分）	财务管理（20 分）	管理制度健全性（4 分）	已制定或具有相应的项目资金管理办法（2 分）；项目资金管理办法和会计核算方法符合相关财务会计制度的规定（2 分）	查看财务管理制度文件	
		资金使用合规性（7 分）	专项资金开支范围和标准严格执行国家和省有关财经法规的规定（2 分）；应实施政府采购的支出项目执行有关规定。单件（套）设备与软件购置费超过（含）200 万的，需要组织专家论证（1 分）；使用专项资金形成的资产纳入项目单位资产统一管理，合理使用，精心维护（1 分）；资金的拨付有完整的审批程序和手续（1 分）；资金使用符合项目预算批复或申报书规定的用途，未发现用于土建、各种罚款、还贷、捐赠赞助、对外投资以及与“质量工程”项目无关的其他支出（1 分）；不存在截留、挤占、挪用、虚列支出等情况（1 分）	查看资金计划与支出明细表、固定资产登记记录等	
		财务监控有效性（6 分）	制定或具有相应的监控机制，经费支出经过教务、财务等各级人员和各个环节审核、签字（2 分）；经费报销按规定权限履行审批手续，报销票据真实合法，未发现使用假票据现象（2 分）；经费转拨规范，不存在层层转拨、变相转拨问题（1 分）；财务、审计和纪检等部门在经费使用、管理、监督过程中，职责和权限得到落实（1 分）	查看财务管理制度文件、资金支出明细表	
		财务资料完整性（3 分）	专项经费收入、支出、资产（包括账、卡、物）等财务资料真实、完整（3 分）	查看财务资料	
产出（12 分）	项目产出（12 分）	实际完成率（3 分）	项目实施的实际产出数与计划产出数的比率。满分 3 分，较 100%每低 5%扣 1 分，扣完为止	查阅项目建设任务书、期满验收报告	
		完成及时率（3 分）	项目实际提前完成时间与计划完成时间的比率。满分 3 分，每提前 5%加 1 分，加满 3 分为止	查阅项目建设任务书、期满验收报告	
		质量达标率（3 分）	项目完成的质量达标产出数与实际应质量达标产出数的比率。满分 3 分，较 100%每低 5%扣 1 分，扣完为止	查阅项目建设任务书、期满验收报告	
		成本节约率（3 分）	完成项目计划工作目标的实际节约成本与计划成本的比率。每 5%加 1 分，加满 3 分为止	查阅项目建设任务书、期满验收报告	

（续表）

一级指标	二级指标	三级指标	评分标准	评分方法	得分
效果（40分）	重点高校、重点学科和特色专业建设（6分）	重点建设高校（2分）	通过项目建设，跻身全国同类高校先进行列，带动全省高等教育整体水平的提高（1分）；在人才培养、科学研究和社会服务等方面富有特色和优势（1分）	查阅相关资料	
		省级重点学科（2分）	在坚持“高起点、高水准、有特色”基础上，形成布局合理、优势突出的省级重点学科体系（1分）；支撑区域经济发展，服务当地主导产业发展（1分）		
		省级特色专业建设（2分）	通过项目建设，推进培养模式、教学团队、课程教材、实验实训基地、教学方式、教学管理等专业发展重要环节的综合改革，促进人才培养水平的整体提升（1分）；对本校其他专业或同类型高校相关专业的改革建设起到引领示范作用（1分）		
	教学团队和高素质教师队伍建设（6分）	教学团队建设（3分）	形成有效的团队合作机制（1分）；盘活、整合社会、企业优质人才资源，建立高校与企业、科研院所之间专家学者互派、互访机制（1分）；建成一批结构有特色的高水平教学团队（1分）	查看皖江学者、教学名师、教坛新秀、专业带头人、省级教学团队资料等	
		高素质教师队伍建设（3分）	研究型本科高校：高层次创新人才逐年增多（1分），注重培养中青年学术和技术带头人（1分），引进培育一批在国内外有重要影响的领军人才（1分） 应用型本科高校：高职称教师比例逐年增长（1分），“双师型”人才数量逐年增加（1分），博士以上学历研究人员逐年增加（1分）；高等职业院校：“双师型”人才数量逐年增加（2分），注重培养中青年专业带头人（1分）		
	精品课程和数字图书馆建设（6分）	省级精品课程（3分）	加强精品课程的内涵建设，实现精品课程的教案、大纲、习题、实验、参考资料、教学录像等教学资源上网开放（2分）；资源共享应用情况好，对校内外其他课程起示范带动作用（1分）	查看精品课程网站及相关资料及评选文件	
		省级数字图书馆（3分）	开发优质教学资源共享系统和数字化图书馆建设（2分）；逐步形成文献信息资源的合理布局和共建、共知、共享的运行机制（1分）	现场查看	

（续表）

一级指标	二级指标	三级指标	评分标准	评分方法	得分
效果（40 分）	实验实训实习基地建设（6 分）	省级示范实验实训中心（3 分）	成为培养应用型、创新型人才和技术技能型人才的基地，成为知识创新和推动科研成果向现实生产力转化的中心，技能培训、技能鉴定、技术服务等社会服务能力强（2 分）；成为校内外实验实训中心管理与应用的示范（1 分）	现场查看，调阅实验实训基地资料	
		省级校企合作实践教育基地（3 分）	通过实践教育基地建设，深化教育教学改革，推动教学与科研紧密结合、学校与社会密切合作，提高大学生解决实际问题的实践能力和创新创业能力（3 分）		
	人才培养模式创新实验区建设（6 分）	教学改革研究（2 分）	通过开展教学改革研究工作，进一步深化教学改革，形成一批有一定深度和推广价值的教学研究成果（2 分）	查阅项目申报书等	
		教学成果奖（2 分）	获得特等奖、一等奖、二等奖和三等奖数量及优秀教学管理集体、优秀教学管理工作者人数逐年增长（2 分）	查阅奖励证书和文件等	
		人才培养模式创新实验区（2 分）	组建教育集团或教育联盟，进行办学体制、管理体制创新，在人才培养模式改革上不断探索和创新，形成系统的综合改革实验，取得一定成效（2 分）	查阅相关资料	
	教学评估与教学质量监控体系建设（5 分）	教学评估与教学质量监控体系建设（5 分）	建立高校教学基本状态数据库（2 分）；开展评估技术和方法研究，制定评估质量标准，实施综合或专项的教学评估（1 分）；建立高校年度质量报告制度（1 分）；建立教育质量监控体系（1 分）	查阅相关资料	
	满意情况（5 分）	社会评价（2 分）	建立第三方评价制度并开展第三方评价（1 分）；社会评价较好（1 分）	查阅相关资料、访谈有关人员	
		教师满意度（3 分）	教职工满意度在 95%以上得 3 分，85%～95%得 2 分，75%～85%得 1 分	问卷调查	

备注：一级指标效果中所列出的项目供各校参考。各校根据实际项目立项情况均分 30 分。项目多，则每个项目对应分值小；项目少，则每个项目对应分值大。

本指标体系为 2013 年制定，适用于 2013 年省级财政支出高校发展专项经费项目绩效考评。

撰写人：林禄明

安徽省中小学校舍维修改造项目支出绩效评价指标体系

一级指标	二级指标	三级指标	分值	评价内容及评分标准	得分	备注
投入（20分）	项目立项	项目立项规范性	5	执行省教育厅、省财政厅《关于加强农村中小学校舍维修改造项目管理的指导意见》(教助〔2007〕1号)和省财政厅、省教育厅《关于下达2013年农村义务教育阶段学校校舍维修改造长效机制省级补助资金(指标)的通知》(财教〔2013〕368号)，规范项目申报立项(5分)。未按政策执行的，扣5分；政策执行不到位的，酌情扣分，扣完为止		
		项目目标合理性	6	对在2007—2008年有农村中小学危房改造国家开发银行贷款的县(市、区)，首先要归还贷款本金，不得用于支付贷款利息(2分)；无农村中小学危房改造国家开发银行贷款或国家开发银行贷款本金还清后有结余专项资金的县(市、区)，专项用于农村中小学校舍维修改造，维修改造项目需细化到具体学校(2分)；专项资金除归还农村中小学危房改造开发银行贷款外，不得用于偿还其他债务(2分)。不符合要求的，相应扣分		归还开发银行贷款本金____万元
		项目指标明确性	4	专项资金用于农村义务教育阶段学校校舍及其附属设施的日常维修、大修改造和抗震加固等方面，对于布局调整保留的教学点，优先安排维修改造(4分)。专项资金用于非农村义务教育阶段学校的，扣4分；未优先安排布局调整保留的教学点而用于新校建设的，扣1～2分		校舍维修改造资金投入____万元，维修改造面积____平方米
	资金落实	资金到位率	3	资金到位率(即实际到位资金与计划投入资金的比率)达到100%(3分)，未达到100%的按比例扣分		
		到位及时率	2	按项目进度要求，资金到位及时率(即及时到位资金与应到位资金的比率)达到100%(2分)；未达到100%的按比例扣分		

（续表）

一级指标	二级指标	三级指标	分值	评价内容及评分标准	得分	备　注
过程（35 分）	业务管理	管理制度健全性	6	已建立健全相应的校舍维修改造项目管理制度：坚持以县为主的“五统一”管理模式，即统一规划、立项，统一勘探、设计，统一招标、监理，统一资金管理，统一验收和决算审计；工程项目实行“四制”，即法人责任制、招投标制、工程监理制和合同管理制；落实项目报告制度、通报制度、调度制度、督查制度和责任追究制度等工作机制（共 6 分）。未坚持“五统一”管理模式的扣 2 分；未实行“四制”的扣 2 分；工作机制不健全的扣 1～2 分		
		制度执行有效性	4	遵守相关法律法规和业务管理规定，项目建设内容真实合法，实际实施项目与投资计划保持一致，项目调整及支出调整手续完备（2 分）；规范项目档案管理，项目技术鉴定书、合同、验收报告等资料及时归档（2 分）。项目建设存在弄虚作假的，扣 2 分；档案建设不规范的，扣 1～2 分		
		项目质量可控性	10	项目建设符合《农村普通中小学建设标准》（建标 109—2008）；工程质量达到国家《建筑工程质量管理条例》的规定要求，抗震设防按照国家《建筑工程抗震设防分类标准》（GB50023—2008）、《建筑抗震设计规范》2008 年版（GB50011—2001），符合当地设防标准和综合防灾要求；采取了相应的项目质量检查、验收等必需的控制措施或手段（共 10 分）。不符合规定要求的，由专家视实际情况扣分，扣完为止		
	财务管理	管理制度健全性	4	认真执行《安徽省农村中小学校舍维修改造专项资金管理暂行办法》（财教〔2007〕197 号），并结合地方实际制定相应的资金管理方法（4 分）。资金管理办法不健全的，扣 1～4 分		
		资金使用合规性	5	严格按照省教育厅和财政厅要求编制项目投资计划，并逐级上报审核备案（1 分）；资金使用分账核算、专款专用（1 分）；资金拨付具有完整的审批程序和手续，重大开支经过评估认证，符合项目预算批复或合同规定的用途（3 分）。不符合要求的，相应扣分。存在截留、挤占、挪用、虚列支出等情况，扣 5 分		

（续表）

一级指标	二级指标	三级指标	分值	评价内容及评分标准	得分	备　注
过程 （35 分）	业务管理	财务监控 有效性	6	实施项目信息公示制（1 分）；项目资金拨付实行教育、财政部门“双审核”制度（1 分）；对项目资金使用实行跟踪监督制度，定期或不定期进行检查（2 分）；建立经费管理责任追究制度（2 分）。不符合要求的，相应扣分。有违纪行为经查实后未处理的，扣 6 分		
产出 （25 分）	项目产出	实际完成率	10	实际维修改造校舍面积和完成投资额均不低于投资计划的 90%（10 分）。实际完成率在 85%～90%的，扣 2 分；在 80%～85%的，扣 5 分，低于 80%不得分		
		完成及时率	6	项目实施进度： 8 月底前项目开工率不低于 90%（3 分），开工率在 85%～90%的扣 1 分，在 80%～85%的扣 2 分，低于 80%扣 2～3 分； 12 月底前竣工率不低于 90%（3 分），竣工率在 85%～90%的扣 1 分，在 80%～85%的扣 2 分，低于 80%扣 2～3 分		投资计划项目数____个； 8 月底前开工项目数____个， 12 月底前竣工项目数____个
		质量达标率	6	项目工程质量达到国家规定要求并验收合格（6 分）。验收不合格未及时整改的扣 1～3 分，验收不合格未制定整改措施的扣 6 分		
		成本节约率	3	严格按照基本建设程序进行管理，实行工程预决算制度，严格控制项目建设成本（3 分）。超预算 10%以上的，扣 1～3 分		
效果 （20 分）	项目效益	社会 经济效益	10	项目建设布局合理，因地制宜，安全、经济、实用，有效改善学校办学条件和校舍安全状况，促进义务教育均衡发展（10 分）。项目建设布局不合理，未能基本满足当地人民群众教育需求的扣 1～5 分，脱离实际搞亮点工程和形象工程的扣 1～5 分		
		社会公众 或服务对 象满意度	10	人民群众拥护、支持和满意校舍维修改造长效机制。学校师生、家长和社会各方面满意，调查群众满意度达 75%以上（10 分）。满意度在 60%～75%之间扣 3 分，在 50%～60%之间扣 5 分，满意度低于 50%不得分		

课题组成员：汪开寿　武庆鸿　叶光权　周　红　许　颖　　**撰写人：**叶光权　许　颖

本指标体系为 2013 年制定，适用于 2013 年省级财政支出中小学校舍维修改造项目绩效考评。

“国培计划”——安徽省农村骨干教师培训项目绩效考评指标体系

一级指标	二级指标	三级指标	评分要点	评分办法	评分
A1 业务考评 （70分）	B1 组织领导 （10分）	C1 组织机构 （4分）	1. 建立培训工作领导小组，院校（机构）主要负责人担任领导小组组长，落实“一把手”负责制，得2分 2. 成立培训工作执行团队，院校（机构）分管业务负责人担任团队负责人，相关部门负责人担任团队成员，调配最好的资源用于培训，得2分	1. 听取汇报 2. 查看相关文件和会议记录 3. 查看制度、职责 4. 查看过程记录	
		C2 制度建设 （6分）	1. 建立健全“国培计划”项目管理制度，执行到位，得3分 2. 建立健全岗位职责，责任追究制落实到位，得3分		
	B2 项目设计 （5分）	C3 目标定位 （3分）	1. 通过问卷、座谈、访谈和现场考察等形式，分项目分学科认真做好培训需求调研，培训需求调研报告翔实具体，针对性强，得2分 2. 根据文件要求和学员需求，设置培训目标，定位准确，具体可测，得1分	1. 听取汇报 2. 查看需求调研报告和学科培训方案 3. 查看过程记录	
		C4 方案研制 （2分）	1. 按照要求制定学科培训方案，内容完整，规范专业，可操作性强，得1分 2. 根据省评审反馈意见修改完善培训方案，按时报省项目办备案，得1分		
	B3 实施过程 （35分）	C5 师资团队 （5分）	1. 组建高水培训团队，优先遴选“国培计划”专家库专家，省域外专家不少于三分之一，中小学一线优秀教师（教研员）不少于40%，得2分 2. 建立首席专家制度，首席专家在培训方案策划、培训过程和结果的指导、监控、评价等方面充分发挥作用，得1分 3. 置换脱产研修项目和短期集中培训项目实行“双导师”制，远程培训项目组建省级学科指导团队和网络班级管理指导团队，指导作用发挥充分，得2分	1. 查看培训团队信息表，核实首席专家和专家库专家信息 2. 查看相关信息表及过程记录材料	

（续表）

一级指标	二级指标	三级指标	评分要点	评分办法	评分
A1 业务考评 （70分）	B3 实施过程 （35分）	C6 培训内容 （5分）	1. 符合培训目标设置与定位，满足学员需求，针对性强，得2分； 2. 培训内容基于学科、师德为先、问题中心、案例载体，突出适应性和实用性，得2分 3. 培训课程必修与选修结合，实践性课程为主体，有一定拓展性，体现多样化与个性化，得1分	1. 查看培训方案及课程计划 2. 查看课表、课程（教材）、教学实录、教师备课笔记和学员学习笔记等 3. 查看学员反馈材料	
		C7 培训模式 （5分）	1. 培训模式做到脱产研修、集中培训与行动（校本）研修及远程跟踪指导相结合；远程培训与校本实践研修相结合，得2分 2. 培训方式做到需求导向、任务驱动、突出实践研究、强调反思参与，采取案例式、探究式、参与式、情景式和研讨式等多种方式，提高培训针对性和实效性，得2分 3. 实行小班教学，置换脱产研修项目和集中培训项目每班不超过50人，远程培训项目每班不超过100人，得1分	1. 查看教学实录、教师备课笔记和学员学习笔记等 2. 现场观察 3. 访谈培训者 4. 召开学员座谈会 5. 查看学员反馈材料	
		C8 培训资源 （5分）	1. 充分利用"国培计划"资源库，开发本土资源，注重实践策略性资源开发建设，注重生成性资源加工利用，实现优质资源共享，得1分 2. 遴选优质中小学校，挂牌设立"国培计划"参训教师实践基地，落实跟岗实践（"影子教师"）、观摩考察和参与体验等培训方式，得2分 3. 置换脱产研修项目和短期集中培训项目具有网络研修平台，交流研讨、资源服务和跟踪指导作用发挥充分；远程培训项目支持训后校本实践研修作用发挥充分，得2分	1. 查看资源，重点抽查1—2项本土资源 2. 实地抽看设立的参训教师实践基地及其相关材料 3. 查看网站平台记录	
		C9 培训考核 （4分）	1. 制定考核标准及细则，有效落实训前、训中、训后"三段"考评，得2分 2. 考核方式多样，注重过程性评价，突出问题解决和行为改善，促进培训者提高教学质量，促进学员有效学习，得2分	1. 查看原始资料及相关材料 2. 查看学员作业和小结等	

（续表）

一级指标	二级指标	三级指标	评分要点	评分办法	评分
A1 业务考评 （70分）	B3 实施过程 （35分）	C10 过程监管 （5分）	1. 通过座谈、访谈、课堂观察、查阅教学材料等形式全程跟踪培训教学和学习指导，得1分 2. 根据培训实际、培训者反馈和学员意见建议，及时适度、合理调整教学安排，改进管理行为，得1分 3. 建立有效机制，监控置换脱产研修项目的师范生顶岗实习、"影子教师"跟岗研修和课题（行动）研究，短期集中培训项目和远程培训项目的校本实践研修，得2分 4. 进行项目自评（置换脱产研修项目进行中期自评），形成自评总结报告，问题分析准确，改进措施有效，得1分	1. 召开学员座谈会，访谈培训者和管理者 2. 查看教务管理人员听课记录和工作日志，培训班班主任的班级日志和班会记录等 3. 查看各类各项过程材料 4. 查看工作安排和自评总结报告	
		C11 培训保障 （6分）	1. 加强与市级师训部门沟通交流，发挥其"培训指导者—监督员"作用，形成有效互助协作机制，得2分 2. 置换脱产研修项目和短期集中培训项目：设备、设施、场地和器材等优先满足培训教学需要，校内的图书资料和文化体育场馆等校内优质资源对学员开放，管理规范，得2分 远程培训项目：为学员学习提供符合有关要求的网络平台，远程技术支持形式多样、方式多种，满足学员咨询服务需要，共享优质网络培训资源，管理规范，得2分 3. 为学员提供良好的食宿、医疗等生活条件，加强安全管理和卫生管理，服务规范，态度好，质量高，得2分	1. 查看联席会议记录，访谈市级师训部门负责人 2. 实地考察学员的学习、生活、活动场所等 3. 查看远程培训平台 4. 查看管理与服务方面的过程材料	
	B4 实施成效 （20分）	C12 完成任务 （4分）	1. 采用多种途径提前通知学员参训，按培训方案和教学计划完成培训任务，按时报送有关材料至省项目办，得2分 2. 学员合格率达100%，得2分；90%以上，得1分；90%以下，不得分	1. 查看绩效自评报告、工作总结和有关材料 2. 查看学员名册和结业名册	

（续表）

一级指标	二级指标	三级指标	评分要点	评分办法	评分
A1 业务考评 （70 分）	B4 实施成效 （20 分）	C13 学员 满意度 （10 分）	1. 学员对培训教学工作（包括项目满足学员学习需求的程度，研修培训的目标设置与定位、课程和活动安排、课程资源、方式方法，主讲和指导教师水平）的综合满意度，超过 90%，得 6 分；在 80%—89%之间，得 4 分；在 70%—79%之间，得 2 分；70%以下，不得分 2. 学员对培训服务工作（包括教学设施与条件，住宿条件与服务质量，用餐与服务质量，项目管理团队服务态度与质量）的综合满意度，超过 90%，得 4 分；在 80%—89%之间，得 2 分；在 70%—79%之间，得 1 分；70%以下，不得分	查看学员满意度调查及反馈材料	
		C14 总结表彰 （2 分）	1. 各培训班、各子项目认真总结培训工作，承办院校（机构）形成 5000 字左右的项目实施工作总结，得 1 分 2. 评选优秀培训者、管理者、学员和实习生，并颁发证书，得 1 分	1. 查看项目培训总结 2. 查看相关材料	
		C15 媒体宣传 （1 分）	在省级及以上媒体上积极宣传实施情况和工作成效，得 1 分		
		C16 资料建设 （3 分）	1. 分项分类建立项目档案，各项各类培训材料和培训成果保存完备，得 1 分 2. 定期编发《培训简报》，置换脱产研修项目不少于 7 期，短期集中培训项目不少于 3 期，远程培训项目不少于 5 期，得 1 分 3. 对优秀作业和成果，集结印发或网页发布，得 1 分		
A2 财务考评 （30 分）	B5 经费预 算执行 （14 分）	C17 项目经费 预算方案 （6 分）	1. 根据有关项目经费规定，预算编制合理规范，符合实际情况，得 2 分 2. 项目预算细化程度高，能够分类别、分项目、分学科按科目与规定预算，得 4 分	核查项目申报文本（含申报书、预算明细等）、立项批复文件	
		C18 项目经费 支出情况 （6 分）	1. 项目经费支出与预算批复相符性高，经费支出与项目进度协调一致，得 2 分 2. 严格执行经费管理办法，不向学员收取培训费、书籍资料费、餐饮住宿费等费用，得 2 分 3. 经费支出结构合理规范，经费使用效益高，得 2 分	1. 查看项目支出明细（含支出科目，盖财务章）、项目验收报告等 2. 访谈有关学员 3. 畅通投诉电话	

（续表）

一级指标	二级指标	三级指标	评分要点	评分办法	评分
A2 财务考评 （30 分）	B5 经费预算执行 （14 分）	C19 预算资金调整 （2 分）	预算支出调整确有合理依据，并能按照规定程序报批，得 2 分	查看项目资金调整报告等	
	B6 财务管理 （8 分）	C20 财务管理制度 （4 分）	1. 制定培训项目资金管理类实施细则，严格项目资金预决算制度，得 2 分 2. 财务管理制度规范、健全，包括经费管理办法、财务报销制度等，得 2 分	查看资金管理实施细则和财务管理制度	
		C21 财务管理具体措施 （4 分）	1. 坚决有效贯彻执行资金管理和财务管理制度，得 1 分 2. 财务审批、报销等环节规范有序，得 1 分 3. 加强项目资金监管，按照政府信息公开有关规定向社会公开培训资金使用管理情况，接受监督、审计部门和社会监督，做到专款专用，得 2 分	1. 听取有关汇报 2. 查看项目验收与审计报告 3. 访谈有关财务人员	
	B7 会计信息质量 （8 分）	C22 会计核算 （6 分）	1. 建立专项资金台账，按资金性质、用途分类记账，得 2 分 2. 会计核算认真细致，能准确核算资金收支情况，得 2 分 3. 能够认真分析并科学使用资金结余，得 2 分	1. 查看项目支出明细表 2. 抽查相关会计凭证	
		C23 项目财务资料 （2 分）	项目财务资料真实、完整、可信，得 2 分	查看整体项目相关财务资料	
考评得分					

备注：1. 本指标体系有 2 项一级指标，7 项二级指标，23 项三级指标。

2. 置换脱产研修项目包含对“师范生顶岗实习”工作的考评，远程培训项目包含对“远程培训辅导者培训”工作的考评。

3. 本指标体系 2011 年制定，适用于“国培计划（2011）”—安徽省农村骨干教师培训项目绩效考评。

课题组成员：汪开寿　武庆鸿　　**撰写人：**武庆鸿

安徽省县域义务教育均衡发展公众满意度调查方案

《教育部关于印发〈县域义务教育均衡发展督导评估暂行办法〉的通知》(教督〔2012〕3号)《安徽省人民政府办公厅关于印发安徽省县域义务教育均衡发展督导评估实施办法的通知》(皖政办秘〔2012〕96号)《关于印发安徽省县域义务教育均衡发展公众满意度调查方案的通知》(皖教督函〔2012〕62号)文件指出，县域义务教育均衡发展公众满意度调查是督导评估的规定程序，调查结果将作为督导评估的重要参考。为有效开展安徽省县域义务教育均衡发展公众满意度调查，特制订本方案。

一、调查对象

调查对象以义务教育阶段学校的学生家长为主，还包括本县(市、区)的人大代表、政协委员，义务教育学校校长、教师以及其他群众。

二、调查内容

调查的主要内容包括适龄儿童少年就近入学、县域内学校校际办学条件差距、县域内校际教师队伍的差距、县域内义务教育择校情况以及政府在推进义务教育均衡发展方面的努力程度等。

三、调查方法

公众对县域内义务教育均衡发展满意度调查采用问卷调查与实地访谈相结合的方法进行。问卷调查分邮寄问卷和现场发放问卷两种方式进行。实地访谈由省督导评估组组织进行，走访对象的选取参照问卷调查对象的选取方式。

四、操作流程

(一) 确定样本

由省人民政府教育督导团办公室协调，各县(市、区)督导机构配合省教育评估中心按照下述抽样方法抽取样本。

根据《教育部关于印发〈县域义务教育均衡发展督导评估暂行办法〉的通知》(教督〔2012〕3号)要求，问卷调查的样本数量按本县(市、区)常住人口(P)的1.5‰确定；常住人口在40万以下的县，样本数量为600份。调查样本中，学生家长的比例不低于50%，并保证其他各类调查对象数量大体相当。回收有效问卷率不低于70%。县(市、区）总样本量及各类调查对象样本量的确定方法见附表。

（二）实施调查

问卷调查分邮寄问卷和现场调查两种方式实施。对当地人大代表、政协委员的问卷调查由省教育评估中心通过邮寄发放和回收问卷，对校长、教师和学生家长的问卷调查与省督导评估同时进行，省教育评估中心派一名调查员随省督导评估组到评估县（市、区）开展调查工作。各县（市、区）负责安排场地，组织家长、中小学校长、教师按时到达调查现场；省教育评估中心安排调查员现场发放、指导填写和回收问卷。对其他普通群众的问卷调查，由各县（市、区）配合，省教育评估中心在人口相对集中的公共场所进行现场调查并回收问卷。

（三）数据统计

问卷回收后，由省教育评估中心进行问卷的数据统计工作。对每张问卷每题只统计“满意票数”（满意票数＝A＋B，A、B分别为每题选择答案A满意、B比较满意的票数）。8个题目按规定的权重计算。所有有效问卷的满意票数之和占有效问卷数与问卷题目数之积的比例即为该县（市、区）满意度调查结果，结果大于或等于85％的为“满意”；小于85％大于或等于75％的为“比较满意”；小于75％大于或等于60％的为“基本满意”；小于60％的为“不满意”。

（四）结果分析

根据调查问卷情况，由省教育评估中心进行问卷分析，撰写报告。

附件：1．安徽省县域义务教育均衡发展公众满意度调查样本抽取方法

2．安徽省县域义务教育均衡发展公众满意度调查职责分工

3．安徽省县域义务教育均衡发展公众满意度调查工作流程

4．安徽省县域义务教育均衡发展公众满意度调查基本情况报送表

5．安徽省县域义务教育均衡发展公众满意度调查问卷

附件 1：

安徽省县域义务教育均衡发展公众满意度调查样本抽取方法

序号	样本类别	比例	P≥40 万时抽样数量（人）	P<40 万时抽样数量（人）	样本说明	抽样方法
1	小学学生家长	35%	P×1.5‰×35%	210	按农村和城区小学（初中）学生比例分别确定两类样本数量：农村小学（初中）学生家长和城区小学（初中）学生家长	农村学生家长样本抽取：先从本县（市、区）随机抽取 2 个乡镇，再分别从每个乡镇随机抽取 2 所完小和 1 所初中，共 4 所完小、2 所初中。依据各学校各年级学生的比例确定各学校各年级样本数量，再随机抽取调查对象 城区学生家长样本抽取：先从县（市、区）政府所在城镇随机抽取 2 所小学和 1 所初中，依据各学校各年级学生的比例确定样本数量，再随机抽取调查对象
2	初中学生家长	20%	P×1.5‰×20%	120		
3	小学校长	3%	P×1.5‰×3%	18	若小学（初中）校长数量不够则全部抽取，剩余名额划归小学（初中）教师	采取随机抽样方式选择调查对象
4	初中校长	2%	P×1.5‰×2%	12		
5	小学教师	15%	P×1.5‰×15%	90	按农村和城区小学（初中）教师比例分别确定两类样本数量：农村小学（初中）教师和城区小学（初中）教师	农村教师样本抽取：从抽取学生家长样本时确定的农村完小和农村初中学校确定农村教师样本，依据各学校教师的比例确定各学校教师样本数量，再随机抽取调查对象 城区教师样本抽取：从抽取学生家长样本时确定的城区小学和初中学校确定城区教师样本，依据各学校教师的比例确定各学校教师样本数量，再随机抽取调查对象
6	初中教师	10%	P×1.5‰×10%	60		
7	本县人大代表	5%	P×1.5‰×5%	30	包括本县各级人大代表	采取随机抽样方式选择调查对象。函寄
8	本县政协委员	5%	P×1.5‰×5%	30	包括本县各级政协委员	采取随机抽样方式选择调查对象。函寄
9	其他普通群众	5%	P×1.5‰×5%	30	以上 8 类样本除外的普通群众	随机选取调查对象
总计		100%	P×1.5‰×100%	600		

附件 2：

安徽省县域义务教育均衡发展公众满意度调查职责分工

为切实做好安徽省县域义务教育均衡发展公众满意度调查工作，现就省教育评估中心、市（县、区）和样本学校各自职责明确如下：

一、省教育评估中心

1. 受省人民政府教育督导团委托，负责安徽省县域义务教育均衡发展公众满意度调查具体组织实施工作。

2. 负责拟订公众满意度调查工作方案。

3. 负责省级调查员的遴选及培训工作。为每个督导评估组选派一名省级调查员。省级调查员在县（市、区）两名协查员配合下，负责现场发放、指导填写和回收问卷，开展现场问卷调查并负责调查问卷的统计汇总。

4. 负责学生家长、教师、校长满意度调查组织工作。

样本学校的抽取。本次满意度调查抽取城区 2 所小学、1 所初中；农村 2 所完小、1 所初中。

校长和样本校学生家长、教师的抽取。根据县（市、区）上报大样本信息随机抽取确定学生家长、教师、校长名单。

5. 负责人大代表、政协委员满意度调查的组织工作。根据各县（市、区）提供的人大代表、政协委员名单，随机抽取人员，通过邮寄方式发放、回收问卷进行调查。

6. 负责其他普通群众满意度调查组织工作。按照样本要求，随机抽取其他普通群众，进行问卷调查。

7. 负责满意度调查结果汇总和报告撰写。

二、市、县（区）

1. 负责落实开展问卷调查所需的场地和工作用车。

2. 负责相关信息上报工作。

认真填写《县域义务教育均衡发展公众满意度调查基本情况报送表》，报送县域内所有小学和初中学校名称（标明学校归属地为农村或城镇）、县域内所有小学和初中学校校长数量及名单等信息（督导评估组到达县（市、区）的 5 日前上报，同时报送纸质材料）。

在省教育评估中心确定样本学校后，负责上报被抽取样本校学生总数、各年级学生数和学生名单、教师总数和名单等信息（督导评估组到达县（市、区）的 3 日前上报）。

3. 协助开展满意度调查工作。

负责选派两位协查员并提供姓名及联系方式，配合省级调查员开展满意度调查工作并协助做好本区调查问卷的前期统计汇总；

在督导评估组到达的当日，在汇报会结束后按照省级调查员的要求组织校长参加满意度调查，校长应来自不同学校；

在督导评估组到校期间安排学校通过组织召开相应年级（小学为四年级、初中为二年级）家长会（请学生父母参加）等形式，集中学生家长，方便开展学生家长满意度调查；

按照公众满意度调查省级调查员的要求，组织抽取的教师和学生家长参加满意度调查；

配合做好其他普通群众的满意度调查；

做好满意度调查场地的布置工作，满意度调查场地标示“义务教育均衡发展校长满意度调查”“义务教育均衡发展教师满意度调查”“义务教育均衡发展学生家长满意度调查”字样；

协助做好本区调查问卷的前期统计汇总。

4. 配合做好其他相关工作。

三、样本学校

1. 负责落实在校开展问卷调查所需场地。

2. 负责相关信息上报工作。

负责按要求及时上报本校学生总数、各年级学生数和学生名单、教师总数和名单等满意度调查所需信息。

3. 认真做好满意度调查的配合工作。

在督导评估组到校期间通过组织召开相应年级（小学为四年级、初中为二年级）家长会（请学生父母参加）等形式，集中学生家长，方便开展学生家长满意度调查；

配合组织本校被抽取的学生家长、教师按时到达学校指定地点进行问卷调查，要求参加问卷调查的家长为学生父母；

配合做好其他普通群众的满意度调查；

做好满意度调查场地的布置工作，满意度调查场地标示“义务教育均衡发展教师满意度调查”“义务教育均衡发展学生家长满意度调查”字样。

附件 3：

安徽省县域义务教育均衡发展公众满意度调查工作流程

时　间	地　点	事　项	参加人员	备　注
上午 8：00—8：50	县政府会议室或县教体局会议室	召开公众满意度调查动员会。省公众满意度调查组布置现场调查工作	省公众满意度调查组成员、县教体局有关领导、有关科室负责人、参与满意度调查的校长（含样本学校的校长）以及县协查员等	
上午 9：00—10：00	县政府会议室或县教体局会议室	开展校长满意度调查	中小学校校长（含样本学校的校长）	参与调查的校长总数和中小学校长的结构比例需符合省里要求
上午 10：30—11：30	样本学校会议室	分两组，同时在 2 所样本校，开展教师、家长满意度调查	样本学校有关教师、学生家长	样本学校选派教师应具有代表性；选派的家长应是初中二年级或小学四年级的学生父母
下午 2：30—3：30	样本学校会议室	分两组，同时在 2 所样本校，开展教师、家长满意度调查	样本学校有关教师、学生家长	样本学校选派教师应具有代表性；选派的家长应是初中二年级或小学四年级的学生父母
下午 4：00—5：00	样本学校会议室	分两组，同时在 2 所样本校，开展教师、家长满意度调查	样本学校有关教师、学生家长	样本学校选派教师应具有代表性；选派的家长应是初中二年级或小学四年级的学生父母

附件 4：

安徽省县域义务教育均衡发展公众满意度调查基本情况报送表

报送单位（盖章）：

<table>
<tr><td colspan="2">县（市、区）名称</td><td></td><td colspan="2">常住人口数（万人）</td><td colspan="2"></td></tr>
<tr><td rowspan="4">学校总数（所）</td><td rowspan="4"></td><td rowspan="2">小学</td><td colspan="2">总数（所）</td><td colspan="2" rowspan="4"></td></tr>
<tr><td colspan="2">其中：农村小学（所）</td></tr>
<tr><td rowspan="2">初中</td><td colspan="2">总数（所）</td></tr>
<tr><td colspan="2">其中：农村初中（所）</td></tr>
<tr><td rowspan="4">学生总人数（人）</td><td rowspan="4"></td><td rowspan="2">小学</td><td colspan="2">总数（人）</td><td colspan="2" rowspan="4"></td></tr>
<tr><td colspan="2">其中：农村小学（人）</td></tr>
<tr><td rowspan="2">初中</td><td colspan="2">总数（人）</td></tr>
<tr><td colspan="2">其中：农村初中（人）</td></tr>
<tr><td rowspan="2">教师总数（人）</td><td rowspan="2"></td><td colspan="3">小学教师（人）</td><td colspan="2" rowspan="2"></td></tr>
<tr><td colspan="3">初中教师（人）</td></tr>
<tr><td rowspan="2">校长总数（人）</td><td rowspan="2"></td><td colspan="3">小学校长（人）</td><td colspan="2" rowspan="2"></td></tr>
<tr><td colspan="3">初中校长（人）</td></tr>
<tr><td colspan="2">人大代表总数（人）</td><td></td><td colspan="2">政协委员总数（人）</td><td colspan="2"></td></tr>
<tr><td colspan="2">县教育局分管负责人</td><td></td><td>职务</td><td></td><td>联系方式</td><td></td></tr>
<tr><td colspan="2">具体部门负责人</td><td></td><td>职务</td><td></td><td>联系方式</td><td></td></tr>
<tr><td colspan="2">具体经办人</td><td></td><td>职务</td><td></td><td>联系方式</td><td></td></tr>
<tr><td>备　注</td><td colspan="6"></td></tr>
</table>

附件5：

安徽省县域义务教育均衡发展公众满意度调查问卷

先生/女士：

您好！

为了解本县（市、区）义务教育均衡发展的基本状况，我们特开展本次满意度调查。本问卷不记名，不涉及对个人的任何评价，请您根据自身感受如实填写，独立完成。谢谢您的配合！

安徽省县域义务教育均衡发展公众满意度调查小组

年　　月　　日

一、填写说明

1. 共有8个问题，每一题只能选择一个选项（答案）。本问卷大约需要15分钟。

2. 请您在每个问题下面的选项选择一个您认为最适合的“答案”，并在括号内打“✓”。

3. “义务教育”是指小学和初中阶段的教育。

4. 本调查表共2页，本页背面还有内容。

二、您的基本信息

1. 您的性别是：男（　　）　　女（　　）

2. 您的年龄是：

18～30岁（　　）　　31～40岁（　　）　　41～50岁（　　）　　51岁以上（　　）

3. 您居住的是城镇还是农村？城镇（　　）　　农村（　　）

4. 根据调查需要，请问您的职业或身份？

小学生家长（　　）　　初中生家长（　　）

小学校长（　　）　　初中校长（　　）　　初中教师（　　）　　小学教师（　　）

人大代表（　　）　　政协委员（　　）　　其他普通群众（　　）

三、调查内容

（一）整体满意度判断

您对本县（市、区）义务教育均衡状况的总体评价是：

满意（　　）　　比较满意（　　）　　不满意（　　）

（二）分项满意度判断

1. 您对本县（市、区）义务教育适龄儿童少年就近入学制度落实情况的评价是：

满意（　　）　　比较满意（　　）　　不满意（　　）

2. 您对本县（市、区）努力缩小学校之间办学条件差异的评价是：

满意（　　）　　比较满意（　　）　　不满意（　　）

3. 您对本县（市、区）近年来缩小校际教师队伍的差距、均衡教师资源配置工作的评价是：

满意（　　）　　比较满意（　　）　　不满意（　　）

4. 您对本县（市、区）解决义务教育阶段择校问题、规范办学行为方面的评价是：

满意（　　）　　比较满意（　　）　　不满意（　　）

5. 您对本县（市、区）政府在缩小城乡（或中心区域与其周边区域）义务教育学校发展差距工作上的评价是：

满意（　　）　　比较满意（　　）　　不满意（　　）

感谢您的积极参与和大力支持！

课题组成员：汪开寿　武庆鸿　林禄明　杨　昪　徐光武

撰　写　人：杨　昪

评 估 报 告

2012 年安徽省高等学校××经费项目绩效考评报告

根据省财政厅《关于开展 2012 年省级财政支出项目绩效自评工作的通知》（财预函〔2012〕523 号）要求，我厅组织开展了安徽省 2012 年省级高校××经费项目绩效自评工作，并对各项目学校报送的自评情况进行汇总，抽查了 12 所项目学校，形成了绩效考评报告如下：

一、项目基本情况

（一）项目立项

2012 年，省财政厅下拨高校省级××经费，共资助自然科学项目 522 项，其中，重大项目 14 项，重点项目 289 项，一般项目 219 项。中国科技大学在内的省内 61 所高校获得项目资助。项目涵盖工学、理学、农学、医学等学科领域。各高校均依据省教育主管部门科研管理办法、项目申报指标及政策要求，组织项目申报，每个项目均经校学术委员会专家论证推选、省教育厅邀请函评专家评议、省教育主管部门审定立项并下达项目及其经费等程序。项目资金设立依据充分，项目目标设置科学，项目经费预算重点支出科目和支出结构编制合理。每个项目根据项目类型围绕区域社会发展需求，制定了研究目标和预期成果，目标设置科学合理，具有显著的经济、社会、生态环境效益。

（二）项目执行

1. 项目管理制度健全。为加强科研项目管理，省教育厅由科研处（学位办）专门承担项目的立项与管理，出台了《安徽省教育厅高等学校省级××研究计划项目管理试行办法》。对省级重大项目、省级重点项目预留 1 万元的结题保证金，在项目经我厅组织鉴定和验收后，再行拨付。各高校大都设有科研处专门实施项目管理，负责科研项目的申报、评审、执行情况检查和成果审查评审等工作。大部分高校制定了专门的项目管理制度并有效执行。

2. 项目资金使用合理。为加强项目经费管理，充分发挥项目资金效益，各项目高校均能结合本校实际，制定较为完备的科研经费财务管理制度，明确经费管理和财务报销办法。科研经费划拨规范，经费支出有着严格的审核、签字环节。科研、财务、审计和纪检等部门在科研经费使用、管理、监督过程中分工明确，职责落实到位。项目在实施过程中，严格按照项目经费预算，科研经费支出科目、金额、进度和预算批复基本相符。科研经费报销按规定权限履行审批手续，报销票据真实合法。科研经费支出与科研任务相关，未发现挪用、挤占、虚列支出、虚构经济业务或以非法手段套取科研经费现象。科研经费支出中招待费、劳务费等费用支出符合科研经费管理制度和项目预算要求。财务资料完整，会计核算准确，项目资产管理规范。

3. 项目执行规范顺利。从高校自评和省厅抽查情况来看，大部分资助项目已按照原定计划开展研究，上级主管部门的立项资金能及时到位，项目执行情况良好、进展顺利，项目中期研究成果丰富、水平较高。在抽查的项目研究成果中未发现抄袭、剽窃、重复发表等行为。但因研究周期未到，大多数项目还未进行结题验收。从抽查的12所高校完成研究周期的项目来看，项目结题程序规范，均有验收报告和总结，重点项目结项有专家鉴定记录。

二、项目绩效及评价结论

根据省财政厅财预函〔2012〕523号和省教育厅皖教秘财〔2013〕5号文件精神，各高校对照《安徽省高校科研经费项目绩效考评指标体系（试行）》，逐个项目开展了自评工作。其中自评结论为优秀的占80%；自评结论为良好的占20%；无自评不合格项目。结合安徽省高校科研经费项目绩效考评指标体系中的一级指标、二级指标、三级指标和具体的评分标准，省教育评估中心成立了评价小组对各高校的自评报告进行了认真的自评汇总，对使用2012年省级高校自然科学经费较多的12所高校（涵盖理工、农学、师范、医学以及市属高校、民办高校）进行了抽查。总体情况是业务指标自评18分，财务指标自评30分，效益指标自评47分，附加项指标自评4分，自评综合得分99分。自评等次为优秀。

（一）促进高校科研水平提升

在省财政经费的支持下，近年来高校科研工作取得了较大发展。立项的数量、层次、范围等均取得较大突破。科研工作的扎实运行产出了丰硕科研成果。产出了一大批高级别论文和学术专著，被SCI、EI和CSCD收录。学术论文数量较往年有了新的突破。发明专利和实用新型专利数也有很大提升。

（二）推动高校学科和专业发展

通过项目实施，促进了高校学科和专业发展，培养了一批省级教学创新团队、学术创新平台、学科带头人、教学名师、教坛新秀等，形成了一些科研成果突出、合力明显的研究团队。一批年轻教师在项目的资助下开展了一系列的基础研究，为进一步申报国家级、省部级课题奠定了良好的基础；一批青年教师借此得以晋升高一级职称，实现专业成长。项目的实施，吸纳了大量研究生参与导师的课题研究，提高了研究生的科研水平。

（三）提高高校服务经济社会水平

通过项目实施，推动校企合作、产学研对接，促进了本地区整体科技水平的发展与提高。以项目为依托的课题研究报告被政府部门采纳，部分科研成果被大中型企业等应用于生产实践，顺利实现转化，产业化前景较好，对相关行业和产业发展、社会建设起到积极推动作用。增强了高校为行业发展与区域经济服务的能力，带来一定的直接或间接经济社会效益。

三、问题与建议

（一）评价发现的问题

1. 高校科研项目经费投入不足，影响了项目质量和成果水平。我省的项目经费偏低，尤其对于理工类等对实验仪器设备要求较高的学科，虽然部分高校给予了配套经费，并且逐年通过学科建设、实验室建设加大经费投入，但一般项目的经费不足以支付科研所需基本的原料和设备投入。由于受到研究时间（一般为2年）和经费限制，高校××经费项目的研究一般比较浅，很难深入。同时，科学研究一般需要持续一段较长时间，成果的产出和应用需要经过时间的沉淀和用户的实践，在下达经费的当年进行项目绩效评价很难达到预期目标。

2. 预算安排有待培训。在自查过程中发现教师的预算安排有待进一步完善，尤其是青年教师，缺乏合理安排经费的经验，少数教师的经费使用和预案的一致性不够，工作开展了，经费使用滞后。

3. 合作研究协同性需要加强。申报项目以课题组为单位申报，在实施过程中，由于部分教师外出进修学习，所承担的科研任务须调整，对项目的顺利实施有一定影响。

4. 技术成果保密意识淡薄。在自评过程中发现，部分教师保密意识和专利保护意识相对薄弱，一些关键技术，没有进行专利申报、进行技术保护，单纯发表一篇论文了事，泄露了相关技术秘密，甚是可惜。

同时，在开展自评过程中，也发现个别项目研究进度滞后于研究计划，研究成果偏少；科研产出上注重研究论文，对专利、产品等直接应用成果注重得不够；与企业或行业联系不紧密，应用型研究成果转化方面做得不够等问题。

（二）建议

针对在自评中发现的问题，提出以下建议：

1. 增加项目经费投入。建议提高项目经费额度，尤其是加大一般项目的经费资助力度，以保证科研项目更好、更加顺利地实施和完成。对项目成果转化前景较好的项目，建议增加项目结题后的经费资助，促进项目深入研究，提高科研经费的使用效益。

2. 开展结题项目鉴定评优。对部分好的项目进行鉴定，评出优秀项目进行连续资助，以激发教师的科研热情，提高结题质量，以便进一步培育高级别研究项目。

3. 改进科研效益的评价办法。建议在项目研究周期完成后再进行绩效评价。同时应注重项目成果质量，提倡创新，促进成果转化，让更多的科研项目能针对国家发展和人民生活需要解决的问题，使有限的经费得到高效使用。

撰写人：林禄明

附件：

安徽省财政支出项目绩效考评报告

项目名称：高校自然科学经费

项目单位：各高等学校

主管部门：安徽省教育厅

评价类型：事前评价□　事中评价□　事后评价☑

评价方式：部门（单位）绩效自评☑　财政部门组织评价□

评价机构：中介机构☑　部门（单位）评价组□　财政评价组□

安徽省财政厅（制）

2013 年 3 月 5 日

一、项目支出明细情况

支出内容（经济科目）	计划支出数	实际支出数
支出合计		

二、项目评价情况

（一）项目基本概况

1. 项目立项

2012年，省财政厅下拨高校省级××科研经费累计为1430万元、省教育厅××立项项目经费总额1552.7万元，2012年拨付资金622.8万元。共资助自然科学项目522项，其中，重大项目14项、重点项目289项、一般项目219项、××项目涉及中国科技大学在内的省内61所高校，涉及范围涵盖工学、理学、农学、医学等学科领域。各高校均依据省教育主管部门科研管理办法、项目申报指标及政策要求，组织项目申报，每个项目均经校学术委员会专家论证推选、省教育厅邀请函评专家评议、省教育主管部门审定立项并下达项目及其经费等程序。项目资金设立依据充分，项目目标设置科学，项目经费预算重点支出科目和支出结构编制合理。每个项目根据项目类型围绕区域社会发展需求，制定了研究目标和预期成果，目标设置科学合理，具有显著的经济、社会、生态环境效益。

2. 项目执行

从各校自评和抽查高校情况来看，2012年度省教育厅高校科研经费项目大多数已按照原定的科研计划任务书、预期目标和效益指标执行研究；项目的研究进展顺利，绩效总体目标和阶段性绩效目标的完成情况良好，部分学校已组织了中期检查，符合原定科研计划的考核指标；2012年度项目总投入1552.7万元（财政拨款），实际支出科研经费共622.8万元。绝大部分项目均按照原计划任务书执行，目标明确、进展顺利，完成了目标任务，产生了相应科研成果，科研经费按照预定的科研计划使用，主要经济、社会、环境效益显著，可持续性明显；各高校均制定了科研经费管理办法和财务管理制度，财务报销制度和程序严格、有序，内控制度执行严格，财务管理情况良好，科研、财务、审计和纪检部门各司其责，参与科研经费使用、管理和监督过程，经费使用手续规范，科研经费的支出科目、金额、进度与预算批复相符，项目管理制度执行情况良好。

（二）综合评价意见

根据省财政厅财预函〔2012〕523号和省教育厅皖教秘财〔2013〕5号文件精神，各高校对照《安徽省高校科研经费项目绩效考评指标体系（试行）》，逐个项目开展了自评工作。其中自评结论为优秀的占80%；自评结论为良好的占20%；无自评不合格项目。结合高校自评和省教育厅组织专家抽查情况来看，2012年度科研经费项目总体研究目标明确，项目业务指标良好，目标设定和资金设立的依据充分、合理，项目执行情况良好，项目中期研究成果丰富、水平较高。科研经费使用和管理制度健全，审核报销程序较为规范，绝大部分科研项目资金支出符合原定项目计划和预期目标，财务信息准确完备。项目实施经济社会效益高。部门自评结论为优秀。

总体项目绩效评价得分表

一级指标1 得分	一级指标2 得分	一级指标3 得分	附加项 得分	项目 总得分
18分	30分	47分	4分	95+4分

1. 一级指标1：业务指标评价情况分析（得分：18分）

(1) 1—1—1依据的充分性（得分：1分）

各高校依据省教育厅的科研管理办法、科研项目申报指标及政策要求，统一部署、严格审核、保障公正，积极组织校内教师认真填报项目申请书，立项的项目均经过学校学术委员会专家论证、遴选申报、省教育厅邀请的函评专家评议、省教育厅主管部门审定立项并下达项目及其经费。项目资金设立依据充分。

(2) 1—1—2目标的合理性（得分：1分）

2012年度省教育厅高校××经费项目，均经过高校学术委员会评审、推荐及有关专家修改和认定，各项目均有规划，预定资金使用目标明确，目标设置科学合理。

(3) 1—1—3项目经费预算（得分：2分）

2012年度省教育厅高校××经费项目，在申请时都有项目经费预算，具体支出科目通过高校学术委员会、财务管理部门和科研管理部门的严格审查，重点支出科目和支出结构编制合理。每个项目立项后，开题报告中均有详细的经费预算。

(4) 1—2—1项目执行情况（得分：2分）

2012年度省教育厅高校××经费项目，项目实施时均有具体的科学研究计划和经费使用计划，并按照项目计划组织实施工作。截至目前，没有立项后需要进行变更的项目。

(5) 1—2—2项目结题验收情况（得分：3分）

由于大部分项目研究周期还未到期，2012年度省教育厅高校××经费项目还未结题验收。高校组织了科研项目中期检查，在研的项目中期成果均通过检查、达到了预期目标。从抽查的12所高校完成研究周期的项目来看，项目结题程序规范，均有验收报告和总结，重点项目结项有专家鉴定记录。

(6) 1—2—3项目完成质量（得分：3分）

除部分项目受研究周期、实验等因素影响外，其余项目实施结果皆达到项目预期设定的目标。2012年在研项目均按年度计划执行，达到了预期的目标和年度考核指标。

(7) 1—3—1 机构人员保障（得分：3 分）

为加强科研项目管理，省教育厅由科研处（学位办）专门承担项目的立项与管理，出台了《高等学校省级××研究计划项目管理试行办法》。对省级重大项目、省级重点项目预留 1 万元的结题保证金，在项目经我厅组织鉴定和验收后，再行拨付。各项目高校都设有科研处专门实施项目管理，负责科研项目的申报、评审、执行情况检查和成果审查评审等工作。

(8) 1—3—2 管理制度保障（得分：3 分）

大部分项目高校都制定了专门的项目管理制度并有效执行。

2. 一级指标 2：财务指标评价情况分析（得分：30 分）

(1) 2—1—1 管理制度制定情况（得分：4 分）

各项目高校科研经费财务管理制度规范、健全，包括经费管理办法、财务报销制度等。

(2) 2—1—2 内控制度执行情况（得分：6 分）

各项目高校内控制度执行情况良好，科研处和财务处负责科研经费使用管理，项目经费使用手续规范，不存在层层转拨、变相转拨问题；科研经费支出经过科研、财务等各级人员和各个环节审核、签字；科研处和财务处设有专人负责科研经费的使用、管理和监督，科研、财务、审计和纪检等部门在科研经费使用、管理、监督过程中，具体职责和权限均已落实到位。

(3) 2—2—1 资金支付情况（得分：4 分）

项目高校根据项目合同及项目建设进度支付科研经费，审核报销均要求正式的发票和预算依据，科研经费支出的科目、金额、进度与预算批复相符。

(4) 2—2—2 支出规范情况（得分：8 分）

项目高校财务审核报销制度和科研管理制度执行有力，科研经费报销按规定权限履行审批手续，报销票据真实合法，未发现使用假票据现象。

项目高校科研经费支出名目与科研任务相关，未发现挪用、挤占、虚列支出、虚构经济业务或以非法手段套取科研经费现象；科研经费支出中招待费、劳务费等费用支出符合科研经费管理制度和项目预算要求。

项目高校劳务费支出由本人签收或转至本人个人银行账户，依法缴纳所得税，对 12 所高校的抽查未发现他人代签问题。

项目高校科研经费支出中间接费用和结存结余资金管理规范，未发现在核定的间接费用之外在项目经费中重复提取、列支相关费用，未发现违反规定使用和转移结存结余资金的情况。

(5) 2—3—1 财务资料完整性（得分：2 分）

项目高校科研经费收入、支出、资产（如账、卡、物）等财务资料的真实、完整性良好。

(6) 2—3—2 会计核算准确性（得分：3 分）

项目高校财务会计核算方法符合财务制度、会计制度有关要求，相关从业人员学习并能够有效执行这些制度。各专项资金进行了详细的名目划分和分项核算。

(7) 2—4—1 项目资产管理（得分：3 分）

使用科研经费购置和形成的资产严格执行国家资产管理的有关规定，统一纳入学校资产管理，合理使用、认真维护，对 12 所高校抽查未发现隐匿、私自转让、非法占有等问题。

3. 一级指标 3：效益指标（得分：47 分）

(1) 3—1—1 成果发表（出版）情况（得分：9 分）

在省财政经费的支持下，近年来高校科研工作取得了较大发展。立项的数量、层次、范围等均取得较大突破。科研工作的扎实运行产出了丰硕科研成果。产出了一大批高级别论文和学术专著，被 SCI、EI 和 CSCD 收录。学术论文数量较往年有了新的突破。发明专利和实用新型专利数也有很大提升。

(2) 3—1—2 成果社会反响（得分：9 分）

通过项目实施，推动校企合作、产学研对接，促进了本地区整体科技水平的发展与提高。以项目为依托的课题研究报告被政府部门采纳，部分科研成果被大中型企业等应用于生产实践，顺利实现转化，产业化前景较好，对相关行业和产业发展、社会建设起到积极推动作用。增强了高校为行业发展与区域经济服务的能力，带来了一定的直接或间接经济社会效益。

(3) 3—2—1 促进相关学科专业发展情况（得分：5 分）

项目高校在项目研究过程中，注重研究内容与学科发展相结合，通过项目实施，促进了高校学科和专业发展，培养了一批省级教学创新团队、学术创新平台、学科带头人、教学名师、教坛新秀等，形成了一些科研成果突出、合力明显的研究团队。项目的实施，为更高层次的课题奠定了良好的基础；促进了一批年青教师的专业成长。项目的实施，吸纳了大量研究生参与导师的课题研究，提高了研究生的科研水平。

(4) 3—2—2 推动教师队伍建设情况（得分：5 分）

通过科研项目的实施，培养了一批省级教学创新团队、学术创新平台、学科带头人、教学名师、教坛新秀等。一批年轻教师在项目的资助下开展了一系列的基础研究，为进一步申报国家级、省部级课题奠定了良好的基础；一批青年教师借此得以晋升高一级职称，实现了专业成长。

(5) 3—2—3 服务经济社会发展情况（得分：9 分）

通过项目实施，推动校企合作、产学研对接，以项目为依托的课题研究报告被政府部门采纳，部分科研成果被大中型企业等应用于生产实践，顺利实现转化，产业化前景较好，对相关行业和产业发展、社会建设起到积极推动作用。

(6) 3—3—1 学术相似性程度（得分：6 分）

项目高校认真落实教育部《关于切实加强和改进高等学校学风建设的实施意见》（教技〔2011〕1 号）以及省委教育工委、省教育厅《安徽省高等学校学风建设实施细则》（皖教工委〔2012〕27 号）文件精神，加强学风建设。高校自评和对 12 所高校的抽查中均未发现抄袭、剽窃、重复发表等不端行为。

(7) 3—3—2 项目组成员参与研究情况（得分：2 分）

在项目实施过程中，项目组成员参与研究，未发现冒名、挂名等情况，所有项目严格按照计划申请书执行。

(8) 3－3－3 举报情况（得分：2 分）

2012 年高校科研经费项目实施过程中，省教育厅未接到学术造假举报。

4. 一级指标 4：附加项（得分：4 分）

(1) 4－1 亮点与特色（得分：4 分）

很多科研项目均吸纳研究生参与课题，并取得研究成果。许多项目研究成果取得发明专利和实用新型专利授权，有些研究成果填补了理论空白。项目研究对地方经济社会发展作出了突出贡献，一些项目在研究过程中产学研结合，为企业发展解决关键技术问题。

（三）评价发现的问题

1. 高校科研项目经费投入不足，影响了项目质量和成果水平。我省的项目经费偏低，尤其对于理工类等对实验仪器设备要求较高的学科，虽然部分高校给予了配套经费，并且逐年通过学科建设、实验室建设加大经费投入，但一般项目的经费不足以支付科研所需基本的原料和设备投入。由于受到研究时间（一般为 2 年）和经费限制，高校科研经费项目的研究一般比较浅，很难深入。同时，科学研究一般需要持续一段较长时间，成果的产出和应用需要经过时间的沉淀和用户的实践，在下达经费的当年进行项目绩效评价很难达到预期目标。

2. 预算安排有待培训。在自查过程中发现教师的预算安排有待进一步完善，尤其青年教师，缺乏合理安排经费技巧和经验，部分教师的经费使用和预案的一致性不够，工作开展了，经费使用滞后。

3. 合作研究协同性需要加强。申报项目以课题组为单位申报，在实施过程中，由于部分教师的外出进修学习，所承担的科研任务调整，对项目的顺利实施有一定影响。

4. 技术成果保密意识淡薄。在自评过程中发现，部分教师保密意识和专利保护意识相对薄弱，一些关键技术，没有进行专利申报，进行技术保护，单纯发表一篇论文了事，泄露了相关技术秘密，甚是可惜。

同时，在开展自评过程中，也发现个别项目研究进度滞后于研究计划，研究成果偏少；科研产出上注重研究论文，对专利、产品等直接应用成果注重的不够；与企业或行业联系不紧密，应用型研究成果转化方面做的不够等问题。

（四）相关意见与建议

针对在自评中发现的问题，提出以下建议：

1. 增加项目经费投入。建议提高项目经费额度，尤其是加大一般项目的经费资助力度，以保证科研项目更好、更加顺利地实施和完成。对项目成果转化前景较好的项目，建议增加项目结题后的经费资助，促进项目深入研究，提高科研经费的使用效益。

2. 开展结题项目鉴定评优。对部分好的项目进行鉴定，评出优秀项目进行连续资助，以激发教师的科研热情，提高结题质量，以便进一步培育高级别研究项目；

3. 改进科研效益的评价办法。建议在项目研究周期完成后再进行绩效评价。同时应注重项目成果质量，提倡创新，促进成果转化，让更多的科研研究国家发展和人民生活需要的问题，使有限的经费高效使用。

三、评价人员

姓名	职称/职务	单　位	签　字

评价组组长（签字）：汪开寿

2013 年 3 月 6 日

自评单位负责人或评价机构负责人
（签字并盖单位章）：

2013 年 3 月 6 日

撰写人： 林禄明

2012 年安徽省高等学校奖助学金项目绩效考评报告

根据省财政厅《关于开展 2012 年省级财政支出项目绩效自评工作的通知》（财预函〔2012〕523 号）要求，我厅专门下发《关于组织开展 2012 年省级财政支出项目绩效自评工作的通知》（皖教秘财〔2013〕5 号）文件，认真组织全省 116 个院校，对高校奖助学金项目的业务情况、财务情况和效益情况进行了绩效自评工作，撰写了绩效自评报告。我厅委托安徽省教育评估中心对各项目学校报送的 2012 年高校奖助学金项目绩效自评情况进行了汇总，并结合年度民生工程检查进行了现场核查。现将我厅高校奖助学金项目绩效考评报告如下：

一、项目基本概况

2012 年，我省共有 105 所普通高等学校（不包括 2 所部属院校），其中本科高校 31 所，高职高专院校 74 所；另外还有 11 所独立学院实施高校奖助学金项目。各院校认真贯彻落实国家奖助学金政策；大部分高校能够按照有关规定，从学校事业收入中提取 4%～6%的经费，用于校内资助工作。总体来说，我省学生资助工作成效显著。截至 2012 年 12 月 31 日，国家奖助学金严格按照文件规定，严格评审，及时通过银行卡，足额发放给符合评审条件的学生。各院校的主要做法如下：

（一）组织机构健全，资助制度完善

学校学生资助工作实行校长负责制和校、院两级管理体制，家庭经济困难学生认定工作实行三级管理负责制；学生资助管理部门、财务处、各学院等部门共同协作，形成了齐抓共管、互相配合、分工明确、责任到人的学生资助工作管理体制。学校建立了国家奖助学金评审办法、家庭经济困难学生认定办法等多项管理制度，同时能够较为有效地贯彻执行；定期组织学生资助工作人员通过举办专题培训、学生工作论坛、课题研究、论文评选等多种方式开展资助工作研讨，加大培训力度，院系资助工作管理人员业务水平不断提高。

（二）财务管理规范，资金评审发放及时

项目实施过程中，各院校在资金管理、会计核算等方面均达到程序化、规范化要求。项目资金实行专款专用，账目清晰、实施规范，不私自更改国家奖助学金等级、金额，无强制捐赠或抵扣学费行为，无实物或服务替代行为；能够及时为受助学生统一办理银行卡，奖助学金发放及时足额，发放记录完整。学校各项财务信息较为真实完整，资金拨付、使用与结存手续齐全。学校定期核实院系提交的国家助学金发放名单、资助资金（银

行卡），主动接受财政、审计、纪检监察和主管部门的检查和监督。

（三）学生综合素质提升，师生反响较好

奖助学金项目的实施，实现了预期目的，促进了受奖助学生的全面健康发展，学生的综合能力明显提升。综合各院校绩效自评情况来看，本科院校接受奖助的学生考研率、毕业率和就业率较高，按照评估指标设定的分值，绝大部分学校达到了该项指标的满分，受奖励表彰的层次高、次数多；高职院校接受奖助的学生毕业率、就业率较高，专升本升学率和受奖励表彰的层次不高，国家级表彰少。各院校学生资助工作始终坚持公开公平公正，各项程序科学规范合理，问卷调查结果显示：学生和教职工对学生资助工作的满意度高，均在95%以上。

二、项目绩效及评价结论

按照省财政厅财预函〔2012〕523号文件要求，根据省教育厅的工作部署，纳入绩效考评的院校均认真对照项目绩效评价指标体系，完成了项目绩效自评。我厅对奖助学金项目的绩效自评分为95.5分，达到优秀等次。该项目取得以下成效：

（一）推动了学业完成

国家奖助学金项目的大力实施，为家庭经济困难学生顺利完成学业提供了有力保障。通过项目的实施，高校没有因贫辍学、失学的现象。考上大学的家庭经济困难学生解决学费、住宿费、生活费等问题，主要以国家奖助学金和国家助学贷款为主，以勤工助学等为辅。此外，各高校还积极协调社会团体、企业和个人面向高校设立奖学金、助学金，共同帮助家庭经济困难学生顺利入学并完成学业。

（二）激励了学生发展

通过项目的实施，引导并激励品学兼优的优秀学生和家庭经济困难学生，在德智体等方面得到进一步发展。对于青年学生的激励和导向是国家奖助学金制度的思想政治功效。无论是国家奖学金、国家励志奖学金还是国家助学金，主要起到激励先进、鞭策后进和树立榜样的作用。其主要的评定标准作为学生综合素质发展水平的一种信息反馈，有效促进了学生的自我教育、发展和完善。

（三）促进了教育公平

教育公平是社会公平的重要基础。我国是一个发展中的人口大国，受经济社会发展水平制约，实现教育公平成为一项长期、复杂、艰巨的任务。在这一基本国情下，近年来国家坚决贯彻实施国家奖助学金制度，使广大家庭经济困难学生深切感受到了国家实施教育公平制度带来的实惠，同时也表明了国家为了实现教育公平，办好人民满意教育的坚定决心。通过项目实施，为家庭贫困的学生提供了一定的生活保障和良好的学习环境，实现了受高等教育机会的均等，有效促进了教育公平。

三、评价发现的问题

1. 项目资金发放标准不够优化。主要是项目评审涉及对家庭经济困难学生的认定。家庭经济困难学生的认定工作难度大，主要表现为认定缺少量化指标、对学生开具的贫困证明缺乏有效鉴别等。

2. 个别项目资金使用不合理。绝大部分获奖受助学生能够合理使用国家奖助学金，将其用于学费或合理的生活支出。但也有少数学生得到奖助学金后，不用于学习和正常生活支出，存在铺张浪费行为。

3. 个别民办高校项目管理水平不高。我省高校奖助学金项目管理总体情况很好，但是也有个别民办高校，不能认真贯彻落实国家政策。

四、相关意见与建议

1. 继续提升项目管理水平，完善家庭经济困难学生的认定工作。困难学生的认定，是保证国家奖助学金工作公平、公正、顺利开展的前提。一是要建立科学规范的认证制度，实施动态管理。二是要建立困难学生求证制度。由志愿者队伍、辅导员、学生代表等组成求证小组，了解困难学生的真实情况。三是要建立困难学生档案制度。建立困难学生数据库，定期更新。

2. 不断提高项目实施效益，建立项目资金使用监督机制。一方面，要求受奖助的学生与学校签订《承诺书》，承诺提供的家庭经济困难证明、学业成绩等材料真实有效，合理使用奖助学金用于学费、生活等正常开支，并在毕业后努力回馈社会。另一方面，建立国家奖助学金监督小组，以学生为主体，定期通过日常消费、食堂伙食、学费缴纳等情况调查，实际了解奖助学金的使用情况；建立奖助学金回收机制，一旦发现受奖助学生有奢侈、浪费等行为，学校有权回收款项，转给其他符合条件的学生。

3. 进一步加强对民办高校的项目监管。省级教育行政部门应进一步加强对民办高校奖助学金项目的评审、资金发放和使用过程的监督与管理。

撰写人：严 萍

附件

安徽省财政支出项目绩效考评报告

项目名称：经济困难学生资助体系——高校奖助学金项目

项目单位：各高等学校

主管部门：安徽省教育厅

评价类型：事前评价☐　事中评价☐　事后评价☑

评价方式：部门（单位）绩效自评☑　财政部门组织评价☐

评价机构：中介机构☑　部门（单位）评价组☐　财政评价组☐

安徽省财政厅（制）

2013 年 3 月 6 日

一、项目支出明细情况

支出内容（经济科目）	计划支出数	实际支出数
国家奖学金		
国家励志奖学金		
国家助学金		
支出合计		

二、项目评价情况

（一）项目基本情况

2012 年，我省共有 105 所普通高等学校（不包括 2 所部属院校），其中本科高校 31 所、高职高专院校 74 所；另外还有 11 所独立学院实施高校奖助学金项目。按照省财政厅财预函〔2012〕523 号文件要求，我厅专门下发了《关于组织开展 2012 年省级财政支出项目绩效自评工作的通知》（皖教秘财〔2013〕5 号）文件，认真组织全省高校，对高校奖助学金项目的业务情况、财务情况和效益情况实施了绩效自评工作，并撰写了绩效自评报告。在学校绩效自评工作的基础上，结合年度民生工程检查，我厅形成了绩效考评汇总报告。

（二）综合评价意见

综合评价结论为优秀。

经济困难学生资助体系——高校奖助学金项目绩效评价得分表

一级指标 1 得分	一级指标 2 得分	一级指标 3 得分	项目 总得分
39	29	27.5	95.5

1. 一级指标 1 评价情况分析

业务指标 40 分，得分 39 分。

各高等学校学生资助工作实行校长负责制，设立专门机构，配备专兼职人员；制定国家奖助学金评审办法等各项制度，政策宣传形式多样、扎实有效，日常管理规范。贫困生认定严格把握政策标准，认定工作实行三级管理负责制，奖助对象界定准确，贫困生信息库完备，奖助学金评审坚持公开、公平、公正，各项评审资料较为完整规范。在学校开展的绩效自评工作基础上，结合我厅年度民生工程检查，发现有的高校学生资助管理机构没有安排专项工作经费，故二级指标组织管理中的三级指标政策宣传扣 1 分，其余指标得分均为该项满分。

2. 一级指标 2 评价情况分析

财务指标 30 分，得分 29 分。

各高等学校制定了较为健全的资金管理和会计核算等财务制度，能够严格有效执行，资金管理实行专款专用，账目清晰、实施规范，发放及时足额、准确零差错，各项财务资料真实完整。但仍有部分高校不能按照学校事业收入 4%～6%的比例要求提取经费，用于校内资助工作。因此，二级指标资金管理中的三级指标足额性扣 1 分，其余指标得分均为该项满分。

3. 一级指标 3 评价情况分析

效益指标 30 分，得分 27.5 分。

各高校学生资助工作坚持"以学生为本"，以学生的全面成长成才为目的，国家奖助学金实现了预期目的，促进了学生德、智、体全面发展；接受奖助的学生综合能力普遍得到提升，在考研、专升本、就业、科技创新等方面表现较为突出。学生普遍获得各种表彰，在各级各类竞赛中斩获佳绩。通过访谈和座谈，了解到各院校学生和教职工对学生资助工作的满意度高。通过绩效考评发现，有些学校受奖助学生的升学率不高，故此项三级指标扣 1 分；由于省级学生资助管理部门受理过个别高校的投诉情况，因此三级指标咨询投诉扣 1.5 分，其他指标得分均为该项满分。

（三）相关意见与建议

1. 完善家庭经济困难学生认定工作。困难学生的认定，是保证国家奖助学金工作公平、公正、顺利开展的前提。一是建立科学规范的认证制度，实施动态管理；二是建立困难学生求证制度。由志愿者队伍、辅导员、学生代表等组成求证小组，了解困难学生的真实情况；三是建立困难学生档案制度。建立困难学生数据库，定期更新。

2. 建立项目资金使用监督机制。一方面，要求受奖助的学生与学校签订《承诺书》，承诺提供的家庭经济困难证明、学业成绩等材料真实有效，合理使用奖助学金用于学费、生活等正常开支，并在毕业后努力回馈社会；另一方面，建立国家奖助学金监督小组，以学生为主体，定期通过日常消费、食堂伙食、学费缴纳等情况调查，实际了解奖助学金使用情况；建立奖助学金回收机制，一旦发现受奖助学生的奢侈、浪费等行为，学校有权回收款项，转给其他符合条件的学生。

3. 进一步加强对民办高校的项目监管。省级教育行政部门应进一步加强对民办高校奖助学金项目的评审，资金发放和使用过程的监督与管理。

（四）其他需要说明的问题

无。

（五）相关附件

1. 绩效评价办法和依据

（1）安徽省教育厅关于组织开展 2012 年省级财政支出项目绩效自评工作的通知（皖教秘财〔2013〕5 号）

（2）安徽省经济困难学生资助体系——高校奖助学金项目绩效评价指标体系（试行）

2. 绩效评价指标、评分标准、分值和结果

附后。

3. 评价机构认为需要作为评价报告附件的有关文件

无。

三、评价人员

姓　名	职称/职务	单　位	签　字

评价组组长（签字）：汪开寿

2013 年 3 月 6 日

自评单位负责人或评价机构负责人

（签字并盖单位章）：汪开寿

2013 年 3 月 6 日

四、主管部门项目绩效自评报告

（一）项目基本概况

项目立项情况

为贯彻落实《国务院关于建立健全普通本科高校高等职业学校和中等职业学校家庭经济困难学生资助政策体系的意见》（国发〔2007〕13号）和《安徽省人民政府关于建立健全普通本科高校高等职业学校和中等职业学校家庭经济困难学生资助政策体系的实施意见》（皖政〔2007〕74号）等一系列重要文件精神，近年来，我厅认真按照中央和省工作部署，精心指导各院校具体实施国家奖助学金项目。该项目主要包括国家奖学金、国家励志奖学金和国家助学金三方面内容。国家奖学金主要用于激励优秀学生勤奋学习，促进德、智、体等方面全面发展；国家励志奖学金用于激励品学兼优的家庭经济困难学生，学习成绩进一步提高，德、智、体等方面进一步发展；国家助学金用于促使家庭经济困难学生诚实守信、勤奋学习，顺利完成学业。

（二）项目执行情况

见考评报告内容。

撰写人： 严　萍

安徽省第二轮高等职业院校人才培养工作评估报告

按照《教育部关于印发〈高等职业院校人才培养工作评估方案〉的通知》（教高〔2008〕5号）和安徽省教育厅《关于做好安徽省高等职业院校人才培养工作评估的通知》（教秘高〔2009〕14号）文件部署，我省于2008—2013年启动实施了第二轮高等职业院校人才培养工作评估。现将有关情况总结如下：

一、基本概况

根据教育部新方案精神，我省于2008年12月，对安徽电气工程职业技术学院等4所院校进行了人才培养工作试点评估；在试点评估顺利开展的基础上，对符合评估条件的全省高职高专院校进行了人才培养工作评估。2008—2012年，共有43所高职高专院校接受了人才培养工作评估；另有3所院校因自身原因推迟，尚未接受评估。其中40所学校评估结论为通过，1所学校首次评估结论为暂缓通过，复评结论为通过；另有2所学校首次评估结论为暂缓通过，复评时间待定。

我省高职评估工作严格按照有关文件要求，认真做好评估每个环节。进校前，专家预审学校《高等职业院校人才培养状态数据采集平台》，根据主要表现指标（KPI）找出奇异点，拟定现场重点考察内容（KSF）。进校后，采取听取汇报，实地考查教学、生活设施，审阅资料，召开座谈会，深度访谈，重点剖析两个主体或特色专业，听取专业建设情况汇报和专业课教师说课，并进行评价；跟踪调查两项管理制度（其中一项为教学管理制度）；随机听课等多种方法进行考察。我省高职评估工作认真细致，实事求是，客观公正，规范有序。

二、主要做法

1. 加强领导，提供有力保障

我省高度重视高职院校人才培养评估工作。一是建立了工作机制。由省级教育行政部门负责组织高职院校人才培养工作评估，主要依靠专家实施评估；成立由省教育行政部门领导和有关专家组成的高等职业院校人才培养工作评估委员会，下设办公室在高等教育处，具体负责评估工作安排。二是制定了政策依据。我厅专门下发《关于做好安徽省高等职业院校人才培养工作评估的通知》（教秘高〔2009〕14号），整体规划部署我省第二轮高职评估工作。三是设立了专项经费。评估专家费用一律按教育部有关规定，由我厅从评估专项经费中统一列支，既减轻了学校的资金压力，也保证了评估的客观公正。

2. 明确思想，树立评估理念

教育部教高〔2008〕5号文下发后，我省多次组织教育行政部门相关人员和评估专家进行学习与研讨，明确了新一轮评估的指导思想。新一轮人才培养工作评估，旨在引导高等职业学校增强自我发展能力，不断提高教学质量。通过评估，促使高等职业院校进一步加强内涵建设，建立校企合作、工学结合的人才培养模式；逐步形成以学校为核心、教育行政部门为引导、社会参与的教学质量保障体系；优化高等职业院校的发展环境，促进招生、培养、就业的联合机制的形成。新一轮评估倡导以下理念：引导学校由重结论向重过程转变，重视学校建设过程和评估整改工作；强调评估专家与参评学校是平等互动关系，学校与专家要坦诚相待、平等交流，共同研究探讨解决问题的办法，营造宽松平等的评估氛围。

3. 结合实际，制定评估指标

针对我省高职院校区域、行业、类型之间发展不平衡，创新人才培养模式能力不强，特色发展不够鲜明、自我发展能力不足等实际情况，在认真总结试点评估工作经验的基础上，我厅制定了新一轮的评估方案和指标体系（教秘高〔2009〕14号），并上报教育部备案。我省新一轮评估工作，实行分类指导，对于办学条件较好、管理规范的学校引导其加强内涵建设、创新校企合作的办学机制和工学结合的人才培养模式，强调特色发展，全面提高教育教学质量；对于建校时间较短的院校，引导其在注重内涵建设的同时，按照有关规定进一步规范办学行为和教育教学管理；对少数尚达不到教育部印发的《普通高等学校基本办学条件指标（试行）》（教发〔2004〕2号）有关要求的院校，要求主管部门和学校加大投入，进一步改善办学条件。

4. 强化培训，建立专家队伍

我省遴选省内外熟悉高职教育教学和管理工作的专家、行业企业人员、一线专任教师，建立评估专家库。多次组织专家参加教育部举办的评估培训，不断加强专家对新方案和指标体系的理解与认识。同时，我厅每年开展高职评估前，都召开专家培训会，组织专家集中学习评估文件和规定，进一步提高认识、统一思想，强调纪律，规范操作。目前，我省已经形成一批结构合理、素质较高、省内外结合的评估专家队伍，在高职评估中发挥了重要作用。

5. 改进方法，提高工作效率

新一轮评估，专家进校考察时间缩短为3天，因此，对评估方法作了很大改进，主要采取“平台＋深度访谈”的方法，要求被评学校在专家进校前1个月，将《状态数据采集平台》在校园网上公布，专家提前查阅，拟定进校重点考察内容。评估专家进校后，主要采取深度访谈和专业剖析两种方法，抓住影响人才培养的关键要素进行重点考察，既保证了效果，又提高了效率。

6. 严格纪律，实施阳光评估

在遵守教育部评估工作纪律要求的基础上，我厅进一步对评估专家和学校严格要求。一方面，要求学校在评估接待中，坚持从简，反对铺张浪费和形式主义、弄虚作假，坚决做到“八不”，即：不搞礼仪迎送、不搞开幕式、不搞揭牌和剪彩仪式、不搞汇报演出、不送礼品酬金、不给专家配专车和专门秘书、不搞个人影集、不搞专家旅游；另一方面，要求专家在评估中，坚决做到“八个坚持”，即：坚持客观公正、坚持规范操作、坚持独立自主、坚持专家行为、坚持廉洁自律、坚持谨言慎行、坚持分类指导、坚持平等交流。此外，评估过程中每个专家组设纪检员一名，负责督查评估纪律。上述做法，净化了评估环境，维护了高职评估的良好声誉，有力保证了我省第二轮高职评估工作的健康有序进行。

三、取得成效

第二轮接受评估的高职院校，认真落实“以评促建、以评促改、以评促管、评建结合、重在建设”的二十字方针，成效显著。

1. 积极促进了科学定位

通过评估，学校进一步理清办学思路，明确办学定位。在办学方向、专业设置等方面，能够充分考虑区域（行业）经济发展状况，结合产业发展趋势，准确定位，为当地经济社会发展培养高端技能型人才。

2. 有效改善了办学条件

学校主管部门加大了资金投入，高职院校校园面貌发生了翻天覆地的变化，硬件、软件设施得到较好完善，办学条件尤其是实训条件得到了很大改善，为学校深化教育教学改革提供了有力保障。对于一些民办高职院校来说，以评促建成效更加显著。

3. 有力推动了教学改革

通过评估，学校更加注重内涵建设，增强了教学改革意识，教学中心地位较为突出，形成了体系较为完善的教学运行、教学质量保障监控与评价体系；在校企合作办学模式、工学结合人才培养模式、课程建设、教材建设、实训基地建设等方面均取得明显成效。

4. 极大提升了管理水平

学校能够根据高职教育规律和自身特点，修订和完善各项管理制度，有效规范了学校管理，进一步提高了教学质量。通过评估，学校管理制度更加健全，管理者素质得到提高，管理方法更加有效，管理手段更加先进，管理水平得到很大提升。

5. 较好优化了师资队伍

学校坚持引进与培养相结合，采用多渠道、多途径引进高层次人才，双师型教师比例不断提高，教师结构明显改善，教师水平显著提高。

四、存在问题

1. 分类指导作用发挥不够充分。统一的评估指标体系不能适应高等教育多元发展、特色发展的需要。

2. 评估主体相对单一。高职评估主要由政府主管部门组织，主体相对单一。随着高等教育体制改革的进一步深入，由政府控制评估权，一定程度上缺乏监督和竞争的机制，客观上会削弱高职院校的主动性和灵活性，不利于促进高职教育的创新和发展。

3. 整改回访力度不够。在评估过程中，重视现场考察环节，对学校整改的措施和整改结果督查不够。

五、改进建议

第一，建立分类评估指标体系。省级教育行政部门要在坚持标准的前提下，制定本地区新一轮评估实施方案。首先，设定门槛值。对师生比、教师结构、兼职教师数量与结构、教学基础设施、就业和社会评价等方面设定门槛值。在达到门槛的基础上，重点考察软件建设。对医学、师范、艺术等特殊类型院校，公办学校和民办学校，国家示范学校和一般学校区别对待，提出分类要求或者是置换一些条目。

第二，实现评估主体多元化。要着力培植专业评估机构，逐步完善社会公共评价体系，积极探索政府与社会中介机构相结合的评估方式，改变政府为单一主体的评估制度。建立以政府为引导，学校为主体，专业机构、企业、专家、用人单位、学生、家长广泛参与、多方介入的多元主体评估制度。政府逐步只负责评估的组织和宏观控制。经常性的评估则由专业评估机构和高职院校自行负责。

第三，加强整改督查。指导学校对照评估报告中专家组指出的问题，积极制定整改措施。建立定期回访制度，在评估结束后一年内，组织专家对学校进行整改回访，确保整改落到实处，真正促进学校科学发展。

撰写人：严　萍

××高等专科学校人才培养工作评估报告

受安徽省教育厅委托，根据《教育部关于印发〈高等职业院校人才培养工作评估方案〉的通知》（教高〔2008〕5号）《安徽省高等职业院校人才培养工作评估实施细则》（试行）》（高教〔2009〕23号）和《关于对××学校等11所高职高专院校进行人才培养工作评估的通知》（皖教秘高〔2012〕72号）等有关文件要求，专家组一行7人对××学校进行了为期3天的人才培养工作评估。学校为专家组工作创造了良好的条件，保证了本次评估工作有序、高效、顺利地进行。

专家组在进校实地考察前，认真分析了学校人才培养工作状态数据采集平台的数据和信息，仔细研读了学校自评报告等有关材料，提出了预审意见。在进校后的预备会议上，专家组认真学习了教育部及省教育厅的有关评估文件，结合学校实际，对本次评估工作的内容、方法、程序、考察重点等事项进行了周密安排，并制订了详细的工作计划。

考察评估期间，专家组听取了校长代表学校所作的关于人才培养工作的自评汇报；参观考察了校史馆、图书馆和校内外实训基地等；听取了护理学、临床医学2个专业的专业剖析汇报，听取了《人体生理学》《护理内科》《儿科学》等3门课程的说课，随机听课12节；访谈了学校领导、中层干部以及专兼职教师33人次；并分别召开了教师和学生座谈会；针对性地查阅了相关资料。通过多方面、多渠道地收集数据和信息，在认真讨论、分析与研究的基础上，专家组形成如下反馈意见：

一、总体印象

××学校设有临床医学系、口腔医学系、医学技术系和基础学部等教学系部；有1所直属附属医院、2所非直属附属医院；拥有180个校外实习实训基地。现开设临床医学、康复治疗技术、口腔医学、医学检验技术、眼视光技术、医疗电子工程（医用电子仪器与维护）、护理、助产、医疗保险实务、卫生信息管理、药学、生物制药技术等18个专业，面向全国13个省、市、自治区招生，现有全日制在校生7670人。

学校现有国家精品课程1门，中央财政支持实训基地2个，中央财政支持提升专业服务产业发展能力建设项目2个，省级教改示范专业1个，省级特色专业5个，省级示范实训中心4个，省级开放实训中心1个，省级教学团队1个，省级人才培养模式创新实验区1个，省级精品课程5门。

学校是全国精神文明建设工作先进单位、全国卫生系统先进集体、全国高等教育学籍学历管理工作先进集体、安徽省示范性高等职业院校建设单位、安徽省普通高校毕业生就业工作标兵单位；连续8年获省卫生厅直属单位年度目标任务考核优秀等次。

学校紧紧抓住人才培养工作评估的契机，加强内涵建设，深化教育教学改革，提高了人才培养质量，较好地达到了“以评促建、以评促改、以评促管、评建结合、重在建设”的预期目的。

二、主要成绩

1. 党政领导班子团结进取，学校发展态势良好

学校党政领导班子事业心强，团结协作、开拓进取，带领全校教职员工艰苦奋斗，争上台阶。广大干部爱岗敬业、争先创优，教师治学严谨、教书育人，展现出昂扬向上的精神风貌。学校秉承“为学生铺设成才之路，为家庭点燃希望之光，为行业培养适宜人才，为社会造就健康卫士”的办学宗旨，办学底蕴深厚，社会声誉较高，呈现出良好的发展态势。

2. 紧密对接行业企业需求，办学定位清晰准确

学校主动适应行业和地方经济社会发展需求以及医药卫生体制改革需要，坚持“立足安徽，辐射全国，重点为农村、基层培养高素质、应用型医药卫生技术人才”的办学定位，把教育办到基层医药卫生人才建设的需求点上，办到健康保健的产业链上，形成了“布局合理、结构优化、特色明显、内涵丰富”的专业建设思路，专业建设成效显著。

3. 依托质量工程建设项目，教学改革稳步推进

学校以实施质量工程项目建设为抓手，加强内涵建设，构建校、省、国家三级质量工程建设体系，以此推进学校教育教学改革，促进教育教学质量的提升。加强质量工程的制度建设，修订或制定出台了相关管理制度文件。实行项目动态管理和岗位绩效管理，建立并落实了责任管理与责任追究制度，并纳入年度考核；同时注重总结积累质量工程项目运行的建设和管理经验，为新质量工程项目立项和建设奠定了良好的基础，进而形成比较完善的制度保障体系。

4. 实施“人才强校”战略，师资队伍不断优化

学校高度重视师资队伍建设工作，以建设“素质优良、结构合理、专兼结合”的师资队伍为目标，多措并举，初显成效。学校制定了师资队伍发展规划及相应的管理制度，在通过内培外引、积极实施师资队伍建设“531行动计划”、努力提升专任教师学历层次和综合素质的同时，坚持面向行业企业等一线聘请具有丰富实践经验的专家及技术能手担任兼职教师，师资队伍数量不断壮大，师资队伍结构日趋合理，师资队伍水平稳步提升。

5. 建立健全实践教学体系，强化岗位能力培养

学校遵循医药卫生行业人才培养规律，注重实践教学环节，科学设计实践课程，强化岗位能力培养，通过不断加大投入，完善实践教学条件，优化顶岗实习管理体制和运行机制，实施实践教学的校系两级管理；强化实习单位对实习生的管理和考核，注重行业企业参与，形成了针对不同专业的实践教学管理机制，学生岗位胜任能力得以不断提升。

6. 质量监控体系规范运行，人才培养保障有力

学校以全面提高教育教学质量为目标，修订了各专业人才培养方案，制定了课程标准，课程内容与课程体系较为合理。教学管理机构健全，教学管理制度完备，建立了教学

质量监控体系，认真落实《教学质量监控条例》及其配套制度，积极推进教学管理的网络化，实行“专管＋兼管＋共管＋协管”的“四管”模式；健全了校系二级教学管理体制和工作机制，显现出教学管理正在沿着规范化轨道平稳有序运行。

7. 学生素质教育成效显著，社会声誉与日俱增

学校注重社会实践活动和良好校园文化氛围的营造，秉承“厚德、精医、博学、笃行”的校训精神，积极推进素质教育。依托各类学生社团组织，开展积极向上的育人活动，建立了有利于学生成人成才的大学生素质拓展体系，形成了“天使艺术团”“成长在安徽医专”等校园文化品牌，促进了学生的健康成长。学校高度重视就业工作，通过构建就业工作长效机制，招生就业两旺，毕业生社会满意度高。社会声誉与日俱增，为学校可持续发展奠定了良好基础。

三、问题与建议

××学校人才培养工作和教育教学改革取得了明显的成绩，并呈现出良好的发展态势，但作为省级示范高职院校建设单位，要实现学校事业发展愿景，专家组认为，还有许多工作要做。建议如下：

1. 要进一步解放思想、转变观念。要认真贯彻落实《教育规划纲要》和深化医药卫生体制改革的文件精神，抢抓第三轮高等医学教育改革的机遇，以省级示范院校创建工作为契机，深化改革，不断创新，切实发挥示范引领作用。

2. 要进一步增强社会服务意识。努力加大与行业、企业间的联系及合作，积极拓展社会服务领域，搭建产学研结合的社会服务平台，不断提升学校社会服务水平。

撰写人：林禄明

××职业学院人才培养工作评估报告

受安徽省教育厅委派，根据教育部《关于全面提高高等职业教育教学质量的若干意见》（教高〔2006〕16号）《关于印发〈高等职业院校人才培养工作评估方案〉的通知》（教高〔2008〕5号）和安徽省教育厅《关于做好安徽省高等职业院校人才培养工作评估的通知》（教秘高〔2009〕14号）《关于对安徽医学高等专科学校等11所高职高专院校进行人才培养工作评估的通知》（皖教秘高〔2012〕72号）要求，专家组一行7人于2012年10月29日至11月1日，对马鞍山××职业学院人才培养工作进行了考察评估。

按照教育部《高等职业院校人才培养工作评估方案》和省教育厅教秘高〔2009〕14号文件要求，专家组认真细致、规范深入地开展了评估工作。专家组在进校前预审了学院《高等职业院校人才培养状态数据采集平台》，根据主要表现指标（KPI）找出了奇异点，初步拟定现场重点考察内容；听取了姚国成院长的学院人才培养工作汇报；实地考查了学院教学楼、实验实训室、图书馆、运动场、创业孵化基地、艺术活动中心、学生心理健康中心、学生宿舍、食堂等教学、生活基础设施；详细审阅了有关原始资料，与学院领导、部门负责人、专业带头人、骨干教师、学生等33人次进行了深度访谈；重点剖析了“动漫设计与制作”和“电气自动化”两个特色专业，听取了两个专业的建设情况汇报，选择了《设计素描》《动画运动规律》《模拟电子技术》《电气控制与PLC》4门专业课进行说课，并分别召开了两个专业的教师和学生专题座谈会；根据需要随机听了5节课；选取了《马鞍山××职业学院教学督导组工作条例》（教学管理制度）和《马鞍山××职业学院大学生素质拓展学分实施办法》两项管理制度进行了跟踪调查。

通过实地考察和多方面收集信息，经专家组充分讨论，形成如下评估意见：

一、总体印象

马鞍山××职业学院前身是马鞍山联合大学，始创于1984年；历经多个发展阶段，2008年2月经省政府批准，更名为马鞍山××职业学院。近年来，市委市政府在政策倾斜、经费投入、人才引进等方面给予学院强力支持，有力推进了学院的快速发展。学院开展评建工作以来，认真落实“以评促建、以评促改、以评促管、评建结合、重在建设”的二十字方针，以评促建成效显著。学院教学工作的中心地位、教学改革的核心地位、教学建设的优先地位突出。特别是学院于2011年12月，与马鞍山技师学院进行实质性整合后，校园面积进一步扩大，教学条件尤其是实验实训条件得到明显改善，办学实力进一步增强，为人才培养工作提供了有力保障。学院校园环境整洁优美；领导班子团结奋进、积极争取多方支持；教职员工精神饱满，责任感强，呈现出强劲的发展势头。

二、学院人才培养工作取得的成效

1. 办学思想明确，办学定位准确

学院在办学实践中，深入研究、广泛讨论，确立了“围绕马鞍山市构建‘6653’现代产业体系要求，以服务为宗旨，以就业为导向，走产学研结合的办学之路；大力推进合作办学、合作育人、合作就业、合作发展，增强办学活力，提高人才培养质量”的办学思想。

学院坚持改革创新，在发展目标上，努力创建省级示范高职；在办学层次上，坚持以高等职业教育为主体，中高职深度衔接、协调发展；在专业体系上，力求实现以现代制造、电子信息、现代服务类专业为主体，适度发展土建、艺术等其他类专业；在服务面向上，坚持立足马鞍山，面向安徽，辐射长三角。学院已经形成以高职教育为主体，高职教育、中职教育、职业培训协调发展的办学格局。学院办学定位准确，办学特色初步彰显。

2. 创新人才培养模式，校企合作成效显著

学院积极推进校企合作理论与实践创新，获得省级教学成果二等奖2个。目前，学院所有专业建有相对稳定、运行良好的校外实践基地，主体专业均建立了与企业的合作机制。学院与上海宝冶、上海宝钢梅山集团、上海张江动漫、芜湖精诚铜业等大型企业开展了“1＋2”“2＋1”合作培养；2011年与台湾两岸连锁经营协会签订合作协议；与微软合作建立“微软IT学院”。校企合作紧密，为学院订单培养、顶岗实习、工学交替奠定了坚实的基础。

动漫设计与制作专业实行“三引三出”式培养，将课堂搬到现场，与马鞍山视聆通软件园有限公司深度合作，开发52集原创动画片《成长漫话》，构建了现场教学、生产性实训和顶岗实习的实践教学模式。该动画片获省广电局审批公开发行，成为学院校企合作的典范。

3. 实践教学条件比较完善，管理模式新颖

学院高度重视实践教学基本条件建设，建立并完善了67个校内实训室，校内实训基地总面积达3万多平方米，各主体专业均建有教、学、做一体化教室。教学仪器设备总值近7000万元，教学用计算机980台，多媒体教室和语音教室座位数5490个。学院实践教学条件比较完善，为有效开展实践教学提供了保障。

学院逐步健全实践教学管理制度，完善实践教学体系，积极探索“工学交替”“工学一体”“模拟实战”“虚拟工作过程”和“模拟作业长负责制”等实践教学模式。学院建立了“技能大师工作室”，并充分发挥其在培养双师型教师与指导学生技能竞赛方面的重要作用。学生实践技能培养能力大幅提升，实践教学管理模式新颖，富有特色。

4. 职业技能培训广泛开展，社会服务能力显著提升

学院在办好全日制教育的同时，充分发挥职业教育优势资源，积极开展职业培训和技能鉴定。学院能够选择符合国家产业政策、技术含量高、市场需求大的工种为培训重点，面向下岗人员、农民工、大中专毕业生、复退转军人、特种作业人员、监狱服刑人员等人群，积极开展免费就业技能培训、创业培训及职业技能鉴定，为地方经济社会发展作出了积极贡献。

学院严格执行各类培训政策，不断优化培训教学计划和师资队伍，持续加强培训基础

管理，培训鉴定工作规范有序，成效显著。近5年来，学院共培训19个工种，培训人数达70204人次。学院还在全省率先将创业培训引入校园，实施“SYB（创办你的企业）”创业培训项目，为社会培养创新创业型人才6000余人。

5. 坚持以生为本，素质教育富有成效

学院注重思想政治教育，制定了《大学生思想引导大纲》，认真实施“青年马克思主义者”培养工程，大力弘扬社会主义核心价值观，不断提高大学生的思想水平；能够充分发挥学生社团积极作用，利用重大纪念日、节庆日，广泛开展各种丰富多彩的主题活动；建立大学生创业实训中心，大学生创业创新能力和综合素质不断提高。

学院以良好的校园环境和丰富的文化活动为抓手，不断加强校园文化建设，历经近30年历史积淀，已经形成“勤勉、和谐、笃实、励新”的校风。近年来，学院涌现出许多好人好事，如作为见义勇为的典型受马鞍山市表彰的屠燕林等学生。学院学生在安徽省第一届COSPLAY大赛中获得一等奖；在省第十二届高校羽毛球比赛中获4项冠军；在安徽省第六届少数民族传统运动会中获得1金1银4铜，实现马鞍山市参加省少数民族运动会金、银牌零突破。学院素质教育成果丰硕，育人功能发挥充分，得到社会有关方面的普遍认可和好评。

三、人才培养工作中存在的主要问题和改进建议

1. 关于教师队伍建设

问题：教师职称结构不够合理；高水平的骨干教师和专业带头人相对缺乏；教研、科研能力较为薄弱。

建议：积极利用“合并过渡期”职称评审等优惠政策，优化教师职称结构；进一步加大教师培养力度，建立专项考核评价制度，完善奖励激励机制，加强专业带头人、骨干教师和专业教学团队建设，提高教师教科研水平，努力建设一支师德高尚、业务精湛、结构合理的教师队伍。

2. 关于专业和课程建设

问题：专业与课程改革不够深入，特色专业群尚未形成。

建议：要进一步深化教育教学改革，整合职业教育优势资源，强化高等教育基本属性，有效推进中高职内涵衔接。紧紧围绕地方经济社会发展需求，不断优化专业结构，以“教学质量工程”建设为抓手，加快专业建设和课程改革，形成特色鲜明的专业群，为创建省内一流的高职院校打下基础。

撰写人：严　萍

××学校人才培养工作评估报告

受安徽省教育厅委托，根据《教育部关于印发〈高等职业院校人才培养工作评估方案〉的通知》(教高〔2008〕5号)、《安徽省高等职业院校人才培养工作评估实施细则》(试行)》(高教〔2009〕23号)等有关文件要求，专家组一行对××学校进行了人才培养工作评估复评。学校为专家组工作创造了良好的条件，保证了本次评估工作有序、高效、顺利地进行。

专家组在进校实地考察前，认真分析了学校人才培养工作状态数据采集平台的数据和信息，仔细研读了学校自评报告等有关材料，提出了预审意见。在进校后的预备会议上，专家组认真学习了教育部及省教育厅的有关评估文件，结合学校实际，对本次评估工作的内容、方法、程序、考察重点等事项进行了周密安排，并制定了详细的工作计划。

考察评估期间，专家组听取了学校关于人才培养工作评估整改情况的报告；实地考查了学院的教学楼、校内体育场、图书室、校内外实训基地、食堂等教学、生活基础设施；听取了两个专业的专业剖析汇报，听取了四门课程的说课；访谈了学校领导、中层干部、专兼职教师以及学生共26人次，召开了教师和学生座谈会；针对性地查阅了相关资料。通过多方面、多渠道地收集数据和信息，在认真讨论、分析与研究的基础上，专家组形成如下反馈意见：

一、总体印象

××学校是经安徽省人民政府批准，教育部备案成立的全日制普通高等职业院校。学院坚持“质量兴校、特色强院”的发展战略，实行董事会领导下的院长负责制，积极落实法人治理结构，坚持专家治校、民主决策、科学管理。举办者热心教育，奉献社会。广大教职员工教书育人，艰苦创业，呈现出良好的精神风貌。自开展评建工作以来，学校不断深化内涵建设，改革人才培养模式，强化师资队伍建设，教育教学质量不断提高，办学实力有所增强。

二、整改情况

学校高度重视评建整改工作，即时成立整改工作领导小组，董事长和院长先后五次主持召开评建整改会，邀请专家到校指导，组织人员赴兄弟院校考察取经。紧紧围绕生源、师资队伍和专业建设三个方面存在的不足，积极开展整改工作，取得明显成效。

(一) 多措并举，招生工作出现新起色

为突破生源严重不足这一制约学校发展的瓶颈，学校面对现实，分析原因，外抓生源，内提质量。成立了以院长为组长，有关院领导和部门负责人参与的招生工作领导组。分区域组建招生工作组，探索多元化招生模式，加强生源基地建设，发动广大师生开展招生宣传和跟踪回访。同时，结合学校实际，开展市场调查，科学编制招生计划。加强校企合作，实施订单培养，拓展就业渠道，提高就业质量，以“出口畅”带动“进口旺”。狠抓教风和学风建设，强化教学督导和校园文化，努力实现“留得住”。2013 年招生工作较 2012 年有了一定的好转。

（二）内培外引，师资质量有了新提升

针对师资队伍结构不够合理、培养机制不够完善、服务社会能力弱的现状，学校坚持引进、培养与稳定并重，完善师资队伍建设制度，积极构建“招聘＋培养”、“学院＋企业”、“专职＋兼职”的双轨模式。通过资助培养，促进青年教师专业成长；通过外派教师服务区域经济发展，提升社会服务能力；通过开展观摩教学、说课比赛等活动，激发教师比学赶帮；通过专业整合调整，优化教师资源配置；通过待遇提高和人文关怀，用感情留人、事业留人。教师的教学水平和教科研能力得到较大提高。

（三）狠抓内涵，专业建设取得新进展

针对专业建设力度不够等问题，学校坚持以市场需要设专业、依托行业建专业、工学结合兴专业、服务社会强专业的专业建设理念，优化专业设置，提升专业内涵，建设特色专业。依据市场需求，积极探索校企合作、工学结合的人才培养模式，修订人才培养方案。抓住课程建设这一关键，围绕岗位能力要求重构课程与教学内容体系，突出课程的职业性、实践性、开放性。专业建设取得一定成效，为提升学生职业能力和综合素质奠定了基础。

三、问题与建议

学校自评建工作以来，人才培养工作和教育教学改革取得了一定的成绩，但专家组认为在以下方面还存在不足。建议如下：

（一）继续努力，扩大招生规模

建议学校进一步加强学校发展的顶层设计，厘清办学思路，立足服务产业和区域经济发展确定重点招生和建设专业，增强各项招生制度和举措的实施效果，千方百计扩大在校生规模，实现学校的可持续发展。

（二）巩固成果，强化队伍建设

建议学校进一步加大师资队伍建设力度，注重中青年骨干教师培养，巩固已有成果，建设一支结构合理、专兼结合、素质较高、相对稳定的教师队伍。

撰稿人：林禄明

评估存档材料示例

附件 1：

人才培养工作评估数据平台专家初审意见示例（奇异点查找）

主要评估指标	关键评估要素	奇异点	建议考察重点
1. 领导作用	1.1 学校事业发展规划	专业 20 个，实际招生专业 13 个，如何确定学院未来发展专业结构布局。数据平台 10.3	省相关厅局“十二五”发展规划及学校各项十二五建设规划，访谈学院领导等
	1.2 办学目标与定位	人才培养模式等顶层设计内容 继续坚持高职办学还是有升本的规划	查看学校“十二五”的规划，专业人才培养方案，访谈学院领导、教务处、系主任、教师
	1.3 对人才培养重视程度	总收入××万元，总支出××万元，教学改革与研究经费仅为××万元，如何体现以教学为中心。数据平台 10.4 教学改革经费占各项支出比例××%，偏低。师资建设经费占各项支出比例××%，偏低	查阅财务支出情况和访谈学院领导、教务处、财务处领导
	1.4 校园稳定		
2. 师资队伍	2.1 专任教师	专任教师××人，双师型教师占××%。数据平台 10.3 校内专任教师双师素质比例××%，偏低；青年教师具有硕士以上学位的比例××%，偏低 9.6 质量工程项目不应包含“专业带头人”项目	查阅专任教师名册，双师型教师统计要求及相关证书
	2.2 兼职教师	兼任教师××人，双师型教师占××%。数据平台 10.3。校外兼职教师人均课时数××。校外兼课教师人均课时数××，偏多	查阅兼职教师教学任务书及课表及单位来源

（续表）

主要评估指标	关键评估要素	奇异点	建议考察重点
3. 课程建设	3.1 课程内容	7.2 开设课程。手术管理为专业核心课程，也有实际操作和训练，却当作纯理论课程开设（A类），似乎不妥，至少应为B类 大学英语教材不一致，既有本科教材也有高职高专教材，还有10年前版本的教材 7.3 职业资格证书。医疗保险实务、护士执业证书级别有初级。应届毕业生××人，获得中高级证书××人，获证率较低	听说课、看教案
	3.2 教学方法手段	上网课程数为0（表3.4），与分项自评报告“学校建成的精品课程网站，使学生可以在课余时间方便地浏览和使用校园网上的教学文件和教学资源”（3.2教学方法与手段）矛盾	听课
	3.3 主讲教师	少数教师课时量太大。如××老师一年872节，平均周课时超过24节	看教师个人档案（学历、职称），听课
	3.4 教学资料	纸质图书××万册，本年新增图书××万册，当年图书购置经费××万元，单册图书价格过低	深度广度
4. 实践教学	4.1 实践教学条件	表5.2“经费支出”中，实训耗材费是××万元，生均××元；而表4.1“校内实训基地”中，实训耗材费是××万元，设备维护费××万元，合计××万元，生均××元。两表数据不一致 10.6“课程类型”B类课程占××%，C类课程占××%，合计占××%，而实训耗材是××元/生 社会捐赠经费：表5.1“经费收入”中，社会捐赠是××万元；表7.5“产学合作”中，（合作企业）社会捐赠是××万元；表9.3“社会捐赠情况”中，社会捐赠是××万元。数据不一致	实验室、实践教学基地
	4.2 实践教学课程体系设计	A、B、C类课程，与企业合作开发工学结合课程	查各专业人才培养方案及实施情况；现场查看，抽查与企业合作开发工学结合课程教材
	4.3 教学管理	提供的实践教学管理文件与自评报告中提及的不一致；制度不健全	查阅校内外实习实训基地及管理、实践教学运行及制度保障等文；查实践教学管理队伍状况
	4.4 顶岗实习	校外实习基地接待学生人次、校企合作企业接待学生顶岗实习人数；顶岗实习分散	查阅相关顶岗实习与教师指导记录
	4.5 双证书获取	7.3.2 数据与自评报告不符	选一个班级看证书

（续表）

主要评估指标	关键评估要素	奇异点	建议考察重点
5. 特色专业建设	5.1　特色	1. 学院专业面向总体偏窄，且与我省经济发展的产业规划与趋势匹配度不高，需考虑今后专业建设的方向 2. 重点、特色专业只有3个，比例偏低 3. 专业带头人19人，还未达到一个专业1人 4. 专业社会培训79人次。专业服务社会能力弱 5. 校企共同开发课程16门，教材9门均偏少。有17个专业没有任何课程方面的合作 6. 学校为企业技术服务年收入38.9万元，较低	1. 重点考察主体专业建设目标、培养模式、课程体系与教学内容、社会服务等方面 2. 考察学院校企合作、工学结合培养人才的特色。专业主动联合行业企业参与培养方案、教学方案设计 3. 访谈专业带头人和负责人
6. 教学管理	6.1　管理规范	1. 平台显示制度不完备，仅有年度新增制度，且多为临时文件 2. 专职教学管理人员一人多职（岗）	1. 各类教学管理制度及运行情况 2. 教学管理机构设置、职责和人员组成
	6.2　学生管理	1. 学院奖学金奖励××人，奖励金额××万元是否属实 2. 专职学生管理人员××人，是否专职	了解制度与执行情况、座谈会
	6.3　质量监控	1. 评教客体覆盖面为87.67% 2. 社会评教成分单一	1. 教学各环节的质量标准和监控手段 2. 评教相关资料
7. 社会评价	7.1　生源	近三年分专业报到率，新生报到率	察看各专业报到人数、录取的大致分数线、访谈招办主任
	7.2　就业	近三年专业对口就业率 初次就业率	查看每年分专业对口就业情况、就业协议书，学校如何跟踪调查，有无开展第三方评价
	7.3　社会服务	开展社会服务项目、内容和成果	查看培训情况表、计划任务书、委托书、双证书情况；访谈负责此项工作的处室负责人

附件 2：

专家深度访谈示例（党委书记）

<table>
<tr><td>被访谈者姓名</td><td>×××</td><td>职务、职称</td><td>党委书记</td></tr>
<tr><td>访谈提纲</td><td colspan="3">1. 党委如何围绕学院人才培养开展工作
2. 学院下一步的改革与发展的思路
3. 学院在学生思想政治工作的方面的主要做法与成效</td></tr>
<tr><td>访谈基本情况及意见</td><td colspan="3">一、学院党委如何围绕人才培养开展工作
2008 年学院召开第一次党代会，成立新一届领导班子。领导班子由 5 人扩大大 7 人，在年龄结构上形成梯队，工作经历上都是从教学走向管理。新一届领导班子就学校的发展制定了十一五、十二五规划，进一步明确学校的发展目标：加强专业带头人建设；加强人才队伍建设；改善学校办学条件。在人才培养工作上，做了以下工作：一是形成教学工作年会惯例。在进一步发展外贸外语类等强项专业的基础上，拓展了内贸专业，如会计、物流管理、市场营销、连锁经营管理等专业。积极申报省级质量工程项目，为学院教师的科研工作创造条件。二是改革人才引进工作。通过省人事厅统一招聘人才。由教研室系部申请，领导班子集体决策再报人事厅。三是推进教育教学评估工作。党政联席会议、党委中心会议研究教育教学评估工作，明确任务，分工负责。定期召开专题会议进行督促推进。四是加强实践教学。通过校企合作，为实践教学和学生的顶岗实习创造条件。五是主动服务商务事业。主动承担商务服务事务性工作，如中博会期间的翻译、志愿者工作，商务厅的培训工作，扩大学校的影响力
二、学院党委对学校发展的思路
规模定位。中期在校生目标是 8000 人。在发展高职学历教育的同时积极发展中职教育和职业培训
队伍建设。重点培养专业带头人和骨干教师，引进高端人才，改善教师结构。积极培养青年教师，加强双师型教师的培养
深化改革。继续推进学校二级管理，明确责、权、利
专业建设。结合社会需求拓展学校专业，探索联合办学
三、学生思想政治工作如何开展的，取得哪些成绩，存在哪些不足之处
制定学生思政工作规划，编制思政工作手册
实行辅导员管理与自主管理相结合的方式，开展学生思政工作。如：实行班主任助理制度、开展课堂活动和课外活动、选聘大学生村官、学生三下乡活动、学生农村支教活动等。并通过校友的先进事例对学生进行教育
学生思政工作成绩显著。学校被评为 2008－2010 年省级文明单位，多名教师被评为先进德育工作者，学生的社会活动得到广泛的认可
基本评价：书记对学院的情况非常了解，对下一步改革发展有自己的考虑。建议按照教育部，财政部（2011）12 文的要求，通过中央财政支持提升专业服务产业能力项目建设，进一步加强学院内涵建设，在短期内实现“省内一流，国内知名，国际融人，特色鲜明”的办学目标</td></tr>
</table>

专家深度访谈示例（校长）

被访谈者姓名	×××	职务、职称	院长、教授
访谈提纲	1. 学校人才培养工作的主要成效 2. 学校“十二五”的发展思路和专业布局与建设的思路 3. 学校对教育部12号文学习、贯彻和理解的情况		
访谈基本情况及意见	1. 通过以评促建工作的开展，学院的人才培养质量取得了实效。一是加深了对高职教育办学理念的认识，进一步明确了办学指导思想，凸显了办学特色，规范了办学行为，提高了办学水平；二是推动了教学基础设施建设，为人才培养工作提供了强有力的硬件保障；三是优化了师资队伍结构，打造了一支适合学校发展的双师型教学团队，强化、规范和稳定了兼职教师队伍；四是深化了教育教学改革，专业人才培养模式进一步优化；五是更加重视实践教学，坚持校企合作，工学结合，提高学生的综合素质和实践能力；六是深化教学制度改革，从创新管理制度入手，全面提升教学质量；七是进一步增强了教职工的凝聚力和战斗力，人人都以奋发有为的主人翁姿态、昂扬向上的精神风貌、强烈的事业心和高度的责任感，立足岗位，从我做起，踊跃投身到学校的迎评促建工作中 2. “十二五”规划从起草、征求意见直至最后的定稿历时8个月时间。根据国家与省高职教育发展的任务和要求，结合安徽省经济文化发展与学校实际情况，学校拟在“十二五”期间，优化整合传统外语外贸类专业，大力发展国家经济社会发展急需的内贸和现代服务类专业。进一步拓展新专业。主动服务产业转移，在继续巩固现有专业的基础上，积极拓展新的专业。自2012年始，每年新增2个新专业，到2015年，学校的专业总数达到30个左右。做强传统特色专业。在专业建设过程中，注重彰显学校的外语外贸特色，巩固现有经济贸易类、语言文化类专业群，发展与现代服务业主动对接的专业群，处理好内外贸专业之间的关系，形成优势互补、协调发展、适应商务经济发展需要的专业体系。向服务贸易发展。目前，学校的毕业生大多集中在货物贸易领域。但从长远来看，服务贸易是重点。因此，要以服务产业转移为方向，专业建设重点主动朝服务贸易转变。在当前相关专业师资不足的情况下，先建设金融、旅游、物流等专业，为服务贸易专业建设奠定基础 访谈顺利，对学院取得成绩总结非常全面，对下一步的改革与发展思路也很清楚，但评估工作安排太晚，失去很多发展和提升的机会，建议要抓住机遇，全面提高办学质量与水平		

专家深度访谈示例（分管教学副校长）

被访谈者姓名、部门	×××	职务、职称	副校长、副教授
访谈提纲	1. 教学管理机构及队伍素质情况如何 2. 教学管理运行机制成效如何？还存在哪些问题		
访谈基本情况及意见	1. 学校教学管理机构健全，建立了校长——分管教学副校长——教务处——系部（主任、分管教学副主任、教学秘书）——教研室等完整的组织管理体系，人员配备到位，综合素质较好，责任心较强 2. 学校建立了有序的教学质量监控体系，《学院教学质量监控条例》颁布实施后执行情况较好。通过教学工作会议、教学督导组、教学信息员、学生代表座谈会、教师座谈会、三期（期初、期中、期末）教学检查、听课、学生网评等多种形式，有效保证了教学质量的提高 3. 目前，教学管理运行正常、平稳有序，实现了制度化、规范化 存在的主要问题：教学职能部门与系部之间协调沟通需要进一步加强，教学改革创新力度需要进一步加大，教学督导组的组成形式和工作方式有待进一步探索 建议学校进一步加强教学管理各项制度建设，进一步细化质量监控体系各个环节的配套建设，提高课堂教学质量监控的可操作性		

专家深度访谈示例（教务处长）

被访谈者姓名	×××	职务、职称	教务处长、副教授
访谈提纲	1. 学校教育教学改革的具体举措 2. 学校是如何进行教学质量监控的 3. 学校今后专业的布局与专业建设的主要内容		
访谈基本情况及意见	1. 学校在以下方面积极推进教育教学改革：一是进一步加大特色班建设，订单培养、校企共建。二是与企业合作开发教材，讨论人才培养方案。三是加大课改项目的投入。四是推进教学做一体化。五是实施133质量工程。即“坚持1个中心，突出3项建设和实施3重保障”。具体来说坚持“一个中心”就是学院的办学是以提升教学质量为中心，坚定不移地走内涵式发展道路；突出“3项建设”即突出专业建设、课程建设和师资队伍建设；实施“三重保障”即组织保障、制度保障和资金保障 2. 学校高度重视教学质量监控工作，把质量监控作为保障和提高教学质量的关键环节来抓。经过多年探索与实践，逐步形成了立体化“3333”教学质量监控体系。即教学工作线、学生工作线、教学督导工作线“三线监控”、院、系、教研室“三级监控”、期初、期中、期末“三段监控”和师生互评、督导评教和社会评价“三种评价”。“3333”教学质量监控体系的建立和完善，为学校教学工作的规范化发展奠定了良好的基础，为学校教育教学质量的提升提供了有力的保障 3. 学校以后的专业布局仍然是以商科财经类的专业为主。立足学校实际，主动服务社会和区域经济发展的需要，在人才培养模式上，积极推进工学结合，校企合作；在课程改革上，根据岗位能力确定课程，特别是核心课程，结合实际情况编写特色教材；在师资队伍建设上，推进双师素质教师队伍建设；在实训基地建设上，真正做到教学做一体化；在社会服务能力上，主动承接社会培训，为社会提供技术服务，提高对外服务能力 教务处长对分管工作了如指掌。由于学院未进入示范行列，对国家关于高职院校的相关政策领会不深。建议通过这次中央财政支持提升专业服务产业能力项目建设，认真学习相关文件，并按照建设方案认真实施，提高管理水平		

专家深度访谈示例（职能部门负责人）

被访谈者姓名	×××	职务、职称	科研办主任
访谈提纲	1. 学校科研工作开展情况 2. 学校面向社会开展技术研究、开发、推广和服务工作情况		
访谈基本情况及意见	1. 主动服务区域经济社会发展，服务行业企业。成立了科技创新工作领导小组，全面启动服务企业技术活动。面向医药卫生、医疗器械等行业积极开展职业培训和成人教育。已开展的主要项目有全科医师骨干培训、全科医师和社区护士岗位培训、新型农村合作医疗培训、农村在岗卫生技术人员培训、全省中等职业学校护理专业骨干教师培训、安徽省援外（也门）医疗队英语培训等。覆盖面广，受训人员多，充分发挥了职业教育为社会服务的作用。面向企业和社会人员，开展了多项培训服务工作。每年临床医学系举办执业医师及执业助理医师考前辅导班2期，培训人数100多人次。2011－2012学年面向社会培训4222人次，面向校内培训达到2274人次 2. 承当行业技术服务并开展技术咨询服务工作。2009年承办了“安徽省第十届医疗器械展览会”，135家企业展示了自己的产品，数百家医疗卫生机构参会，为生产、经营和医疗卫生单位搭建了良好的交流平台。会议期间组织了“安徽省医疗器械行业协会年会”、“医院医疗器械委员会年会”、“医疗器械生产企业与用户交流会”、“医疗器械技术交流会”等平台，将医疗器械研发、生产、销售、使用及维护连成一体。承担多项安徽省卫生厅、省财政厅、省药监局及相关行业企业技术服务和技术咨询工作 意见：作为省级示范院校建设单位和中央财政支持的实训基地与专业服务产业建设单位，积极开展社会服务，社会服务功能日趋增强。但还需要进一步增强社会服务意识。努力加大与行业、企业间的联系及合作，积极拓展社会服务领域，搭建产学研结合的社会服务平台，不断提升学校社会服务水平		

专家深度访谈示例（系主任）

<table>
<tr><td>被访谈者姓名</td><td>×××</td><td>职务、职称</td><td>机电系主任、工程师</td></tr>
<tr><td>访谈提纲</td><td colspan="3">1. 谈谈专业建设基本过程？重点考察：
☆ 是否有充分的行业企业与市场需求调查分析；是否有专业发展规划
☆ 是否有以需求变化为导向适时调整结构或内涵
☆ 是否有明确的职业面向，培养目标有准确的职业定位
☆ 是否组建由多方参与的专业指导委员会，并发挥其积极作用
☆ 专业人才培养目标与规格定位是否适当、合理，表述是否严谨
2. 谈谈专业知识、能力与素质结构分析与构建情况。重点考察：
☆ 知识能力素质等规格表述是否清楚，且与培养目标一致，操作性强
☆ 职业关键能力与专业核心课程是否清楚
☆ 课程设置是否依据职业能力培养需要
☆ 课程体系与结构设计充分体现就业导向、能力本位的人才培养特点
☆ 实践课程及教学是否突出；“双证书”制是否实施有效
☆ 是否进行课程整合，形成职业能力培养系统化课程
3. 你所负责的专业招生就业情况如何？重点考察：
☆ 专业招生就业情况
4. 教学质量监控与评价的主要手段、途径与形式。重点考察：
☆ 是否建立科学有效的教学质量监控与评价体系
5. 学校的亮点有哪些</td></tr>
<tr><td>访谈基本情况及意见</td><td colspan="3">学院建立了专业建设指导委员会，专业设置改革经过了行业与市场需求调查分析。学院制定了专业建设规划，并能积极执行落实。坚持以能力为本位，积极开展专业教学改革。注重教学基本建设，建设有10多个实训室。注重学生职业道德与职业素养培育。教学组织机构与管理制度较完善，符合管理要求。教学管理制度健全、制度执行严格，有学校、系、教研室和学生信息员四级监控体系，教学正常有序
对职业关键能力与专业核心课程有一定了解
学院专业教师大都来自企业一线，在“实践育人”强化实践能力培养方面有一定特色。另外，学校成立“自管会”，对学生“四自”，培养学生综合素质发挥了重要作用，成效明显</td></tr>
</table>

专家深度访谈示例（骨干教师）

<table>
<tr><td>被访谈者姓名</td><td>×××</td><td>职务、职称</td><td>骨干教师、工程师</td></tr>
<tr><td>访谈提纲</td><td colspan="3">1. 学校“教学中心地位”是否确立。举例说明
2. 是否了解人才培养方案、熟悉教学文件（教学计划、课程教学大纲），重点考察：一般教师对专业人才培养方案、课程教学大纲了解与理解的程度；本专业关键能力与核心课程；本专业人才培养方案是否合理？有何改进意见建议
3. 你所任课程是什么？它在本专业中的地位与作用如何？是否有教学大纲
4. 学院实践教学设施设备能否满足教学要求（学生能力训练要求）
5. 现代教学设备是否能满足教学要求
6. 学院教学质量监控与评价形式与途径有哪些？你认为是否科学合理？有何意见建议
7. 对学生如何进行课程成绩考核与技能考核（评定）
8. 你认为学院做的最好的、最强的（亮点特色）是什么
9. 你认为学院较薄弱、最需要改进的是什么
10. 对学院改革建设与发展有何意见建议</td></tr>
<tr><td>访谈基本情况及意见</td><td colspan="3">学校重视教学工作，教学中心地位基本确立；教学文件齐全，并且按照系部要求，教师一般都了解有关人才培养方案，熟悉所教课程教学大纲与要求
该教师主讲《汽车电气》等课程，有教学大纲。老师对本课程的性质、地位、目标、任务、内容体系与教学要求均较熟悉。对职业关键能力与核心课程有一定了解
学院教学设备投入不足，不完全能满足教学要求，学生能力培养受到限制；教学管理较严格，学校对教学进行定期与不定期检查，开展学生评教活动；学生成绩考核能根据课程和学生自身特点有针对性进行
认为学校校园文化建设有特色，有红色文化、企业文化等；学院硬件不错，软件有待加强。认为学院宣传不够</td></tr>
</table>

附件 3：

听课评议示例

<table>
<tr><td>课程名称</td><td colspan="4">生理学</td><td>教师姓名</td><td colspan="3">×××</td></tr>
<tr><td>班级</td><td>××班</td><td>实到人数</td><td>××</td><td>迟到人数</td><td>无</td><td>早退人数</td><td colspan="2">无</td></tr>
<tr><td>地点</td><td>××</td><td>节　　次</td><td colspan="2">第1节</td><td colspan="2">是否按时上下课</td><td colspan="2">是</td></tr>
<tr><td>讲授提要</td><td colspan="8">三、心肌的生理特征：兴奋性　传导性　自律性　收缩性
四、心脏的射血功能（一）心电同期　（二）射血过程　（三）心音</td></tr>
<tr><td>评价项目</td><td colspan="6">评价内容</td><td>满分值</td><td>得分</td></tr>
<tr><td rowspan="2">目的</td><td colspan="6">符合大纲要求和学生实际</td><td rowspan="2">10</td><td rowspan="2"></td></tr>
<tr><td colspan="6">明确、具体、指导教学全过程</td></tr>
<tr><td rowspan="4">内容</td><td colspan="6">内容正确、无知识性错误，技能熟练</td><td rowspan="4">25</td><td rowspan="4"></td></tr>
<tr><td colspan="6">发挥教育思想因素，教书育人</td></tr>
<tr><td colspan="6">条理清楚，重点突出，教书育人</td></tr>
<tr><td colspan="6">分量、速度适当，学生能接受</td></tr>
<tr><td rowspan="6">方法</td><td colspan="6">重点启发学生思维，培养能力，学生有思考操作机会</td><td rowspan="6">40</td><td rowspan="6"></td></tr>
<tr><td colspan="6">方法灵活，课堂活跃，能激发学生兴趣，集中学生注意力</td></tr>
<tr><td colspan="6">面向全体，控制课堂，维持秩序，注意反馈调节，机敏处理偶发事件</td></tr>
<tr><td colspan="6">使用仪器、教具，熟练、恰当、效益高</td></tr>
<tr><td colspan="6">教学结构紧密，时间分配恰当，不拖堂</td></tr>
<tr><td colspan="6">教师语言简洁、生动，教态自然，板书规范</td></tr>
<tr><td rowspan="4">效果</td><td colspan="6">课堂气氛热烈，学生兴味浓厚，师生均有满足感</td><td rowspan="4">25</td><td rowspan="4"></td></tr>
<tr><td colspan="6">课堂口头答问，书面作业，正确率高</td></tr>
<tr><td colspan="6">达到教学目的，按时完成教学任务，课外作业量适度</td></tr>
<tr><td colspan="6">好、中、差学生都各有所得，对教学反映良好（抽问、抽测）</td></tr>
<tr><td colspan="7">总　　评</td><td>100</td><td></td></tr>
</table>

评分等级说明：A级：非常符合（85～100）；B级：比较符合（70～84）；C级，不太符合（55～69）；D级，不合格（54以下）

附件 4：

专业剖析教师座谈会示例

专业	×××	人数	17
基本情况	在听取专业带头人×××教授的专业剖析报告和×××老师《生理学》（专业基础课）说课、×××老师《内科护理》（专业课）说课后进行 要求本专业教师就专业教学改革、课程体系构建、招生生源的组成、专业优势与特色和精品课程网络资源的使用等方面谈谈自己的感受及建议；采取专家提问、与专业教师平等交流的形式了解专业建设的基本情况和人才培养的实施效果		
座谈情况分析	1. ××专业生源充足，报考分数高 2. ××专业围绕岗位需求，确定培养目标。专业人才培养模式和课程体系改革力度较大。在教学过程中采用了多种教学方法，提高了教学效果。如通过情境化教学设计将理论和实践融入情境，促进学生对教学内容的理解和掌握。技能类课程通过任务化改造，采用任务驱动的方式组织教学和技能训练 3. 通过积极推进校企合作、共建校内外实训基地。目前校内实训室××个。积极开展对社会培训和为社会提供服务 4. 注重教学团队建设，专业带头人和系主任带领全体教师积极参加专业教学改革和课程建设 5. 能根据生源对象（文、理生）的不同，因材施教，开展分班教学，效果良好 6. 存在问题与建议：专业教学资源的共建共享机制需进一步完善；需进一步提高师资队伍整体学历和专业技能水平；加强与国内同类院校相关专业的相互交流与学习，扩大在本行业领域的影响力		

专业剖析学生座谈会示例

专业	×××	人数	15
基本情况	在听取专业带头人×××教授的专业剖析报告和×××老师《生理学》（专业基础课）说课、×××老师《内科护理》（专业课）说课后进行 参加的学生为2011级×××班的同学。采用交流互动的方式和同学们进行交流。重点了解了学生报考本校本专业的原因、对教师的课堂教学质量和工作责任心的评价以及同学们对本专业的认同感和教学效果的满意度等		
座谈情况分析	学生对×××专业总体认同度和对教学效果满意度均较高 1. 大部分同学因为学校的×××专业的社会声誉好、就业率高而报考 2. 到校学习后，同学们一致认为学校给学生提供了良好的学习条件、环境和氛围，尤其校内实验室能够晚上和双休日都对学生开放使用，提高了实验条件的使用率和学生动手实践的能力 3. 学生们认为，学校学习风气好，教师责任心强，教师上课时注意与学生的互动，教学效果良好 4. 座谈会上同学们发言踊跃，能讲真话，讲实话，效果较好，总体感觉对本专业的认同感和满意度很高 不足之处： 要不断发挥现有专业教学资源的网络平台作用，给学生提供更充足的学习资源		

附件5：

说课评议示例

教　师	×××	职　称	讲　师
课程名称	×××	地　点	×××
课程类型	专业课	所属专业	×××

讲课内容摘记

《×××》课程是×××专业必修的专业核心课程，相关课程内容是培养×××类人才知识、能力的重要内容。该教师对课程进行了精心设计。在课程设计时，将有关知识模块化，根据内容的重点、难点采取不同的教学方式方法。根据素质目标、能力目标、知识目标等不同指标对教学效果进行考核。运用工学结合“教学做一体化”的教学方法组织教学，采用适应本课程特点的的教学手段

结合常见病、多发病的护理特点，加强学生的集中见习和顶岗实习，并采取有效的考核手段保证课程实施效果

评价意见

能结合该课程在×××专业中的重要地位和作用设计课程，教学手段和方法运用得当有效，教学效果良好

教师教学思路清晰，语言表达能力较强

建议加强与医院合作共建课程建设，提高课程效益

附件 6：

专业剖析示例

专业名称：×××

剖析指标	关键剖析要素	简要分析
1. 专业定位与人才培养模式	1.1 专业设置与定位	专业名称科学、规范；专业设置有一定的针对性和适应性
	1.2 专业建设规划与实施	专业建设实施方案比较具体，有一定的举措；专业建设规划基本符合学校整体的发展规划；对相关专业发展有一定的辐射带动作用
	1.3 专业人才培养目标	人才培养目标较明确，知识、能力、素质结构基本合理
	1.4 人才培养模式改革	注意到了人才培养模式的改革问题，但人才培养模式改革还需加大力度
2. 课程建设与改革	2.1 课程体系	已将职业资格证书纳入专业人才培养方案，但专业核心课程应进一步梳理
	2.2 课程建设	课程建设的力度应进一步加强
	2.3 教材与教学资源建设	能选用近三年出版的优秀教材，优质教学资源和网络信息资源得到一定利用，但专业图书资料不够充足
3. 教学基本条件	3.1 教学基础设施	教学设施较健全，基本满足教学需要
	3.2 实践教学条件	校内实训基地能够基本满足部分专业教学需要，管理制度较完善；校外实习基地建设情况尚好，需进一步加大实践教学体系设计
	3.3 经费投入	日常教学经费能基本保证正常教学；每年投入一定的专业建设专项经费，基本满足专业教学需要
4. 专业教学团队	4.1 教学团队结构	教学团队结构基本合理；专业骨干教师和较高水平的专业带头人均欠缺，专任教师队伍数量不足
	4.2 教学团队素质与水平	少量专兼职教师技能水平高，具有一线工作经历
	4.3 教学团队建设	制定了“双师”结构的专业教学团队建设规划；制定了提高专任教师的综合职业素养与实践教学能力的政策；制定了兼职教师队伍建设的规划；但执行力度不够

（续表）

剖析指标	关键剖析要素	简要分析
5. 教学改革与教学管理	5.1　教学方法与手段改革	部分课程设计“教学做一体”的情境教学方法；能充分利用现代信息技术进行教学，但改革的力度不够
	5.2　实践教学	学生有半年以上顶岗实习的安排；但实践教学环节落实不够到位，过程管理不够，制度措施不够得力
	5.3　教研教改成果	教研教改的成果偏少
	5.4　产学研结合	校企合作、工学结合的长效机制尚未形成；产学研结合的成效不明显
	5.5　教学管理与质量监控	教学管理机构健全，但管理队伍较弱；教学基本文件不够齐备；教学质量保障体系不够健全
6. 人才培养质量	6.1　基础理论与专业技能	学生的基础理论与专业技能基本达到专业培养目标的要求；学生积极参加各种社团活动，身体素质达标，心理健康
	6.2　职业能力与职业素质培养	学生具有良好的伦理道德、社会公德和职业道德修养，遵纪守法，诚实守信；学生的技能水平尚可，有一定的“双证书”获取率
	6.3　学生满意度	学生的满意度达80%以上
	6.4　毕业生就业与社会声誉	12届毕业生年底就业率较高；近两年用人单位对毕业生综合评价的称职和优良率较高；但近两年录取新生报到率越来越低
7. 专业特色或创新	专业建设尚未形成特色，创新不够	

附件 7：

管理制度跟踪考察制度跟踪示例

制度名称	《×××学校教学质量监控条例》
主要内容	该制度规定了教学质量监控的组织领导、监控形式、实施办法及监控结果的运用等内容
制度的宣传贯彻及执行情况	学校根据实际教学工作的需要，在调研兄弟院校的基础上，经过全校广大教师的认真讨论，制定颁布了《×××学校教学质量监控条例》。文件下发后，学校进行了广泛宣传，并组织广大教师认真学习。教师的教学质量意识和提高教学质量的自觉性不断增强
制度的科学性、有效性、必要性、适合性、动态性分析	分别访谈了学校校领导 2 人，教务处处长 1 人、系部负责人 3 人，普通教师 3 人。访谈中大家都认为，建立教学质量监控体系，实施严格的监控制度监控各教学环节是革除教学弊端、规范教学管理、保证教学质量的重要措施。《学院教学质量监控条例》促进了学校教学工作有序、高质量地运行。大家一致认为建立与实施教学质量监控体系非常必要，也非常重要。但是制度本身的科学性、操作性以及人性化还要进一步提高
意见和建议	1. 进一步加强课堂教学质量监控的可操作性，细化监控环节 2. 进一步健全教学质量监控体系，不断完善配套措施 3. 进一步增加教学质量监控操作的科学化和人性化

撰写人： 林禄明

××学院中外合作办学物流管理专业试评估报告

受省教育厅委托，按照教育部办公厅《关于开展中外合作办学评估工作的通知》（教外厅〔2009〕1号）和省教育厅《关于对××学院中外合作办学物流管理专业进行试评估的通知》要求，省教育评估中心组织了由外事专家、教育教学专家等构成的专家组一行8人，于2012年9月，对××学院中外合作办学物流管理专业进行了试评估。

对照《安徽省高等学校中外合作办学项目评估指标（试行）》内容，专家组认真细致地开展了现场评估工作。专家组听取了××学院中德合作项目中方负责人、管理系主任李道芳教授《关于中德合作物流管理专业的情况汇报》；实地察看了物流仿真实验室、案例研讨物流沙盘实验室、语音室、微机室等教学设施；详细审阅了有关原始资料，与项目负责人、专任教师（含外籍教师）、辅导员和学生等20人次进行了座谈，并开展了满意度调查。

通过实地考察和多方面收集信息，经专家组充分讨论，形成如下评估意见：

一、总体印象

2010年8月，××学院与德国奥斯纳布吕克应用技术大学合作举办的物流管理专业本科教育项目获得教育部批准（项目批准书编号：MOE34DE2A20101097N）；2010年11月，××学院项目组赴奥斯纳布吕克应用科学大学启动合作物流管理本科学位教育项目。该专业是2011年安徽省第一个获得教育部批准正式招生的中外合作办学项目。

学院高度重视中外合作办学项目，成立了以陈啸副院长任主管，外事处、教务处、国际交流学院、财务处、管理系等为成员的项目领导小组，分工明确，项目运转情况良好。学院筹资350万，建成一个具有“国际水平、国内领先、省内一流”的现代化物流实验中心，于2011年投入使用，较好地改善了教学条件；积极实施课程“模块化”教学，课程改革稳步推进，专业建设初显成效；招生形势良好，服务现代物流业发展的意识与能力不断增强。2012年8月，“德国物流协会合肥分会”正式在××学院挂牌成立（继北京、上海后在中国设立的第三家分会），这标志着中德合作物流管理专业的办学实效得到了广泛的社会认同。

二、工作成效

（一）专业定位准确，培养目标清晰

××学院广泛调研走访合肥、北京、上海等省内、外各地区的多个政府部门、高校、

物流企业和跨国公司，充分了解物流人才需求状况和结构；同时，德方项目团队也多次调研我国多个省份高校和企业，深入了解社会及企业需求，为科学制定人才培养方案和课程模块提供依据。在充分调研的基础上，确立了“高层次、应用型、国际化”的专业定位，明确了“应用型、能力型、创新型、创业型”的人才培养目标，力求通过中德双方的紧密合作和共同努力，积极培养应用型人才，不断提高服务地方经济社会发展的能力。

（二）教学设施完备，师资力量较强

学院建有物流仿真实验室、案例研讨物流沙盘实验室、供应链实验室、现代物流综合实验室、财会模拟实验室、语音室、微机室和多个圆桌小班教室等教学设施，为外籍教师配备了专门的办公室和现代化办公设施。专业教学设施完备，教学环境良好，能够有效满足教学需求。物流管理专业现有中方教师 24 人。其中专职教师 19 人（留德背景 6 人），兼职教师 5 人；硕士以上学历占 85%，高级职称占 80%以上；外籍教师 14 人，比例达 37%；师资配备符合中外合作办学项目要求。语言教学实行“4＋2＋1”模式（4 个外教、2 个中教、1 个专业外语外教）。此外，中德合作物流管理专业的两位教授被中国科学技术大学物流工程专业聘为硕士生导师。物流管理专业拥有一支结构合理、比例适当、水平较高、相对稳定的师资队伍，能够满足教学需要。

（三）教学模式新颖，质量监控有力

根据中德双方教学特点，积极借鉴德方先进的教学模式，采用启发式、讨论式、团队学习等多种教学方法，积极推进“问题导向型”“能力导向型”教学模式，实施“模块化”教学，合理安排主题研讨课、项目案例课、自主实践课等应用性、自主性学习课程。教学模式新颖独特，教学效果较好。项目教学质量监控，被纳入××学院教学质量控制体系，在教学过程控制、教学效果监测、教学质量保证、实践环节培养等方面制定了一系列规章制度。中德合作双方建立了教学质量考核委员会，共同实施教学质量监督；系部设置了专业指导委员会、系务委员会和系部教学督导组三个教学质量过程保障机构，确保教学质量监督常态化，促进教育质量持续提升。

（四）管理机构健全，管理规范有序

项目依法建立管理机构，健全各项管理制度，定期召开管理机构会议，充分发挥其领导和监督作用。学院成立了项目领导小组，配备了 6 名专职管理人员（中方 2 名、外方 4 名）、5 名兼职管理人员；遴选了专业对口、责任心强的辅导员管理中外合作办学专业学生。项目承办方共同成立了中德合作 LOG in CHINA 项目工作组，建立了定期交流机制，确保合作双方有效沟通。管理系和项目组不断总结运行经验，配齐配强管理人员，进一步明确管理分工和专业化分工，项目管理比较规范，呈现出良好的发展态势。此外，项目实行人性化管理，设立企业专项奖学金，对家庭特困学生予以 5000 元资助，关爱贫困学生。

（五）生源质量较高，社会反响较好

学院 2011 年招生 60 人，最低分数线超过安徽省高考二本录取线 28 分；2012 年招生 65 人，采取“单独代码招生”，出现“志愿明确、报考踊跃”的状况。项目招生严格按照我国高校统招形式进行，招生、录取、考试等各项工作严谨规范。学校能够及时向社会公布项目的办学层次和类别、专业设置、课程内容、招生规模、收费项目和标准等情况，实际招生与招生简章和招生广告宣传的承诺相符，学生满意度高。评估组现场问卷调查结果显示：教师和学生的总体满意度达99%。项目实施至今，没有发生一起社会投诉事件，社会反响良好，专业知名度日益提高，社会影响力逐步扩大。

三、问题与建议

（一）创新管理模式和运行机制，完善项目管理责任制

中外合作办学是一个涉及外事活动管理、外教管理、教学运行等多方面的系统工程。在项目实际运作过程中，要进一步完善项目管理责任制。要遴选熟悉中外合作办学政策法规、管理协调能力强、外语和专业水平高的人担任项目负责人，安排和处理项目日常管理工作，创新管理模式和运行机制，进一步加强对口交流，畅通沟通渠道，扩大项目管理自主权。遇有重大事项，及时向主管校领导汇报，召开专项工作协调会，研究解决问题，切实提高合作办学的工作效率。

（二）进一步深化合作项目内涵建设

中外双方要进一步深化合作，加强双方专任教师的互派交流，推进双方教师合作开发课程资源；强化信息化建设，进一步扩大利用德方优质教育资源（含电子图书资料和远程教育资源）；有效利用“德国物流协会合肥分会”等平台，加强中德企业实践基地产学研合作，强化实践教学环节，实现课程内容、教学方式、评价模式与德方对接，保证教学质量。

（三）进一步加强外籍教师的聘用和管理

要通过外国专家局和社会招聘等途径聘用受过正规教育，具有相关专业学历学位证书，授课能力强，具有敬业精神的外籍教师。同时，要完善外籍教师的档案资料，制定完善的外籍教师管理制度，加大对外籍教师的考核力度，把实行教学评估作为外教管理的重要内容，切实提高教育教学质量。

评估专家组成员：汪开寿　武庆鸿　林禄明　严　萍

撰　　写　　人：严　萍

××职业学院中外合作办学商务英语专业评估报告

受省教育厅委托，按照教育部办公厅《关于开展中外合作办学评估工作的通知》（教外厅〔2009〕1号）和省教育厅《关于对××职业学院中外合作办学专业进行评估的通知》（皖教评函〔2013〕21号）文件要求，省教育评估中心组织了由外事专家、教育教学专家等组成的专家组一行7人，于2013年5月，对××职业学院中外合作办学商务英语专业进行了评估。

对照《安徽省高等学校中外合作办学项目评估指标（试行）》内容，专家组认真细致地开展了现场评估工作，听取了学校项目负责人季鸿舒主任关于商务英语专业合作办学情况汇报，实地考察了部分教学设施，详细审阅了有关原始资料，分别召开了教师座谈会（包括项目负责人、专任教师、辅导员）和学生座谈会，与部分校领导进行了个别访谈，同时开展了满意度调查。通过实地考察和多方面收集信息，经专家组充分讨论，形成如下评估意见：

一、总体印象

××职业学院中澳合作商务英语专业创办于2001年，2004年正式列入国家计划内招生，由××职业学院与澳大利亚西澳洲中央TAFE学院（2010年开始变更为昆士兰州布里斯班TAFE学院）联合开办。该项目依托商务英语专业招生，澳方合作专业为商务管理和会计，学生完成所有课程学习并经考核合格者，毕业时将同时获得由澳大利亚TAFE学院颁发的商务管理（或会计）文凭和××职业学院颁发的商务英语大专文凭（简称“双文凭”）。经过多年的发展，合作项目逐步走向成熟，办学质量稳步提高。自2004年纳入统招以来，该项目共培养了406位毕业生。2010年，该专业被安徽省教育厅批准为省级特色专业。近年来，该专业学生在全国大学生英语竞赛和安徽省高职高专英语口语竞赛中屡获佳绩。

二、主要成绩

（一）办学目标定位明晰，培养方案切实可行

学校围绕国家、地方和区域经济发展对人才的需求，承传本校的办学传统，坚持“国际化、精品型、开放式”的办学思路，着力培养具有创新意识、国际视野和良好的英语应用能力，掌握商务管理（或会计）基础知识和基本技能的高素质应用型人才。形成了以团队建设为重点、以教学改革为突破、以课程建设为基础，“三位一体、融通中澳”的专业

建设思路，按照“岗课一致”（即基于工作岗位群所需要的职业技能与开设课程对应）、“课证融合”的原则，构建特色课程体系，不断优化人才培养方案。通过引进国外优质教育资源，借鉴澳大利亚职业教育在专业建设、课程体系、教学内容、校企合作等方面的先进经验，提升教师教学能力，优化人才培养模式，全面提高教学、科研和社会服务水平。

（二）管理机构制度健全，合作项目运行规范

学院成立了专门的国际交流中心，主要领导担任负责人，统筹规划和宏观管理中外合作办学项目；院职能部门各司其责，参与项目过程管理：外事办负责项目的洽谈、实施以及涉外事务管理，教务处和督导室负责教育教学质量全程监控，国际商务系负责项目的具体执行，双语教研室（项目办）是项目管理的最基层单位。澳方合作学校也成立了由院长、项目主管、项目助理组成的项目组。双方主管领导和关涉部门不定期举行工作会谈，就项目运作各层面的问题进行沟通和协商。学院制定了教学事故认定、项目文凭证书管理等多项教学管理制度，开展“三期”（期初、期中、期末）教学检查等，中澳双方定期开展项目课程、教材、教师等教学资源审核，加强教学质量评估监控。项目招生收费及学籍和毕业文凭证书管理规范。

（三）团队建设具有成效，教育资源较为丰富

学院依托合作办学澳方资源，分批次选派中青年教师去合作院校学习交流，现场观摩教学，接受相关技能培训。经过10多年的发展，中澳合作商务英语专业已形成了一支教学能力强、专业水准高、结构合理、专兼结合的“国际化”教学团队，现有专任教师中双师素质教师占80%以上，具有企业工作经历的达50%以上，具有硕士学位的达80%，一半以上的老师具有海外学习或培训经历。澳方教师均具有本学科专业教学背景和行业企业工作经历，承担三分之一课程的教学任务。还聘请了4位涉外企业专家指导专业建设、参与理论和实践教学。近3年来，该专业教师承担了省级以上教科研课题8项、校级教科研项目11项，发表教学研究论文20余篇；有3位教师在省级教学技能竞赛中获奖、1位教师被评为省级专业带头人、1位教师当选为省级优秀教师，还有2位教师被推选为校级教坛新秀。同时，加强教学设施建设，建有计算机基础、电子商务、ERP、网络营销、国际贸易、会计模拟、商务英语等实训室和语音室、外国文化体验中心等。

（四）中外合作特色明显，人才培养模式优化

学院坚持合作项目的国际化办学方向，凸显高等职业教育技能培养属性，办学特色逐渐彰显，人才培养模式不断优化。在教学内容上，务求贴近未来岗位需求，积极引进澳方课程，商务管理方向引进澳方23门课、会计方向引进16门，澳方专业课坚持选用原版教材，力求毕业生知识能力与国际人才需求接轨。在课堂教学上，着力构建具有“中澳”特色的课堂教学模式，综合运用分组活动、案例教学、角色扮演、归纳报告和调研等教学方法，倡导小组学习，辅之以课程作业和报告等方式，提高学生的动手和交流能力，实现“知识导向型”教学模式向“能力导向型”的转变。在师资选聘上，坚持高标准、严要求，组建中外教师联合授课的国际化教学团队。学院坚持以能力（英语交际能力、商务管理能力、会计操作能力）为本位，以知识和素质为两翼，不断推进教学改革与实践，构建了“以商务为背景、以英语为平台、以能力为主线、以职业技能实践为核心”的BECP人才培养模式。

（五）教育质量稳步提升，社会服务能力增强

学校采取多种措施对合作项目进行质量监控，教育质量持续改进。2011 届商务英语专业毕业生，大学英语四级考试通过率为 85%、六级通过率为 41%。多名同学在全国大学生英语竞赛、安徽省高职高专英语口语大赛以及“外研社”杯演讲比赛等省内外重大比赛中多次获奖。近 90%的同学获得澳大利亚 TAFE 学院商务管理高级证书，很多同学还取得了外贸单证员、外贸业务员和国际商务英语证书；就业率和就业质量令毕业生满意。以该专业为核心，学校构建了包括商务日语、报关与国际货运、航空服务在内的国际商务专业群，并与美国万豪集团联合成立全球首家万豪酒店管理学院。

依托学校作为安徽省唯一雅思考试中心和全国国际商务英语考点的优势，开展雅思考试和留学咨询服务，为企业员工进行商务英语和招聘选拔等培训；自 2004 年起，连续 8 年承担安徽省高职高专英语骨干教师培训，为全省 50 余所高职院校培训 300 多位英语骨干教师。2011、2012 年，先后两次承担省教育厅赴澳骨干教师培训团的英语口语强化培训工作。2012 年 3 月，学校被批准为安徽省教育国际交流协会的理事单位。市场星报、新安晚报、安徽教育网、中安在线等媒体曾先后报道过该校中外合作办学情况。

三、问题与建议

××职业学院中外合作办学商务英语专业人才培养工作和教育教学改革取得了明显的成绩，呈现出良好发展态势，但作为安徽省较早开展中外合作办学的高职院校，要实现学校事业发展愿景，还有许多工作要做。建议如下：

（一）加大课程整合力度，缓解学生学业压力

充分整合中澳双方职业教育优质课程资源，推进双方课程模块的有效衔接与融合，改变国情课单一课堂教学的模式，向“课堂＋社会实践”模式转变，适当压缩课堂教学时数，降低课时总量，减轻学生学业负担。

（二）创新教学管理模式，提高合作办学效益

增加中澳双方教师联合授课数，在满足澳方教师担负课程门数和教学时数要求的基础上，减少澳方教师单独集中授课数量，发挥中方助教作用，提高课堂教学效果。加强双方专任教师互派交流，推进中方教学团队建设。建立体现中外合作办学特色的质量监控体系。改变以考试为主的学业评价模式，借鉴实施能力本位的多元评价模式，重视过程性、发展性。

（三）加强校企合作力度，强化实践教学效果

进一步加强校企合作，规范顶岗实习。积极采取有效途径，努力拓展校外实训基地，探索建立外方实训基地，为学生提供更多的实训项目和机会，提高实践能力，满足国内企业对应用型国际商务管理（会计）人才的需求。

评估专家组成员：储常连　梁祥君　许俊农　林禄明　杜奕智　钱丰收　严　萍
撰　　写　　人：林禄明　严　萍

安徽省普通高中中外合作办学调研报告

按照教育部《关于开展普通高中中外合作办学情况调研的通知》（教外司办学〔2013〕第855号）文件要求，我厅高度重视普通高中中外合作办学情况调研工作，专门下发皖教外函〔2013〕66号文件，6月上中旬，我省通过上报材料和实地调研等方式对普通高中中外合作办学情况进行了全面了解。现将普通高中国际班调研情况汇总如下：

一、总体情况

截至2013年5月31日，我省实际举办17个普通高中（机构）中外合作办学项目，其中16个项目办学性质为公办，由普通高中与外方合作办学；1个项目办学性质为公办民助，由市（芜湖市）教育局与外方合作办学。此外，2013年批复的6个普通高中合作办学项目已列入招生计划，拟于今年秋季招生。据不完全统计，目前我省国际班现有在校生2400多名，教师400多名，其中外籍教师40多人。从区域分布情况来看，我省有10个市分布有普通高中中外合作办学项目，省会城市合肥办班数量最多。项目具体分布情况为：合肥4个、淮北1个、淮南1个、滁州1个、六安2个、马鞍山2个、芜湖3个、宣城1个、铜陵1个、黄山1个。从合作对象来看，中美合作国际班有12个；中新（新加坡）合作国际班有2个；中加合作国际班有2个；中澳合作国际班有1个。从办学规模来看，在校生数量为几十人至几百人不等。从收费情况来看，高中国际班按照办学成本收费，学费标准经教育部门、物价部门等相关部门审核批准。不同地区、不同学校由于经济发展水平、办学条件、招生规模等不同，高中国际班的生均培养成本也不一样，收费范围在几千元到几万元不等。合肥八中举办的中美国际班收费最高，学费标准为生均每学期40000元；安徽工业大学附属中学举办的中国与马来西亚合作国际班收费最低，学费标准为生均每学期2600元。从课程设置种类来看，各项目学校主要开设国内普通高中课程、国外高中特色（优质）课程、国外大学预科课程和外国语言课程。所有项目学校均开设了外语课程，并要求学生通过相应的语言考试。从毕业证书颁发来看，我省为减轻高中国际班学生过重的课业负担，不提倡普通高中国际班的学生拿“双证书”，国际班项目主要是颁发国内普通高中毕业证书。

二、主要做法

（一）领导高度重视，健全工作机制

我厅高度重视普通高中中外合作办学工作，把国际班审批管理工作作为一项重要任务来抓，2011、2012年先后出台《关于加强安徽省普通高中国际班管理工作的通知》（皖教秘基〔2011〕66号）、《关于加强普通高中国际班管理的意见》（皖教基〔2012〕23号）等

文件，不断加强国际班管理工作。项目举办学校党委高度重视国际班工作，成立由学校主要领导担任项目负责人的中外合作办学项目领导小组，定期召开工作会议，把国际班管理工作纳入重要议事日程，要求国际班工作做到年初有计划、年终有总结。学校办公室、教务处或国际部等职能部门承担国际班的运行与管理工作，并指定专人具体负责日常事务。

（二）坚持依法办学，保障学生权益

学校自举办中外合作办学项目以来，始终坚持贯彻党的教育方针，坚持社会主义办学方向，以“引进国外优质教育资源，推动高中教育教学改革”为宗旨，着眼于推动高中教学理念、课程内容、教育方法和人才培养模式创新，努力提升合作办学项目教学管理水平，不断提高教育教学质量。在合作办学的过程中，学校与合作方依法签署合作办学协议（合同），坚持公益性办学原则，切实维护和保障学校和学生利益，促进中外合作办学的健康发展。

（三）实施小班教学，优化师资配备

学校践行与国际教育接轨的教育教学理念，坚持因材施教，实行小班化教学，进一步强化学生的“听、说、读、写”能力训练，努力探索和推行师生互动的教学模式。安徽工业大学附属中学按照两种体制编班，一种是在高一年级与同年级学生混合编班，加强文化课学习；另一种是从高二年级开始独立编班，加强专业课学习。学校集中优质师资，安排业务能力强、工作认真负责、教学经验丰富的教师负责教授中方课程；聘请具有相关专业背景和教学资格的外籍教师教授外语口语课程。在教学活动中，注重师生互动，充分调动学生学习积极性，教学活动轻松愉快、充满趣味。六安二中推荐优秀教师担任国际班班主任，全校范围内优先配备国际班高中科任教师教授中方课程；美方派出一名老师担任班主任助理，委派教师团队教授国际英语课程。

（四）规范办学行为，提高管理水平

学校根据依法治教的有关规定，认真贯彻我厅加强普通高中国际班管理的有关文件精神，不断加强对合作办学全过程的监督管理。在教材使用上，在采用国家统编教材的基础上，积极引进国内外其他优秀教材，并在不断实践中努力探索编制本校外语教材。在课程设置上，做好课程设置与升学方向的统一。国际班课程主要由安徽省新课标高中课程和外方高中特色课程和语言课程等组成。安徽省普通高中课程采用人教版教材。合肥六中每年暑期组织国际班高一升高二学段的学生赴美进行一个月的语言强化课程学习。在招生管理上，各校开设的国际班招生纳入当地中考招生计划。学校面向社会公开发布招生简章，注明招生项目、人数，报考条件、招生程序、收费标准等事项，按照公开公平、考生自愿、择优录取原则进行招生。2012 年，合肥市一中、六中、八中等国际班的招生计划首次被纳入中招的提前批次志愿，为将来出国深造的学生在填报志愿时提供了更多的选择。在教学管理上，在加强对本校教师教学督导考核的同时，对外教的教学，从教材的选用、教学内容、教学设计、教学活动等进行全程审核，动态监测，确保教学规范和质量。

（五）开展交流活动，推进开放办学

在省教育厅、市教育局的指导下，学校采取邀请外国专家来校举办专题讲座、师生互派交流、举办夏（冬）令营、参加项目培训、开展联谊活动等多种途径，开展了一系列丰富多彩的国际交流活动，增强了师生国际教育意识，扩大了多元化办学平台，提升了学校的社会影响力。同时，举办国际班学校校际交流不断加强，互相学习借鉴办班经验。例如：六安二中承办了安徽省2011—2012年度来华学生（美国、法国、德国、意大利、多米尼加等九个国家）项目中期培训活动，选派达维娜老师赴美执行为期一年的汉语教学任务。2012年宣城二中承办全省美诚国际班联谊活动，来自安徽师范大学附属外国语学校、淮北一中、六安二中、巢湖一中、蚌埠三中、宣城二中和淮南一中等七所开办国际班的学校共同参与，交流国际班教育教学工作。

三、问题与建议

总体来看，我省普通高中国际班在引进优质教育资源、扩大开放办学、促进普通高中多样化发展等方面发挥了重要作用。但是在充分肯定成绩的同时，我们也要清醒地看到，当前普通高中国际班还存在一些不容忽视的问题：

1. 规范管理不容忽视。有些学校办班目的不明确，日常管理不到位，所收费用未完全用于国际班办学，弱化国际班公益性办学原则，存在片面追求经济效益的现象。

2. 课程设置不够科学。有的学校为短期内提高学生托福、雅思等语言类考试成绩，集中上托福、雅思培训课，国家规定课程得不到保障；有的学校引进的外方课程、课程方案、课程计划及其教材未按要求报审。此外，由于优秀管理人才以及双语教师的缺乏，在推进中外课程融合共享、创建中国特色的国际课程方面还比较薄弱。

3. 教育质量有待提高。部分项目引进外方资源不够优质，办学条件较差，聘请的外籍教师数量不足、质量不高、流动性大，导致国际班教育质量参差不齐，不能满足人们对优质教育的多元需求。

针对上述问题，各级教育行政部门要进一步加强过程性监管，采取积极措施，促进普通高中国际班健康科学发展。

一要强化规范管理。严格普通高中国际班设置条件和引进外方项目审核，强化项目可行性论证，加强审批监管。引导学校正确认识举办国际班的宗旨，引进外方优质课程和教师资源，切实加强课程和教学过程管理，开足开齐国家规定的课程，切实提高教育教学质量。推动形成办学者自律、社会监督、政府监管相结合的中外合作办学管理机制，逐步建立具有较广泛的社会公信力的中外合作办学质量标准和保障体系。

二要开展评估调研。深入开展评估调研活动，进一步促进中外合作办学质量评估机制和中外合作办学执法和处罚机制的建立。评估不合格的学校限期一年整改，整改不力的项目予以撤销。在调研过程中，发现经批复举办的国际班项目，一年内未开办的，教育行政部门及时予以撤销。我省将委托省教育评估中心对已有毕业生的普通高中国际班项目进行评估。

三要加强过程监督。加大对普通高中国际班明查暗访和年审力度。对严格执行办班要求、管理科学规范、教育教学质量高的学校予以表扬。对违反规定乱收费、乱招生、乱补课、滥发毕业证书、违规使用未经审定国外教材，教育教学质量不合格，以及有其他违规行为的学校，取消其举办资格，给予停止招生等行政处罚。

撰写人：林禄明 严 萍

潜山县××中学省级示范高中评估报告

按照省教育厅的部署，省示范高中评估专家组于 2012 年 12 月 15 至 16 日对××中学进行了评估。专家组听取了潜山县政府、潜山县教育局及学校关于潜山县基础教育发展的情况介绍和××中学创建省级示范高中工作的汇报，观看了专题片，查看了校园环境、教育教学设施，查阅了学校创建资料，同时还通过召开座谈会、访谈和问卷调查等多种形式，对××中学的办学情况进行了较为全面的了解。在此基础上，专家组对照安徽省示范高中评估标准，逐条斟酌、综合评议，形成如下报告：

一、潜山县委、县政府坚持教育优先发展战略，大力推进义务教育均衡发展，着力优化高中教育资源配置，取得显著成绩

潜山县人口 58 万，财政收入约 8 个亿，人均国民生产总值、人均财政收入均低于全省平均水平。潜山县委、县政府从战略高度认识和发展教育，努力克服经济相对欠发达、财政比较困难等问题，坚持教育优先发展不动摇，使得全县各级各类教育获得良好发展。

一是义务教育实现完全免费。全县义务教育学校标准化建设全面推进，义务教育普及水平逐渐达到较高标准。二是普通高中内涵不断优化，高中教育质量不断提高。全县有省级示范高中 3 所，市级示范高中 3 所。恢复高考以来，全县高中教育教学质量一直走在全市前列，累计为高等院校输送优秀新生 5 万余人。三是职业教育加快发展。县职教中心晋升为国家重点中职学校，在校企联合、技能培训、服务就业等方面走出了一条独具职教特色的路子。四是学前教育蓬勃发展。坚持公办民办并举，不断充实和加强幼师力量，公办乡镇中心幼儿园建设有序推进。五是民办教育健康发展。民办学校办学综合实力得到增强，全县 3 所民办高中在校学生达 5000 人。六是办学条件明显改善。实施教育信息化建设，校舍安全工程、薄弱学校改造工程等项目建设全面推进，学校面貌焕然一新。七是建成 232 个留守儿童之家，3 万余名留守儿童受惠。八是教育队伍素质不断提高，一支敬业爱岗、素质较好的教师队伍初步形成。九是全县学前、小学、初中、高中教育有机衔接、协调发展，普高、职教、成教有机结合、相互渗透，服务潜山县经济社会发展的能力不断增强，为潜山加速发展提供了有力的智力支撑。

在××中学创建省级示范高中问题上，县委县政府共识度高，果断决策，将“建设二中新校园”列入 2012 年县政府十件实事之一，这为二中在更高的起点上赢得新发展提供了千载难逢的机遇。

二、××中学精诚团结，志存高远，抢抓机遇，取得显著办学成绩

（一）办学目标明确，发展规划科学合理

通过在××中学一天半的活动，学校以下几个方面给我们留下了深刻的印象：

××中学是一所有56年办学历史的学校，特别是2004年晋升为市级示范高中以来，××中学的领导班子抓住一个又一个发展机遇，不断探索，锐意创新，画蓝图，树愿景。学校在办学实践中，坚持“育人为本，质量第一，突出特色，全面发展”的办学思想，坚持“一切为了学生，为了学生一切”的办学宗旨，以“励志、修身、博学、笃行”为校训，以“文明、和谐、开拓、创新”为校园文化精髓，以“培名师、育英才、创名校”为办学目标追求，向管理要质量、向课堂要质量、向教研要质量，不断优化育人环境，不断整合教育资源，学校面貌发生了显著变化。但由于学校地处闹市区，教育教学设施比较陈旧，严重影响了学校的进一步发展。为了突破二中的发展瓶颈，学校提出“争创省级示范性普通高中”的办学目标，得到了全体师生、社会各界的积极响应，得到了县委县政府、县教育局的全力支持，建设二中新校园被列为县政府2011年重点工程、2012年十件实事。新校区占地135亩、建筑面积64959平方米，一次性规划，分两期建设，按60个教学班、高中在校生3000人的办学规模进行设计。高标准的规划，一流的设施，优美的校园，令我们期待。在机遇和挑战面前，二中坚持做到强化学校教育教学管理、争创省级示范高中、加快二中新校园建设工作“三不误”。

（二）“三支队伍”建设成效显著

××中学立足学校长远发展，不断加强行政干部、班主任、学科教师“三支队伍”建设，取得了显著的成效。

不断加强干部队伍建设，提高了领导班子管理水平。领导班子能身先士卒，想多干事，愿讲奉献，班子成员大都教学、管理双肩挑，而且管理有绩效、教学有成效；坚持民主集中制，大力选拔优秀、年轻、德才兼备的教师充实干部队伍。目前，学校初步形成了一支年富力强、结构合理、志存高远、朝气蓬勃的干部队伍，这支队伍能吃苦、能战斗，善服务，在各项工作中显现出了很强的影响力、感召力、凝聚力。

不断加强班主任队伍建设，提高了育人队伍专业素养。××中学通过精心选聘班主任、切实加强岗前或岗位培训、细化班级管理目标、完善考核评估机制等措施，以及定期召开班主任工作例会、与班主任签订《班级安全管理责任书》、制定执行《班主任工作量化考核实施细则》、坚持对班主任进行“早操、课间操、晚就寝”考勤、行政干部进班进行问卷调查等具体活动，有效调动了一批有责任心、有爱心、有能力的教师担任班主任工作的积极性，提高了班主任工作队伍的整体素养。

不断加强教师队伍建设，提高了教师整体业务能力。××中学建立“能者上、庸者下”的教师激励机制，推行“双向选择、竞争上岗、择优录用、优胜劣汰”的用人机制，不断优化教师队伍整体素质。通过引入激励竞争机制、严格按劳取酬、教师考核公开公正、加强师德师风量化考核、每学期期末学生问卷调查、举行“教学能手”评选、“致远杯”青年教师优质课大赛、开展“同课异构”教学等活动，鞭策、激励、帮助教师脱颖而出。目前，学校拥有市、县教坛新星8人，国家、省、市、县优秀教师和学科带头人26

人，教师在国家、省、市级教学刊物上发表论文200余篇。学生问卷调查也显示：94.6%的学生对教师的工作热情持肯定态度，87.5%的学生“对学科教师满意度”为“非常满意”。

（三）抓常规、重细节，积极实施课程改革

××中学在教学管理过程中，“恪守规范、注重细节、优化常规、力求实效”，取得了良好效果。

××中学针对“不少学生知识基础不牢、学习习惯不佳”的生源特点，从起始年级抓起，各年级一以贯之，重基础、抓落实，对不同类型的学生利用空闲时间分类辅导，根据不同的年级实行分段要求。学校每学期都邀请县教研员到校听课、评课并进行具体指导，以此改进细节、优化常规。分管校长、教务处人员对日常教学工作及教学任务完成情况进行严格的巡查与检查，督促教师严守规范，杜绝空堂、脱堂、迟到、早退现象。认真落实“四定”备课制度、教学一日常规、推门听课制度、备课本作业本检查评比制度、学生问卷调查制度等一系列规章制度，对教师教学进行有效的关注、监督、管理与考核。

学校高度重视课程改革，努力提高课堂实效。学校召开不同规格和不同层面的会议宣传、发动、部署、推进新课程改革工作，并积极选派教师参加各种培训会议，努力从氛围上、思想上、制度上、纪律上、资金上保证课程改革的推进，提高课堂教学实效。新课程必修课和选修课基本开齐，课时基本保证。创造条件开设研究性学习课程，并编辑《学生研究性学习论文集》。学校不断加大“听、评课”力度和密度，行政人员和教研组长、骨干教师临时推门听课，听课人员及时评课，扎实开展备课组活动，凝聚集体智慧，增强团队意识。同时，学校大力加强校本教材建设，开发编印了《走近孔子》《生活中的数学》《中学思想政治教材拓展读本》《文明的脚步》《风水文化与地理》《生活中的科学》等校本教材。

强化教育科研，引领科学发展。××中学的教科研工作过程比较扎实，氛围比较浓厚，取得一定成效。多年来，一批教科研的“志愿兵”终始如一地投入教科研工作，学校领导层带头参加、积极领衔课题研究。近年来，学校共有5项省市级课题立项、2项结题、3项在研，有的已取得阶段性成果，呈现了丰富的研究资料。学校建立了课题研究专项考核奖励机制，对各级课题分别在立项开题、中期成果和结题三个阶段予以奖励性经费支持。

关注视野拓展，加强校际交流。学校注重“请进来、走出去”，选派优秀教师到兄弟学校开展送教下乡活动，选送教师远赴广州、南京、大连、昆明参加学习、交流，有效拓展了教师视野，拉高了进取标杆，提升了教学效益。近3年来，已与相关学校开展校际交流20多次。此外，学校还成功承办了全市高中化学优质课大赛、全市高中数学优质课大赛、全市高中数学主题研讨会、全市中学地理研讨会、全市高中物理“致远杯”中青年教师优质课大赛等重大活动，利用这些活动机会，给更多教师创造便利条件，让教师们关注外面世界、关注学科前沿，借鉴名师的教育教学经验，在活动中拓展视野，在活动中历练升华，在活动中反思提高。

（四）践行全员育人教育理念，德育工作富有成效

××中学树立“育人为本、德育为先”的教育思想，倡导“全员育人”的德育理念，

坚持“分层次、抓基础、严管理、创特色”的工作思路，实行“规范行为—健全人格—陶冶情操”的德育之路，不断改进工作方法，认真落实德育目标，提高德育工作实效。

学校制定了《××中学德育工作五年发展规划》，立足本校实际、学生实际展开德育实效性研究，通过完善制度建设、注重过程管理、强化道德认知、加强行为训练、注重实践体验等形式强化德育常规管理。如：召开德育研讨会、班主任经验交流会，强化学科德育渗透，邀请心理专家举办讲座，开展“校园之星”“班级特色之星”评选，组建“建林”文学社、舞蹈队、足球队、篮球队，举办校园文化艺术节、体育运动会、元旦晚会等大型活动，组织学生参加社会实践、社区服务活动，广泛建立德育实践基地，并与多个实体公司共建了“××中学社会实践活动基地”。

真诚关爱困难学生，切实彰显人文关怀。学校建立“彩票公益金”和国家“贫困生助学金”评比、发放制度，公平公开，规范运作，落实助学、奖学机制，悉心呵护贫困学子，激励他们安心学习；制定“××中学家长联系制度”，就学校管理、新生注意事项、安全等专题进行交流，发放“家校联系卡”，利用双休日广泛进行家访，严格要求每位教师每学期至少对两名“学困生”进行有效转化；明确要求学校心理健康教育工作，重点关注特殊学生群体。

（五）教育质量稳步提高

××中学领导班子牢固树立以质量求生存、以质量求发展的思想，优化管理，上下联动，协同作战，使学校的各项制度和措施得到有效落实，教育质量稳步提高。

学校不仅管理制度健全、完整、规范，而且学校领导积极采取有效措施将制度落实到每一个细节，包括教师及班主任考评制度、教师学习考察制度、推门听课制度、作业及备课笔记检查奖励制度、教育教学阶段性评估方案、青年教师优质课评选活动方案、先进教研组评比奖励方案、课题研究考核奖励方案、青蓝工程实施方案等，并努力做到“三有三必”：有布置必有检查、有检查必有考核、有考核必有反馈，从而有效提高了教职工对制度措施的思想重视程度、主观认同程度和行动自觉程度，保证了各项工作扎实、有效地开展。

学校注重和谐校园建设。坚持“关心人、尊重人、激励人、发展人”的指导思想。近年来，学校在发展攻坚时期、困难重重的情况下，仍然千方百计通过多种途径、克服多方障碍，积极改善教师工作条件，保障教师福利待遇：为教师办公室安装空调，给教师配备笔记本电脑，提高住房公积金缴纳标准，组织集体外出学习考察，遇教职工病、难之时及时予以人文关怀，当教师工作中取得成绩时及时予以激励。同时，要求教师努力成为“了解学生的有心人、关心学生的知心人、帮助学生的引路人”，对学生实施人文关爱，倡导师生共同构建人文校园、和谐校园、平安校园。

通过多年努力，××中学教学质量稳步提高。不仅高考成绩逐年提高，全省学业水平测试成绩优良，荣获“安徽省电化教育一类达标学校”“安徽省家教名校”“安徽省示范家长学校”“安庆市示范高中教学成果进步奖”“安庆市劳动竞赛先进集体”“安庆市交通安全示范学校”“安庆市‘五五’普法先进集体”“安庆市关心下一代工作先进集体”“安庆市教育系统民主管理先进集体”“安庆市五四红旗团委”等多项荣誉称号。

总之，××中学创建安徽省级示范高中工作积极扎实，学校管理规范有序，教学质量稳步提高，新校的建设使用也给学校的进一步发展创造了新的机遇。

评估专家组对照《安徽省示范性普通高中评估标准》，逐条评议，分项赋分，综合评估，一致认为××中学达到省示范高中标准。

三、几点意见和建议

一是殷切希望潜山县委县政府一如既往地关心和支持××中学新校区的建设工作，加强协调工作，确保高质量按期完成建设任务。将校舍内的装修、大量教育教学仪器设备设施的添置及配备所需的经费纳入2013年政府预算。××中学搬迁后的规模扩大需要增加教师，也希望政府提前作出安排，以确保××中学2013年秋季顺利搬入新校区。

二是确保××中学的初高中在2013年秋季开学前彻底分离。

三是潜山县教育局和××中学领导班子在抓好教学工作和新校区建设的同时，尽快派人分别到教育教学水平高、管理和现代化水平比较高的普通高中考察取经，对学校校舍的装修、校园文化、场馆设备设施采购和建设标准等尽快作出规划，并提出经费预算向县政府报告。同时，学校也要做好新校区校园文化规划和建设，真正形成良好育人的环境。

四是××中学要进一步深入实施普通高中课程改革，开足开齐各门课程（包括综合实践活动等），逐步形成自己的办学特色。

评估专家组成员： 张守祥　纪迎春　陈朝阳　陈守先　张国正　严　萍

撰　　写　　人： 严　萍

阜南县××中学省级示范高中评估报告

2013 年 5 月 17—20 日，受省教育厅委派，省级示范高中评估专家组，对××中学进行了评估。评估组听取了××中学校长《薪火相传众志成城铸特色教育，继往开来与时俱进创示范品牌》的创建工作汇报；认真查阅了教学管理、校园建设等原始资料；实地考察了教学楼，多功能报告厅，图书馆，天文地理馆，音乐、舞蹈、美术和书法教室等教育教学设施；听取了语文、化学等学科教学课；分别召开教师和学生家长座谈会，走访了部分社区及周边群众，并同时开展了问卷调查，深入了解了学校教育教学、规范办学行为、社会满意度等情况。经过专家组认真讨论、充分研究，形成如下意见：

一、创建工作成效

（一）县委县政府高度重视，给予创建工作大力支持

县委政府高度重视教育发展，加大投入，促进普通高中健康发展。阜南县有 8 所普通高中，其中省示范 1 所（阜南一中），独立高中 3 所（阜南一中、二中和实验中学）。县委县政府大力支持××中学发展，一是加强学校创建工作领导，牵头成立由县委县政府主要负责同志任正副组长、各职能部门主要负责同志为组员的创建工作领导小组，县委县政府主要负责人多次前往学校检查日常工作和创建工作；二是加大投入，在国家级贫困县财力十分紧张的情况下，两年来拨款 200 万元，用于实验中学装配“智能教学一体机”，180 万元用于学校化解债务；三是给予政策支持，在《阜南县教育事业发展十二五规划》中明确规定：2014 年秋将××中学迁入新址（现阜南一中，阜南一中择址另建）。

（二）紧紧扣住“实验”做文章，深入探索特色教育

××中学拥有“一专多能、全面发展”50 余年师范教育历史，全市音、体、美艺术教育优秀师资和较为充足的音体美各类器材，具备普通中小学不具有的优势，为音体美及播音主持等特色教育发展奠定了良好基础。学校借此优势，明确学校定位和办学方向，大胆走特色教育之路。改制 3 年后，即 2002 年被阜阳市教育局命名为“市级特色示范中学”。为切实推进学校走特色发展之路，学校成立了由校长任组长、分管教学的副校长任副组长的特色教育工作领导小组，成立特色教育家长委员会，协调学校、家庭、社会等方面工作。从课程改革入手，制定了《××中学特色教育课程设置方案》（试用），编写了一系列校本教材，满足了特长教育的需要。××中学的发展及特色教育的成功，为学校赢得了声誉，也赢得了充足的生源。艺术类学生人数迅速增加，培训学习方式由当初的兴趣小组发展到独立编班，科类也由当初的音乐、体育、美术三个传统科目，发展到现在的播音主持、书法、舞蹈等，艺术类学生人数屡创新高。为规范教学行为，学校要求做到“六

有”，即有教学方案、有自编教材、有专用教室、有专业器材、有专业教师、有固定时间，基本实现了规模发展、规范发展。

推进新课改，不断开发特色校本课程。学校以促进学生全面发展为原则，组织和鼓励教师开展教学教研，创新教学模式，以“导学案”为载体，充分发挥教师的主导作用与学生的主体作用，“变一言堂为多言堂”，为课改的进一步深化做了充分准备。为满足学生需要，促进特长发展，学校从课改入手，制订了《××中学特色教育课程设置方案》，结合新课程改革要求和学生实际，先后编写了丰富的校本教材，包括《素描入门》《速写基础》《乐理视唱练耳概要》《阜南人学说普通话》《播音主持入门》《书法基础——楷书入门》《体育技术入门口诀》等30多种，基本满足了特长教育的需要。

特色教育成绩突出，2004年有56名学生录取到全国高校音、体、美等专业就读，其中李成同学被清华大学美术系录取。2005年王翠同学夺取全县文科状元。2012年××中学高考达本科线突破500人大关，艺体类考生本科达线已达178人。许多原本升学无望的学生，通过走特长发展之路圆了大学梦。苗锋同学，中考成绩不足200分，通过美术专业课学习，最终考取陕西师范大学美术专业。张梦晴学习美术，考取大连工业大学服装专业，又由此走上模特专业发展之路，大学还没毕业，已与世界知名IMG（全球模特经纪公司）签约，现已到美国发展。

（三）倡导科学评价观，构建发展性评价体系

学校要求班主任采取学业成绩与成长记录相结合的综合评价方式，以学生全面发展为目标，根据目标多元、方式多样、注重过程的评价原则，综合运用观察、自评和互评等方式，开展学生综合素质评价。高一新生入校时，班主任就要建立学生成长档案，记录学生成长过程。在开展传统的“三好学生”等评优活动的同时，每学期还开展“纪律之星”“文明之星”“发明之星”“进步之星”等单项评优活动，充分发挥评价的激励作用。学校特别关注学生的学习态度和学习过程，作为研究性学习成果，学校收集整理了《学生社会实践活动调查报告》《学生社会实践活动调查报告优秀作品》等论文集。

（四）大力弘扬王家坝精神，构建德育教育网络

学校贯彻《进一步加强和改进未成年人思想道德建设若干意见》《中学德育大纲》要求，在充分发挥课堂德育主渠道德育的同时，创新完善了“一会四线”德育教育网络：以校长为组长，由党政领导、群团干部、优秀班主任、家长代表组成的德育工作委员会。由党团组织、学生会、政治教师组成的思想品德教育线；教研组、学科教师组成的学科渗透教育线；政教处、年级组、班主任、家长委员会组成的管理教育线；学校、家长、社会组成的三位一体教育线。学校重视心理健康教育，成立心理健康小组，配备心理咨询室，建立心理危机干预网络。针对高三学生时间紧、任务重的现状，邀请社会知名专家来校作心理咨询辅导报告。

（五）有效实现“以赛促学”，语言文字规范化成效显著

学校大力开展播音员、主持人大赛，每一次举办都成为全校学生关注的焦点。2004年首届播音主持人选拔赛，全校有346名学生报名参加，经过预赛68人进入决赛，最后10名优胜者光荣地成为校播音主持人。学校先后被认定为“安徽省语言文字工作规范化示范学校”“国家级语言文字规范化示范校”。2012年有45人报考新闻播音主持专业，经

过专业加试，43 人被录取。播音主持专业的张蕾、张玉倩等同学，毕业后都已成为市、县广播及电视台知名新闻主播和专栏主持人。

《语言文字报》《中国法制报》《安徽工人日报》《阜阳日报》、中央电视台法制栏目组等多家媒体曾报道学校的办学业绩。学校先后获得“全国青少年读书育人特色学校”“全国普法先进单位”“安徽省未成年人思想道德建设示范学校”等荣誉称号。

二、几点建议

1. 县委县政府要加大对××中学的投入，新建一幢教学楼，完成400米环形跑道运动场建设工作。

2. 县政府和教育局要重视××中学师资队伍建设，要加大培养和引进教师力度，重视名师培养工程，特别是艺体类教师队伍建设。

评估专家组成员：汪开寿　许秀旗　张国正　封安保　牛和荣　肖　山　胡建生　杨明生　王　勇　严　萍

撰　　写　　人：严　萍

利辛县××中学省级示范高中评估报告

2012年12月14—15日，安徽省教育厅省级示范高中评估专家组对利辛县××中学申报安徽省示范性普通高中进行了评估。评估组本着软件从严、硬件从实的原则，认真对照《安徽省示范性普通高级中学评估细则》和《安徽省示范性普通高级中学评估操作指南》，进行了按类逐项审核评估。评估组认真听取了亳州市教育局、利辛县政府关于当地基础教育情况的介绍；听取了该中学校长关于学校创建省示范性普通高中的工作汇报；观看了反映学校办学情况的专题片；实地考察了学校教育教学设施；查阅了创建档案资料；分别组织召开了中层干部、教师、学生及家长座谈会，走访了学校周边单位社区和居民，进行了问卷调查和个别访谈活动。通过现场评估，对该中学的办学条件、学校管理、教学质量有了一个较为细致全面的认识。现将有关情况报告如下：

一、市县两级政府及教育主管部门高度重视基础教育发展，大力支持学校创建

近年来，利辛县委县政府坚持以科学发展观为指导，认真贯彻落实教育优先发展战略，在全县实施了教育振兴工程，取得明显成效。城区优质教育资源迅速扩张，近几年，共筹措资金20多亿元，新建城区学校12所、扩建城区学校2所，共新增班级近千个，新增各学段学位5万个。教育质量逐年提高，中考、高考成绩居亳州市前茅。教育民生工程走在亳州市前列；教育综合目标管理成绩显著。中小学布局调整、学校标准化建设等工作走在亳州市前列，荣获全市2011年度综合考核优秀奖、全省学前教育先进县称号。全县共有中小学、幼儿园587所，在校（园）学生212291人，其中高中阶段在校学生17159人，高中阶段毛入学率78％。

利辛县委县政府高度重视、全力支持学校创建安徽省示范普通高中工作，将该中学创建省级示范高中列入县政府工作日程，并给予多方面的政策支持和资金保障，专门划拨土地用于学校新区建设，并投入1.2亿元，为学校创建工作提供了有力保障。

利辛县教育局对学校创建工作全程进行督查，及时指出存在问题并要求限期整改。亳州市教育局负责同志多次赴学校现场指导创建工作。

二、科学规划发展目标，办学条件得到进一步改善

学校制定了“质量立校、特色兴校、文化强校”的发展战略，提出了“办人民满意学校，育优秀素质学生”的办学目标，努力把学校建设成环境优美、书香浓郁、管理规范、富有特色的优质高中。

学校占地面积227亩，在政府大力支持下，建成教学楼、宿舍楼、食堂、运动场等，总建筑面积60000平方米左右，教学区、运动区、文化休闲区和生活区布局合理，建有专

用的理、化、生实验室、仪器室和准备室，没有教师阅览室、学生阅览室和综合多媒体教室等，新增了一批图书和计算机，办学条件得到极大的改善，能够基本满足学校教育教学需求。

三、关注学生全面健康成长，积极探索德育工作新途径

丰富德育载体，完善育人网络。学校坚持开展养成教育，以课堂教学为主渠道，把德育渗透到各学科教学的各个环节；以活动为载体，扎实开展以“文明礼仪”为主要内容的“礼育”教育活动，以“做好人、读好书、说好话、写好字、跑好步”为内容的“五好”教育活动，以“自主、自立、自信、自强”为内容的“四自”教育活动；依托家庭和社会，开展以家长委员会为途径的家校联系活动，拓宽德育渠道，形成德育合力，全面提升学生素质。

突出学生主体，注重育人过程。积极开展文明创建活动。通过开展文明学生评比活动形成人人争当“文明学生”的局面；开展文明班级评比活动促进良好班风的形成；开展文明校园创建活动，学生参与食堂、宿舍的管理，参与评价教师教学，组织或参与策划各种文体活动。学生在浓厚氛围中得到教育，在参与管理中得到锻炼。

学校做到认识到位、思想重视、机构健全、制度完善、工作扎实。多年来，学校无重大事故发生，师生违法、犯罪率均为零。涌现出一大批优秀学生，受到主管部门表彰。例如，在校学生关林荣获 2011 年安徽省第七届见义勇为弘扬正气奖，被评为年度“中国好人”；学生志愿者协会长期为县儿童福利院残疾儿童送教上门，学生爱心基金会及时帮助有困难的学生，热心参与社会公益活动等。

四、重视师资队伍建设，促进教师专业化成长

学校始终把政治思想建设和师德教育作为加强教师队伍建设的重要手段。实施教师全员发展计划，制订教师全员发展实施方案，分阶段落实成长目标。探索教师评价多元化，在评价中注重诊断、激励功能。通过“请进来，送出去”，让更多的教师脱颖而出。学校成立教科研中心，提出把教研工作作为学校最大的特色做好，依靠教研引领教学、促进发展，学校聘请了兼职教研员，壮大了教研队伍。通过一系列的活动，营造了浓厚的教研氛围，促进了教师成长。

通过几年的努力，学校现有专任教师 280 人，其中高级教师或教育硕士（含在读）98 人，专任教师学历或职称层次达标率 100%。2008 年以来学校教师获得市级以上“教坛新星”“骨干教师”“学科带头人”和“特级教师”称号以及获市级以上优质课奖的共 69 人。广大教职工勤奋工作、无私奉献，表现出了良好的职业道德和精神风貌。

五、积极推进课程改革，实现学校内涵发展

进一步加大新课改工作的力度，打造绿色课堂。开设校本选修课程，给学生的发展搭建广阔的平台，注重综合实践活动课程，促进学生全面发展。开发校本学案，使集体备课和教研活动落到实处，从教案到学案，从让学生学会到使学生会学，体现了新课改的基本精神。

突出特色办学，实施素质教育。学校把素质教育作为学校中心工作，以现代教育观办学，规划和部署各方面的工作。课程体现特色，开设校本选修课程，给学生的发展搭建广阔的平台，学校加大校本选修课工作力度，五禽戏、舞美、艺术体操、朗诵艺术、汽车模拟驾驶技术，为学生自主地、有个性地发展提供更多的选择。开展包括研究性学习、社会实践、社区服务在内的综合实践活动，结合本地经济发展情况，开设通用技术课程、职业指导课程。增加职业教育的教学内容，成立校办企业作为学生实习基地，培养学生动手能力和职业意识。

重视学生社团活动，提出社团课程化，每学期有专项活动经费。现有学生社团 42 个，分文化、艺术、体育、科技、信息技术、社会实践六大类，包括：朝花文学社、现代诗社、墨轩社、课本剧社、夕颜社、辩论者协会、环保协会、科技创新社、园艺社、武术社、乒乓球社、女子篮球社、街舞社、书法社、美术社、手工社、心语社、爱心基金会等一批有社会影响力的精品社团。社团活动的开展为学生发现自我、展示才华、张扬个性、培养能力、提高素质提供了舞台。社团课程化，促进了教师、学生更自觉地以新课程理念指导教育教学工作，逐步淡化单纯追求分数的现象。

学校初步形成了“管理特色”“课程特色”“艺体特色”等内涵发展、人文见长的办学特色。现为全国特色学校，省体育传统项目学校，省电化教育一类达标学校，省家教名校，省未成年人思想道德建设示范点，省全民健身活动先进单位，国家级青少年体育俱乐部挂牌单位。

六、评估组的意见和建议

综上所述，评估组认为：该中学在追求自身跨越发展的同时，充分发挥办学优势和特色，在办学理念、学校管理、课程改革、教育科研、素质教育等方面积极发挥区域示范作用。该中学在创建省级示范高中方面办学目标明确、工作富有成效，对此评估组予以充分肯定。同时，也认为学校在发展过程中存在一些问题不容忽视，因此，建议如下：

1. 利辛县委县政府要进一步加大资金投入，尽早完成学校艺术楼、图书楼、学生公寓楼等教学必备设施和后勤保障设施的建设；要求政府化解学校债务，让学校将更多的精力放在教育教学的管理上。

2. 希望核定学校办学规模，减少班额，按规定配足配齐教师编制。希望政府引进优质教师或优秀应届大学毕业生，在一年内解决教师编制不足问题。

3. 作为一所发展迅速、大规模办学且生源一般的学校，该校取得的办学业绩难能可贵，值得肯定。但须进一步提高办学水平，加大名师培养工程的力度，在学校内涵发展上多下工夫，逐步形成自己的管理特色、课程特色、教学特色等，走可持续发展之路。

评估专家组成员： 沈　波　窦本银　杨开仁　封安保　杨　憙

撰　　写　　人： 杨　憙

阜阳市××中学省级示范高中评估报告

2013年5月10—11日，受安徽省教育厅委派，省级示范高中评估专家组一行7人对阜阳市第×中学申报安徽省示范性普通高中进行了评估。评估组本着软件从严、硬件从实、实事求是、促进发展的原则，认真对照《安徽省示范性普通高级中学评估细则》和《安徽省示范性普通高级中学评估操作指南》，进行了按类逐项审核评估。评估组认真听取了阜阳市政府关于当地基础教育情况的介绍；听取了该中学校长关于学校创建省示范性普通高中的工作汇报；观看了反映学校办学情况的专题片；实地考察了学校教育教学设施；查阅了创建档案资料；随机推门听课；分别组织召开了中层干部、教师、学生及家长座谈会。通过现场评估，对该中学的办学条件、学校管理、教学质量有了较为细致全面的认识。现将有关情况报告如下：

一、市委、市政府高度重视，大力支持创建工作

阜阳市市委、市政府坚持教育优先发展战略，实施基础教育3年提升计划，不断加大教育投入，调优学校布局，改善教学环境，规范办学行为，全市教育事业取得了长足发展。阜阳市辖四县三区，人口1040万，是全省人口最多的市。现有幼儿园、义务教育阶段学校3000多所，高中阶段学校51所，其中12所省示范高中、15所市示范高中。

市委、市政府高度重视该中学的建设发展。该中学创建于2003年，原为阜阳市第一中学东校，属于民营性质。2011年8月，阜阳市委常委会议决定撤销一中东校，改设为阜阳市××中学，全额拨款事业单位，公办独立高中，由市教育局直接管辖，2012年5月正式挂牌。市委、市政府、市教育局领导多次赴学校督查，指导学校顺利完成平稳过渡，协调解决学校省示范创建相关问题。为进一步改善学校办学条件，分管副市长已签字支持800万用于创建省示范完善设施设备。

二、科学规划布局，打造优质环境

校园占地面积303亩，在编教职工177人，聘任工勤人员40多名，52个教学班，3100多名学生，实行封闭寄宿制。学校在建校之初，专门请上海知名设计院整体规划设计，校园布局合理、功能齐全，教学区、生活区和活动区井然有序，办公楼、艺术楼、实验楼、教学楼、图书馆、餐厅错落有致。教学楼所有教室都配有多媒体教学设备，学校信息化水平较高；科技楼实验室、功能教室配备符合国家相关标准；田径场得到了国家田联二类场地认证。校园绿化面积达60%以上，先后被评为“安徽省绿色学校”及“阜阳市园林式单位”。

学校食堂执行对外承包委托经营准入制度，有严格的卫生管理制度，符合国家卫生标准。3幢学生宿舍楼，宿舍每间6人，安全设施齐全，配备生活阳台、卫生间、盥洗室、饮水机、投币式洗衣机等基本生活设施，并安装了空调。学校有邮局、电话超市、超市、医院、书店、浴池、自动存取款机，最大限度地为学生的衣食住行提供方便。

三、加强常规管理，倡导民主参与

健全人事管理制度，实现“动车式管理”。领导班子凝心聚力、团结一致，执行力强；中层领导、班主任等全员聘任，有明确的岗位职责和任期目标，在各自负责的领域里独挡一面。定期对中层干部履职情况进行多角度考核，有效提高了行政执行力。

学校工会、共青团、学生会等群众组织健全，并能按照章程独立开展工作。充分发挥教代会的作用，每学期召开一次教代会。通过公开招聘“项目负责人”，发现培养管理人才，培养后备干部。鼓励每位教师参与学校管理并给予奖励。校团委、学生会能积极主动地配合学校其他各部门完成各项工作。校团委曾多次荣获“市直先进基层团组织”“安徽省五四红旗团委”等称号。

倡导学生实行“自主管理”，培养学生的自主意识和自律能力。实行班级自主管理，明确班干部职责，创新岗位设置（如图书管理员、粉笔运输员、茶水供应员、水电监管员等）；在寝室明确寝室长职责，建设文化寝室，践行文明行为；在食堂实行有序的就餐自主管理，明确值周学生职责，维持就餐秩序。坚持开展校园值周活动，每班每学年活动不少于1周，值周班级对该周内各班的出勤、跑操、纪律、卫生等进行综合的监管。2012年1月学校被授予“阜阳市依法治校示范学校”称号。

四、优化办学理念，深化课程改革

学校以“创造适合师生发展的教育，为国家富强服务”为办学理念，明确了“以课改促质量，以质量求发展，以发展创特色，办阜城人民满意的学校”的办学思路。学校制定了新课程改革相关方案和课堂教学评估标准，统筹学校、社会、家庭三方力量共同推进。

学校加入了《中国教师报》课改名校共同体，聘请多名专家进行课改指导。向学生家长和教育界同仁开放全部高一、高二课堂，加强了与家长、社会的沟通。组织高一、高二全体教师编写导学案，制定《阜阳市××中学学法指导》，倡导“高效课堂”模式，科学利用课堂45分钟，以小组为单位，充分调动学生的积极性、主动性，培养学生思考、探究、表达等各方面的能力。开发了如《唐宋诗词是一朵诱人的情花》等十多个校本课程，促进了学生的个性特长发展，满足了不同学生的兴趣爱好。学生历年学业水平测试取得良好成绩，合格率在98％以上，优秀率近38％。

学校重视培养学生综合素质，积极开展体艺、科技活动。成立了模联协会、“校园之声”广播站、文学社、记者团等31个文学、科技、体育、艺术类社团，每周六下午课外活动时间开展相应的活动。开展阳光体育一小时活动，定期举办运动会、广播操比赛、拔河比赛、篮球联赛、冬季长跑、远足拉练等各类活动，上午大课间时开展2千米跑操、校园华尔兹。组织开展科技文化艺术节、文艺联欢等活动。有的社团在省市乃至全国的展示交流中获得过各类奖项，如“模联协会”在安徽省中学生模拟联合国大会上获得“最佳组织奖”“最具潜质奖”“最佳代表奖”和“杰出代表奖”等，在北京大学、复旦大学等组织的全国中学生模联大会上获得了“最佳新学校奖”。

五、致力师资队伍建设，促进教师专业化成长

学校制定了《教师行为规范准则》，加强师德教育，采取学生评教、教师互评，对教职工的师德师风定期检查、评价、考核。针对青年教师比较多的现状，学校持续开展新教师岗前培训、“师徒结对子”活动、“青年教师基本功大赛”、评选“高效课堂授课能手”活动，取得了良好的成果。以课程改革为依托，鼓励教师根据自己的爱好和特长开设选修课或讲座，在研究中“学”、研究中“教”；为不同阶段的教师树立努力的目标，在购书、“走出去，请进来”、进修、研讨交流、科研等方面予以支持。

学校现有专任教师 177 名，其中特级教师 1 人、高级教师 53 人、一级教师 74 人，中教高级以上职称者占全体教师比例为 30.50%，中教一级以上职称者比例为 72.31%，获得研究生学历的教师数为 28 人；获全国性表彰 2 人次，获省级表彰 3 人次，获市级表彰 22 人次；近 3 年来在省级以上学术刊物发表或交流的教研论文 17 篇，成立了 6 个教育科研课题（其中包括 1 个中国教育学会“十二五”教育科研规划课题）并取得了阶段性成果。

六、评估组的意见和建议

综上所述，评估组认为：阜阳市××中学能够传承阜阳一中的优秀传统，融入改革创新精神，积极主动谋求发展，在办学理念、学校管理、课程改革、师资队伍建设、素质教育等方面积极发挥区域示范作用。学校在创建省级示范高中方面办学目标明确、工作富有成效，对此评估组予以充分肯定。为促进学校进一步加强内涵建设、提升教育质量，建议如下：

1. 市委、市政府要帮助化解建校 5300 多万元的债务本息金；继续加大投入，支持学校硬件设施建设，建设室内体育场馆等；采取切实有效措施，解决教师引进问题。

2. 学校要采取多种措施，加强青年教师的培养力度，开展名师工程，提高教科研水平，发挥骨干教师的示范引领作用，全面提升教师队伍质量。

3. 学校独立建校和办学历史短，校园文化氛围还不够浓厚，特色尚在摸索和培育阶段，要加强思考和研究，注重积累，进一步凝练办学特色，走内涵发展和特色发展的道路。

评估专家组成员：汪开寿　许秀旗　刘　萍　陈朝阳　胡建生　庄有为　杨　鼎
撰　写　人：杨　鼎

××县小学 2012—2013 学年度办学效能评估报告

受××县教育局的邀请，省教育厅评估中心抽调刘士勋、周琼、陈小勤、伍军、陈德峰、杨幂、周红 7 人，组成小学评估专家组，于 2013 年 4 月 21 至 27 日，先后对该县县域内 11 所小学 2012 至 2013 学年度办学效能进行了现场评估。在该县教育局领导的大力支持和各学校的积极配合下，专家组通过查阅材料、实地查看、随机听课、个别访谈和问卷调查等方式，对 11 所小学的办学方向、学校管理、设施装备、办学质量、特色创新等方面进行了全面细致的评估。专家组坚持公平公正的原则，对照评估指标体系，严格评分标准，做到给分有理、扣分有据，对每所学校进行了定量分析和定性评价，在此基础上形成了总体意见，现反馈如下：

一、总体情况

1. 该县高度重视教育工作，大力推进义务教育学校均衡发展

县委、县政府出台了《关于进一步加强教育工作的决定》，县教育局制定了《××县“十二五”教师培训规划》《××县县域内教师交流试行办法》等，采取有效措施，不断推进义务教育均衡发展。大力实施薄弱学校迁址新建工程，先后迁址新建了城关四小、城关一小；投资为农村小学建设塑胶运动场；实施标准化建设工程，对农村薄弱学校的实验室、电脑教室、图书室、音体美教室、班班通等进行装备，标准化率达到 90％以上。组织开展校长和骨干教师封闭式培训班，分期分批组织教师外出学习培训，邀请教育名家举办报告会；建立县域内教师交流机制，鼓励城区优秀校长、教师交流到偏远薄弱学校；探索“以城带乡”教育管理机制，将马坝小学交由城关实验小学托管，并逐步扩大联盟范围。目前，该县城乡小学办学硬件条件基本均衡，师资、教学、管理上的差距逐步缩小，整体办学水平明显提升。

2. 学校坚持正确的办学方向，全面推进素质教育

所到学校都能根据学校实际，按照国家要求，提出鲜明的办学理念，并在县教育局的指导下，认真制定、不断完善 3 年发展规划，办学方向明确，办学目标清晰，保障措施完善。各校坚持以人为本，既面向全体学生，又关注留守儿童、单亲儿童等弱势群体，帮扶学困生、品德有缺陷的学生，让他们享受到同在蓝天下的温暖，没有发现辍学现象，巩固率均为 100％。各校均制订了素质教育实施方案，深入开展爱国主义教育和主题教育活动，大力推进经典诵读活动。开展艺术体育活动，丰富课外活动内容，小学开设兴趣班的学校已达 100％。大力开展阳光体育运动和大课间活动，各校“大课间”活动丰富多彩，学生

踊跃参与，曾受到教育部领导的肯定。各校均能认真贯彻落实党的教育方针，强化养成教育，培养学生全面发展，素质教育工作有序推进，形成了你追我赶的教育发展态势。

3. 学校注重校园文化建设，积极培育办学特色

各校均能认识到特色办学的重要性，注重培育学校特色，构建特色文化，丰富学校内涵，提升学校品位。如四小、峨山小学的写字教育，实验小学、平铺中心小学的中华传统文化经典诵读，横山小学的科技教育等，校校有特色、人人有特长，尽管程度上参差不齐，有的已经十分成熟，有的还在培育阶段，但学校特色发展的意识十分强烈。实验小学被教育部授予“第一批全国中小学中华优秀文化艺术传承学校”，新林初中、峨山中心小学、实验小学、城关四小、孙村中心小学等5所学校被评为“生活化德育特色”等县级首批特色学校。

4、学校高度重视学生安全工作

各校都把学生的安全作为头等大事来抓，主要领导亲自抓，分管领导具体抓，层层签订责任状，从各个环节予以强化。完善安保制度，明确各自职责；加大经费投入，配齐安保器械；聘请法制副校长，举办法制讲座；开展逃生演练，培养应急处置能力；组织教师护送学生，确保学生交通安全等等，人防、技防、物防齐头并进，确保了学生的安全。

通过对11所小学的评估，专家组认为，该县的小学教育，在县教育局的精心指导和科学管理下，无论是办学条件、教育管理，还是办学品位、教育教学质量等，都有了长足的发展，整体水平明显提升，在全省处于上游水平。同时，专家组认为，该县的小学教育还有提升的空间：如在实施素质教育、执行课程计划方面，还有表里不一、重主科轻副科现象；在办学特色的定位上，有的贪多求全，有的随便开展一些活动，即认为是特色；在校本课程的开发上，有的尚处于材料积累时期，还需时日打磨，有的把教师的教案作为校本教材，真正称得上校本教材的廖廖无几；在教学理念和教学方法上，有的老师还跟不上时代的步伐；在学校管理上，有的还需要进一步规范，如固定资产的核减、公用经费的使用等。

二、专家组建议

（一）建议教育局加强政策引导和行政指导，促进学校师资队伍、管理水平和办学质量的均衡发展

1. 扩大教师交流。加大名校与薄弱学校校长、中层管理人员、教师交流。通过城乡结对、培训、支教等多种措施，尽快提升农村教师素质，加强教科研和课堂教学的指导，提升农村学校教育质量，进一步缩小城乡差距。

2. 规范经费管理。对全县义务教育阶段学校经费管理和使用情况开展互审，进一步摸清存在的问题，针对存在问题，制订改进方案，并认真落实。由教育局牵头，加强与财政局的沟通联系，及时核减固定资产，做到账实相符、账账相符。

3. 深化课程改革。推进小学多样化和育人模式多样化，督促学校开齐开足国家课程的同时，鼓励学校开设丰富多彩的校本课程，满足不同潜质学生的发展需要。关注学生学习过程，优化课堂教学模式，改进评价方法，推进轻负高质，提升课堂教学品质。

（二）建议学校加强研究，在管理水平、队伍建设、办学特色等方面迈上新台阶

1. 规范经费使用。各校要认真学习有关政策文件要求，加强学校预算编制工作，严格执行年度预算批复，及时公布学校收支情况，充分发挥资金效益。建议按照财务审批制度，进一步规范经费支出审批程序；进一步规范使用公用经费，降低招待费和业务费；与财政局联系，及时核减固定资产，做到账实相符、账账相符。

2. 加强常规管理。学校要提高管理精细化程度。各校应根据需要及时修订各项管理制度。增强档案意识，及时收集、整理学校活动过程性资料，规范公文行文并归档，常规工作、开展活动和召开会议应有相关原始记录。要严格依法办学，不折不扣地执行课程标准，不能随意增减课程，不能随意调课，调课应履行手续。要进一步提高美术室、音乐室、图书馆和信息设备的利用率。

3. 提高教科研水平。健全教研组工作机制，采取奖励和鼓励措施，广泛开展校本研究，发挥骨干教师的示范和引领作用。加强教科研管理，指导教师按规范申报课题、开展研究并按时结题，提高科研成果的数量和质量。

4. 促进教师专业化成长。要继续采取请进来、送出去的方式，形成教师学习培训的长效机制，开阔教师视野，促进教师专业发展。更新学校教师教育理念，引导教师关注学生个性特长，注重学生差异，实施分层教学，提高教师能力和课堂效益。

5. 进一步培育办学特色。加强与名校之间的联系交流，邀请教育专家把脉和论证，认真分析学校优势，确立鲜明的办学理念，继续加大特色培育力度，形成真正的办学内涵和特色，促进学生的个性化成长。

评估专家组成员：刘士勋　周　琼　陈小勤　伍　军　陈德峰　杨　鼻　周　红

撰　　写　　人：杨　鼻

安徽省农村义务教育阶段学校教师特设岗位计划项目检查评估报告

根据《安徽省教育厅关于开展农村义务教育阶段学校教师特设岗位计划项目检查评估的通知》（皖教秘师〔2012〕70号）要求，安徽省教育厅委托安徽省教育评估中心开展农村义务教育阶段学校教师特设岗位计划项目（以下简称“特岗计划”）检查评估工作。现将检查评估情况报告如下：

一、基本情况

为认真做好本次检查评估工作，省教育厅下发了《关于开展农村义务教育阶段学校教师特设岗位计划项目检查评估的通知》（皖教秘师〔2012〕70号），明确了本次检查评估的范围为2009—2012年度实施安徽省“特岗计划”项目的21个县（区），并根据国家及我省落实“特岗计划”项目要求，制定了六个方面的检查评估要点。在省教育厅的统一安排下，2012年12月至2013年元月，各市教育局组织本辖区设岗县（区）进行了全面细致的自查自评。厅师资处和省教育评估中心在对各地上报自查自评报告审核的基础上，抽取宿松、长丰、阜南、利辛、灵璧和寿县6个县，组织专家于今年3月初进行实地检查评估。通过召开教师座谈会、问卷调查、实地走访特岗教师集中的学校等方式，深入了解“特岗计划”项目的实施情况。3月12至14日，在对阜阳、亳州市开展春季开学工作调研检查时，李明阳总督学也将“特岗计划”项目实施情况作为专门的调研内容，进行了深入调研，并看望慰问了利辛县张村中学特岗教师。

二、主要成绩

1. 各地高度重视，强化组织领导。各设岗县（区）党委、政府都高度重视“特岗计划”项目工作，专门成立由分管领导任组长，人社局、教育局、监察局、财政局、编办等有关部门参加的“特岗计划”工作领导小组，各部门明确分工，相互配合协作，确保“特岗计划”项目顺利实施。如岳西县县政府成立以县长为组长，分管人事和教育的副县长为副组长，教育、财政、人社、编制部门主要负责人为成员的“特岗计划”工作领导组，在县教育局设办公室，统筹“特岗计划”各项工作。

2. 坚持招聘原则，工作程序规范。各设岗县（区）能够按照省有关文件要求，结合本县实际情况，研究制订特岗教师招聘工作实施方案。在实施过程中，坚持“公平、公正、竞争、择优”和“统一政策、规范程序、有效监督”的原则，严把面试关、体检关，实行“阳光招聘”，及时公开招聘信息，实现特岗教师招聘工作零信访，得到社会各界好评。如临泉县将特岗招聘政策及各环节信息在临泉教育网及时发布，向每一位考生下发特岗三十问等相关资料，确保招聘工作公开、公平、公正。

3. 合理分配岗位，恰当安排工作。各设岗县（区）按照高分优先择岗的要求，结合本地实际，采取切实可行的措施，实施“高分优先、现场选岗、合理照顾”的分配方法，将特岗教师合理安排在农村义务教育阶段学校岗位，特岗教师普遍感到满意。如金寨、砀山县采取知分填岗位志愿，依据分数优先的原则定岗。灵璧县采取按报考学科安排，做到所考所用。寿县在特岗教师培训期间，公布岗位设置，宣传择岗办法，召开公开择岗大会，设岗学校现场接待，特岗教师“优绩优选，自主择岗”。

4. 执行招聘政策，待遇落实到位。各设岗县（区）特岗教师工资均按公办学校同等条件在编教师工资标准执行，与公办教师同样享受医疗保险、失业保险、住房公积金和艰苦津贴等待遇。在职评优评先、进修培训、考核等，与当地公办教师享受一样政策。并严格执行国家贫困县待遇标准，新聘特岗教师直接执行定级工资待遇，一年后转正定级薪级工资高定两档。较早实施“特岗计划”项目的宿松、阜南、利辛、霍邱、金寨等地，还认真做好首批服务期满特岗教师的转岗安置工作，将一批考核合格且愿意留下的特岗教师及时入编。泾县还在县城学校紧缺学科教师公开招聘时，从 25 个招聘岗位中拿出 3 个岗位定向招聘服务期满考核合格的特岗教师。

5. 加大资金投入，做到专款专用。各设岗县（区）将中央财政拨付的专项资金全部用于特岗教师的工资待遇，做到专款专用。各县在财政困难的情况下，积极筹措配套资金，用于项目前期启动费、体检费、面试费以及落实特岗教师相关福利待遇。例如：利辛县为每位本科和专科学历的特岗教师每年分别拨付 10360 和 9436 元，霍邱、无为、颍上等县财政每年拨付 300 万～500 万元不等的配套资金。有些县（区）还安排了特岗教师的“安家费”，努力为特岗教师创造良好的学习和生活条件。例如：阜南县教育局从办公经费中挤出 178 万元，用于发放特岗教师“安家费”。阜阳市颍东区为特岗教师统一购买住宿用品、炊具及自行车、电瓶车等交通工具。

6. 坚持以人为本，加强服务管理。各设岗县（区）教育（体育）局和设岗学校，坚持服务与管理相结合、使用与培养相结合，注重日常管理，加强师德师风养成、强化业务指导和培训，鼓励特岗教师爱岗敬业，教书育人，锻炼成才。例如：岳西县教育局出台特岗教师管理办法，关注特岗教师专业发展。萧县设岗学校成立“结对探究小组”，金寨、宿松县建立“青蓝工程”，开展名师、骨干“结对帮扶”，帮助特岗教师提高教育教学水平和教学技能。各设岗县（区）还注重对特岗教师的宣传，展示他们在农村教育大舞台上的时代风采。例如：颍上县在县教育信息网首页开设“特岗教师专栏”，及时发现报道特岗教师先进事迹。六安市金安区通过市电视台对优秀特岗教师进行宣传报道，金寨县教育局每年开展一次优秀特岗教师评选活动，并在皖西日报和新华网上进行专版宣传。

三、问题与建议

从检查评估来看，“特岗计划”项目是促进设岗县（区）师资队伍建设的有效途径，对解决师资总量不足以及年龄与专业结构不合理问题、提高教师队伍整体素质和教育质量、促进义务教育均衡发展起着积极而重要的作用。但在项目实施过程中，也存在一些问题，亟须加以解决。

1. 特岗教师的专业培训亟须加强。通过“特岗计划”设岗县（区）自评报告及实地调研走访，了解到特岗教师迫切需要提高专业水平和业务能力，渴望接受有针对性的专业培训。建议构建省、市、县特岗教师专业技能培训体系，分年度实施学段、学科师资技能培训。特别是要因地制宜开展校本培训，通过组织开展结对帮带等活动，更新特岗教师教育理念，引领专业发展。

2. 进一步加强特岗教师管理、落实相关待遇。在调研中发现，部分县（区）特岗教师专业技术职称只评未聘；有些设岗校特岗教师住宿条件较差，生活不方便；个别县特岗教师2012年前的社会保障待遇未能落实；部分县（区）特岗教师使用不够合理，所教非所学，学科跨度大，造成教学难以胜任。建议县（区）教育部门加强和相关部门的沟通协调，尽快落实特岗教师职务聘任、社会保障等待遇。同时，要调配教育资源，尽可能解决特岗教师专业不对口问题，调动他们工作的积极性和创造性。在以后的招聘工作中，加强计划性，定岗招人，合理使用。

3. 特岗教师到岗留任情况应引起关注。“特岗计划”设岗县（区）均为国家级贫困县区，生活条件艰苦，工资待遇低，加之外地考生和女性较多等因素，特岗教师到岗率受到影响，流失情况也值得关注。建议提高艰苦地区津补贴标准，实行村小和镇所在地教师差别化待遇；由省级财政出资，推进特岗教师周转房建设，增加3年服务期满后后续资金资助；结合农村义务教育阶段学校标准化建设工作，配齐配足农村偏远学校的教学设备，为特岗教师坚守乡村教育创造良好条件。同时，要出台特岗教师管理办法，建立健全特岗教师退出机制，对特岗教师申请离岗及违约处罚等事项作出明确规定，使特岗教师的“进”和“出”都有章可循。

评估专家组成员：汪开寿　林禄明　姚士鼎　杨　慕
撰　　写　　人：林禄明　李品华

安徽××学院高等教育自学考试社会助学机构评估报告

院校/机构	安徽××学院继续教育学院		评估时间	2012.02.24
得　分	92			
一级指标	二级指标	评价意见	分值	赋分
组织管理	组织机构	1. 领导班子健全，设院长 1 名、副院长 2 名，均有 10 年以上管理经验 2. 建立了教务、学生管理等常设机构，配备辅导员、教学督导员、秘书等，管理人员具有一定的管理经验	5	4.5
	登记注册	1. 具有高等非学历教育资质，严格执行登记注册及备案制度，登记、备案手续完备，每年均在省自考办公布的自考助学机构名单中 2. 主动接受上级检查、指导 3. 及时上报年审、评估有关材料	5	5
	安全稳定	1. 学校对安全工作实行一票否决制，开学初学校领导与所有二级单位签订安全责任书，主持学校工作的校长为第一责任人，学校保卫部门制定了《突发事件应急处理预案》 2. 学校强化校园及周边治安综合管理，加强与当地综合治理部门联系，积极消除安全隐患，有效预防影响安全稳定的事件发生。每天晚上安排一名教师在学生宿舍值班，便于夜间学生突发事件的及时处理	5	5
	财务管理	1. 财务制度健全，管理规范 2. 严格按照物价部门备案标准收取学费，主要用于硬件的投入、管理人员的工资、教师课时费和其他方面的开支。收费项目公示，但 1200 元住宿费未见物价部门批复或备案材料 3. 收费行为规范，开具正式发票	5	4

（续表）

一级指标	二级指标	评价意见	分值	赋分
办学条件	场地设施	1. 有产权明确、与办学规模相适应的办学场所。继续教育学院现有各类在籍学生 3500 余人，其中自考助学近 1000 人。新华学院占地 1500 亩，建筑面积 60 余万平方米，统招生与自考生教育共享图书馆、体育场等资源；继续教育学院有两栋教学楼，其中多媒体教室 11 间、机房 4 间、教室 60 余间 2. 按照自考专业需要配备多媒体设备、计算机、实验器材等，教学设备设施能满足教学需要 3. 后勤保障设施健全，符合消防、卫生要求。学校建有学生餐厅；住宿为标准 6 人间或 4 人间，设有独立卫生间，每间宿舍均有独立的网络接口	5	5
	师资队伍	1. 具有与教学规模相适应的专兼职教师队伍，现有专职教师 60 余人 2. 授课教师 50％以上为中级及以上职称，所开设的所有自考助学专业均为新华学院本专科已有专业，助学教师可以从相应二级院系（部）聘请，以保证有充足的助学教师 3. 提供的资料不全，无法确切统计专职教师比例	15	14
办学行为	招生工作	1. 招生简章中明确证书性质、主考学校名称以及取得证书的途径、助学单位性质等。招生的类型介绍清晰，让考生自主选择。存在问题，如：2010 收报名费 120 元，2011 年收 100 元；专科毕业率是 100％等 2. 有招生工作计划，按地区安排专人负责招生工作，在整个招生人数逐年递减的情况下，每年的招生人数都在 500 人以上 3. 未发现违规招生现象	15	12
	教学管理	1. 有针对性地对助学专业、考试课程，制订相应的教学计划，将开课基本情况及对授课教师要求印发给教师，要求教师要吃透自考教材、考试大纲 2. 要求学生按时完成作业，定期组织学段模拟考试，重视自考生的档案建设，制作学籍卡记录学生的学籍及考试情况。缺乏教学笔记、学生笔记、学生作业等过程性资料 3. 按计划授课，加强实践环节的训练。考勤档案和教师笔记等教学管理资料不全 4. 教材征订规范。由学院资产采购中心通过省自考办统一采购正版教材，按时发放教材	15	13.5

（续表）

<table>
<tr><th>一级指标</th><th>二级指标</th><th>评价意见</th><th>分值</th><th>赋分</th></tr>
<tr><td rowspan="2">办学效益</td><td>社会效益</td><td>1. 考风考纪良好，通过率在50％以上，尚未发现作弊等现象
2. 无上访等群体性事件的发生，无社会投诉</td><td>15</td><td>15</td></tr>
<tr><td>满意度</td><td>经测评，满意度较高</td><td>15</td><td>14</td></tr>
<tr><td>亮点、特色与创新</td><td colspan="4">1. 领导重视。学校分管教学的副校长分管继续教育工作，及时解决影响自考助学工作的人员、经费等问题，为继续教育学院发展创造良好的环境和条件
2. 办学条件好。学校环境优美，具备有独立产权的办学场地，教育教学设施齐备，自学考试助学有专门的教学楼，机房、多媒体教室满足自考学生学习需要。学校建有餐厅和宿舍楼，专门为自考学生安排了配备空调和网线的宿舍，食宿条件较好
3. 教材订购规范。由学院资产采购中心统一采购正版教材，开学按时发放给学生
4. 重视学生的思想品德教育、心理健康教育和学风考风教育。采取辅导员跟班的方式，对学生的出勤、学习、作业以及日常练习情况进行监督，经常与学生沟通交流，及时解决学生在学习上存在的问题，每学期以书面的方式告知学生家长学生在校期间的学习表现情况
5. 对自考学生和统招学生一视同仁。建立奖学金制度，对品学兼优的自考学生进行奖励，并通过网站、宣传展板等形式进行宣传。在自考学生中发展党员，组织申请入党的同学参加党校培训班学习，经过系统的党课培训和严格考核后，由安徽××学院党委党校颁发结业证书。每学期均有计划开展丰富多彩的校园文化活动，活跃学生的课余生活
6. 自考通过率较高，社会声誉良好。多年来，未发现学生出现替考、夹带等考试违纪现象，学生平均通过率达50％以上。2011年获得安徽省纪念“高等教育自学考试制度建立30周年”先进集体荣誉称号</td></tr>
<tr><td>评估组意见与建议</td><td colspan="4">为促进该学院继续教育学院提高自考助学水平和质量，推进优秀示范性自考助学机构建设，专家组提出以下建议：
1. 加强工科助学专业技能训练。部分学生在访谈中提到工科类专业技能训练不足，与专业要求和社会需求存在一定的差距。学院应加强与用人单位的合作，加强校外、校内实训基地建设，针对不同专业开设一定的训练课程，提高学生的技能操作水平，增强学生的就业能力。
2. 进一步规范招生宣传和管理。学院应对招生宣传材料进行严格的审核，确保宣传内容真实、客观，符合相关规定，不在宣传材料中使用诸如“收取考试报名费”“专科毕业率100％”等文字
3. 进一步规范教学管理。学院应重视对教学过程的研究和管理，根据教材大纲和考试计划，按规定足额授课。加强对教师教学笔记、学生听课笔记、学生作业及批改情况、教师考勤等过程性材料的收集、整理、归档工作</td></tr>
</table>

评估专家组成员： 汪开寿　孙佩石　荣学宁　杨　奡　周　红

撰　　写　　人： 杨　奡

六安市××区国家示范性县级教师培训机构评估报告

<table>
<tr><td>学　校</td><td colspan="2">安徽省六安市××区教师进修学校</td><td>评估时间</td><td>2012年8月21—23日</td></tr>
<tr><td>评估机构</td><td colspan="2">安徽省教育评估中心</td><td>总分数</td><td>92.53</td></tr>
<tr><td>一级指标</td><td>二级指标</td><td colspan="3">现场评估情况</td></tr>
<tr><td rowspan="3">组织领导</td><td>组织保障</td><td colspan="3">重视程度：查看区“十二五”规划、政府工作报告、政府常务会议纪要、教育局有关文件、区教育督导文件、工作报告、总结，区政府、教育局高度重视教师培训机构专业化建设与发展，将其纳入当地教育发展规划和督导检查
经费投入：查看区财政局、教育局、学校台账，中小学教师培训经费列入政府预算，安排教师培训经费不低于本地教职工工资总额的1.5%，不低于年度公用经费预算总额的5%。2008年共拨付培训经费428万元；2009年共拨付培训经费468万元；2010年共拨付培训经费538万元；2011年共拨付培训经费699万元；2012年预计共拨付培训经费688万元，其中360万元预计10月份拨付到位</td></tr>
<tr><td>机构管理</td><td colspan="3">机构性质：查看学校法人证书、编制文件、近3个月工资表，该区教师进修学校是区人民政府领导、教育行政部门主管，具有独立法人资格的办学实体。负责区教师培训和教学研究的策划设计、组织实施、服务指导、管理评价
资源整合：成立了区教师学习与资源中心，基本整合区级教师培训机构、教研、电教仪器等相关机构的职能和资源，形成上联高校、下联中小学的区域性教师学习与资源中心</td></tr>
<tr><td>领导班子</td><td colspan="3">选拔机制：领导班子实行任期（3年）目标责任制
成员结构：领导班子成员平均年龄49岁，全部具有大学本科学历和高级职称（高级讲师、中学高级教师）
素质能力：查看领导班子成员调研资料、工作报告、工作总结、论文论著、学习笔记、培训证书等资料，与班子成员面谈，领导班子成员能了解本地区基础教育和培训需求，熟悉教师培训与教研，有培训专业化的理念，有较高的政策水平和专业能力，管理经验较丰富，具有改革创新精神
团队合作：区委组织部、教育局对领导班子考核和民主测评，领导班子作风正派、分工明确、团结协作，近3年考核综合满意率达90%以上，2009年91%，2010年93%，2011年95.3%。评估组现场对领导班子满意度调查为100%</td></tr>
</table>

（续表）

一级指标	二级指标	现场评估情况
组织领导	经费保障	办学经费：查看区财政局、教育局、学校台账，建立以地方财政拨款为主的经费保障机制，办学经费基本能够保证。2008 年共拨付经常性经费 114 万元、基建经费 355 万元、专项经费 60 万元；2009 年共拨付经常性经费 122 万元、基建经费 326 万元、专项经费 140 万元；2010 年共拨付经常性经费 139 万元、基建经费 129 万元、专项经费 99 万元；2011 年共拨付经常性经费 136 万元、基建经费 143 万元、专项经费 99 万元；2012 年截至 8 月份拨付经常性经费 103 万元、基建经费 100 万元、专项经费 85 万元 经费管理：查看近 3 年审计报告、学校财务制度、近 3 年经费预算和执行情况，学校经费预决算制度和审计监管制度健全，2009—2011 年度账面反映的财务收支基本真实、合法、有效
基础设施	校舍条件	校园建设：有独立校园校舍，规划合理、功能明确，校园环境文明整洁 建筑面积：占地面积 22.5 亩，建筑面积达 7501 平方米 培训容量：教学条件能同时承担 500 人专项集中培训，食舍能同时承担 120 人 专业教室：50 座计算机网络教室 3 个、多媒体教室 4 个、140 平方米多功能学术报告厅 1 个、心理健康辅导室并配有专业的心理测试软件、64 座的图书资料室 1 个
	培训条件	设备设施：计算机 170 台；视频投影教室 5 个、教学录播系统（双向视频可在录播教室基础上实现） 网络环境：电信网专线接入带宽 50M，配备局域网服务器 1 台，能为本地中小学教师提供网络研修和校本研修有效的支持和服务 远程支持：建有××教师研修网、远程教育平台、资源平台、培训论坛，能有效开展远程学习和校本研修 图书音像：报刊 95 种，纸质图书资料 3 万册，其中基础教育类的报刊和图书资料占总数的 85%以上。教育教学和教师用音像资料总量 1800 小时 数字资源：建有教师学习资源平台和资源库，电子书 10 万册，能通过网络覆盖全区域 使用更新：近 5 年图书音像资料和数字资源补充更新率为 10% 设施管理：网络专职管理 3 人（大专以上计算机专业 2 人）、制度健全，符合安全、消防、卫生等方面的要求 实践基地：附属学校 1 所、实验学校 4 所，作为开展教学研究、教师培训的实践基地，正式聘有一批高水平的实践指导教师，协助开展教师培训

(续表)

一级指标	二级指标	现场评估情况
教师队伍	专任教师	查看编制本、教职工基本信息表，学历、职称及荣誉证书等材料 教师数量：区中小学教师总数6300人，机构现有专任教师30人，基本达到专任教师数一般不低于本地区中小学专任教师总数的5‰，90%具有3年以上中小学教育教学经历，学科配备比较齐全，覆盖中小学11个学科 结构比例：教职工总数36人，30名专任教师，占机构在职教职工总数83.3% 教师管理：专任教师管理纳入中小学教师管理系列，培训机构专任骨干教师主要来源中小学优秀骨干教师，实现了与中小学教师合理的双向流动 培训提高：骨干专任教师均能够按要求参加国家以及省、市组织的培训者培训："国培计划"项目、年度专题培训和校本指导者培训等，每年累计培训时间72学时以上，但专任教师全员培训需进一步加强 学历状况：50周岁以下专任教师（27人）100%达到大学本科（或相当于本科）及以上学历，具有研究生学历（包括研究生进修和在读）4人，占教师数13.3% 职称比例：86.7%专任教师具有中、高级职称，其中中级职称13人、高级职称13人，高级职称占教师总数43% 名师比例：特级教师1名。市级学科带头人1名，市级骨干教师1名，区级骨干教师2人，国家二级心理咨询师1人
	兼职教师	查看兼职教师情况统计表及管理制度、教学计划、工作任务书、讲义、活动记录以及学员培训满意度反馈表等资料 结构比例：兼职教师队伍比较合理，聘请安徽师范大学、合肥师范学院、皖西学院等高校知名教授，省教科所、市及区教研室教研员，教育行政管理者，公安等其他系统上的知名专家、中小学优秀教师任兼职教师；累计兼职教师（2008年48人、2009年46人、2010年48人、2011年47人、2012年92人）与专任教师的比例不低于1.5∶1 教师管理：制定了《外聘兼职教师管理办法》和《兼职教师（校本指导教师）工作职责》，组建区骨干教师讲师团，通过折抵继续教育学时、合理的酬劳鼓励吸引一线优秀教师担任兼职教师，有效促进区域性校本研修活动。兼职教师管理比较规范，实行动态管理 工作内容：拟聘请的兼职教师下达工作任务书和协议书，明确兼职教师工作任务，部分一线优秀兼职教师深入课堂一学期达60课时 目标绩效：学员满意度调查统计分析，学员对兼职教师工作成效满意率基本都在80%以上。2012年机构承办的六安市高中骨干班主任培训班和骨干教师培训及校本培训指导者培训班学员满意度调查，外聘教师满意率83%以上

（续表）

一级指标	二级指标	现场评估情况
教师队伍	能力建设	查看2008年以来该机构各项培训计划、实施方案，教师教案讲义，教科研成果及证书，培训项目组织实施过程材料：需求调研、问题梳理、分析报告，培训实施、考核方案以及校本指导及研修过程性材料，结合针对教师培训策划能力的现场书面测试和说课 策划设计：能根据本地教育改革发展需求与教师需求，策划培训方案，研发课程资源，设计培训活动。该机构成立了全员培训项目组、教育管理干部培训项目组、学历培训项目组、骨干教师培训项目组，针对不同项目由项目组整体策划项目实施方案，并常态化代市、区教育局拟制教师培训方案和实施计划 组织管理：通过项目组管理形式，能规范有效地组织实施各项培训活动，与学校教师进行有效的沟通和交流 研究指导能力：该机构教师有较强的教科研能力，两项省级课题（“主体性教师培训模式的构建和应用策略研究”立项号JG09297，“农村教师生存状态调查研究”鉴定号教规鉴2011—151）已结题；三项市级课题，并将研究应用于实践。掌握现代教育理论和技术方法，该机构有6名教师是国培和省培远程辅导教师，能够常态化深入课堂进行现场教学诊断，具体指导校本研修，自主开发教师研修平台，试点网络研修 评估服务能力：教师具有一定评估服务能力，能对课堂教与学的质量与效果进行观察与分析评价，训前组织需求调研，梳理问题单形成分析报告，培训中能对过程采取定性和定量考核，培训后能通过对培训绩效进行满意度调查、座谈研讨、及时进行培训总结、任课教师反思等手段，为教师专业发展提供有效的专业支持和服务
专业效能	培训管理	发展规划：制定了进修学校5年发展规划（2010—2015）和培训者队伍建设中长期发展规划，指导中小幼教师制订专业发展计划，有“我的发展规划”“我的成长问卷”样本，有指导讲稿。实证材料和专业发展计划样例，比较符合本地区教师实际 培训规划：有××区2008—2012年中小学教师继续教育全员培训实施方案，中小学、幼儿园教师校本培训实施方案，“十二五”全员培训实施意见，班主任培训、教育技术能力建设实施方案，干训“十二五”规划等规划文件。各项规划符合上级政策规定，切合本地实际；按规划全面组织实施教师培训，开展了校本研修的指导，有相关实证材料 培训绩效：所开展培训项目，开展了需求调研，有各项目的调研报告、调查问卷，如第三轮启动和开展情况调研，备好课、上好课、评好课、有效评价（命好题）培训需求调研，紧缺学科培训需求调研，心理健康教育培训调研，班主任培训、中学中层干部培训调研。设计了各项培训方案，确定了培训内容，采用了多种方式手段，有集中培训、远程培训、送教下乡和校本培训。在中层干部培训、新任教师培训中试用了菜单式培训与自主选课的方式

（续表）

一级指标	二级指标	现场评估情况
专业效能	培训管理	质量监控：制定了质量监控实施办法，成立了培训质量监控小组，印发了校本培训评价量表和进一步加大校本培训工作指导力度的通知文件。开展了培训学员满意度调查、集中培训授课教师教学情况调查。举行了备好课、上好课学习考核，有效评价（命好题）专题参与式训练。有各年度培训工作总结 评估制度：建立了各项评估制度，有制度材料。有校本评价量表，有训前调研、培训方案、培训安排，有训中管理考勤，有训后考核总结 管理规范化：建立了各项培训管理制度，有比较翔实的过程管理记录，有服务保障，有各类培训考核登记，有不及格者补学的有关材料，有各类培训总结材料 管理信息化：教师培训基本实现了信息化管理，有电子档案和学习信息查询。培训信息登记及时，各项培训档案齐全
	功能发挥	全员培训：制订了5年一周期的全员培训总体方案和年度方案，有计划有总结，各项培训活动有序开展；实施了新任教师岗前培训、在职教师岗位培训、骨干教师培训。有近5年内参与组织省级或国家级骨干教师培训项目的方案、计划、花名册、结业成绩册、总结等相关材料，参训率98%以上，合格率除2010年国培初中骨干远程低于95%外，其他均超过95% 专项培训：有效组织开展了班主任、课程改革、师德修养、心理健康、安全教育、教育技术、紧缺学科等各种专项培训，有通知、有方案、有过程记录、有总结 管理者培训：制订了本地区中小学教育干部培训方案，开展了校长、幼儿园园长以及中层干部的培训，有相关实证材料 学历提升：配合地方教育行政部门做好本地区教师学历提升规划，有效组织和指导教师参加学历提升教育。与六安电大、皖西学院合作开展学历提升教育，有相关实证材料。有区教育局的中小学教师学历统计表 课题研究：查阅了近5年内该校参与地市级课题研究情况，由该校教师主持的课题包括省级课题两项、市级课题3项。以上课题申请书、立项批文、开题报告、阶段性报告、结题报告、相关证书等实证材料齐全。其中省级课题“农村教师生存状态调查”已经结题，获得安徽省教育科研成果三等奖。课题研究工作开展符合评估要求 研究成果：1. 查阅2007—2012这5年中该校组织本区域教师专业发展科研成果交流活动文件通知、安排、讲稿、记录、图片、总结等材料，共计13次，达到每学期至少组织1次要求，查阅组织交流活动文件通知、安排、讲稿、记录、图片、总结等材料基本齐全。但个别学期过程性材料不够丰富、翔实 2. 查阅了教师近5年内公开发表的科研成果实证材料，有论文汇编，市级以上交流论文等共计60篇，达到专任教师人均2项；其中教育教学研究或培训研究成果43篇，不少于50% 3. 先后组织过省市级“教坛新星”“教学能手”评选、新课程优秀课例培训活动，与裕安区教研室组织和指导本地区教师基本功大赛，召开课题交流汇报会等形式，有效组织本区教师开展教研活动。积极开展教育教研活动，材料基本符合评估要求。关于“组织”“指导”等作用发挥的实证材料还有待于完善

（续表）

<table>
<tr><th>一级指标</th><th>二级指标</th><th>现场评估情况</th></tr>
<tr><td>专业效能</td><td>功能发挥</td><td>专业指导：查阅了近5年培训机构主管领导和专职教师的下校记录，主管领导王世明（2011调入）、赵安庆每年听课不少于50节；专职教师每学年下校听课、蹲点指导、送教上门基本达到80节（抽查在职教师一年的样本）
查阅了专业指导有关文件，如《关于进一步加强校本培训指导力度的通知》《关于调整××区教师进修学校校本培训指导团队的通知》以及有关管理规定，该校还通过组织观摩研讨、组织送教、结集编撰文本等方式，推广教育教学成果，通过进修学校网站专题展示推广本地区优秀教师先进教育教学经验，能够较好发挥专业指导作用
校本研修：查阅了该校指导中小学制订校本研修计划，组织开展校本研修的相关实证材料，全区校本培训（研修计划）、指导教师校本培训记录，该校基本做到校本研修有计划、有资源、有检查、有指导、有记录等。其中区各学校近5年校本研修实证材料基本齐全。该校能较好完成每学期至少组织一次区域性的校本研修工作会
政策咨询：开展了工作调研，为政府提供教师队伍建设和教育教学改革等方面的政策咨询建议。近5年来，为本区教育行政部门代拟了有关教师培训方面的政策文件、教师成长记录册、调研报告，被采纳和采用的成果和建议等不少于10项
专业咨询：为本区有关学校制定中心小学教师队伍建设规划提供专业咨询和指导，在区内教研活动中提供咨询和指导，在区内有关学校校园环境和校园文化建设中提出咨询建议。有相关实证材料
社会服务：为本区社会工作提供场所和设备设施；开办团干培训班、党员中级知识分子培训班、新任科级干部培训班、青年干部军政训练班；书画家协会在校开展活动6次；为社会活动提供师资，一位教师是党务活动宣讲团成员，一位教师获文化策划献策一等奖
表彰奖励：该校2010年被评为“六安市中小学教师继续教育优秀培训基地”，2011年被授予“安徽省国培计划优秀组织奖”，获市、区“文明窗口”“平安单位”“师德建设先进单位”“先进党支部”等荣誉称号</td></tr>
<tr><td rowspan="2">特色影响</td><td>服务对象评价
同行评价
社会评价</td><td>专家组现场实施满意度调查，工作成效得到所在区域教育行政部门、中小学校长和教师高度评价，满意率均在100%
河南濮阳市，本省宿州市、阜阳市、含山县、无为县、长丰县、霍邱县等16所教师培训机构同行曾来该区教师进修学校交流考察，并对该校工作充分认可
查看报纸杂志上公开发表的文章和电台录音、电视台录像、网络报道等材料，《大别山晨刊》《皖西日报》《今日裕安》等报道了该校建设和教师培训情况</td></tr>
<tr><td>特色创新</td><td>1. 该校实施管理创新，根据专职教师特点、特长，组成了数个项目组，进行培训模式创新，采取了自主选课、个性化菜单式培训的实验，取得较好的效果
2. 在组织形式上，采取小班化教学；在教学形式上采取参与分享式、教学诊断式、案例评析式教学方式，产生较好效应。特色明显，材料齐全</td></tr>
</table>

（续表）

一级指标	二级指标	现场评估情况
存在问题	1. 录播室未实现双向视频功能 2. “研究成果”方面的过程性材料不够具体	
专家组意见与建议	该区人民政府高度重视中小学继续教育工作，出台政策支持区教师进修学校发展；中小学教师培训经费列入政府预算，按照不低于本地教职工工资总额的1.5%、不低于年度公用经费预算总额的5%足额拨付教师培训经费，并拨付政策性经费、基建经费和专项经费。该教师进修学校是区人民政府领导、教育行政部门主管，具有独立法人资格的办学实体，负责区教师培训和教学研究的策划设计、组织实施、服务指导和管理评价。学校环境优美、基础条件优越，建有多媒体教室、录播室、微机室、阅览室、语音室等功能教室和学员宿舍、餐厅，设施设备齐全，图书资料丰富，能够满足当地教师培训需要；学校建立了一支结构合理、学科覆盖面广的高质量的专兼职教师队伍；学校办学思路清晰、定位准确，基本整合区级教师培训机构，教研、电教仪器等相关机构的职能和资源，形成上联高校、下联中小学的区域性教师学习与资源中心；学校实施精细化管理，推广小班教学，探索培训项目管理制度，培训工作扎实有效，发展势头良好，得到社会广泛赞誉。可以说该校是一所有地位、有目标、有成绩、有创新、有前途的县（区）级教师培训机构 为促进该校进一步提升办学水平和质量，专家组建议： 1. 区人民政府，市、区教育行政部门要继续重视区教师进修学校建设，建立常态机制，继续在政策上、经费上给予教师进修学校大力支持，保障教师进修学校可持续发展 2. 该区教师进修学校要进一步加强教师和教师培训的专业化，树立专业化发展的理念和目标，提升本校教师的专业素养，在培训项目化管理方面更加精细化，在项目的绩效评价方面作更多有益的探索 3. 该区教师进修学校要进一步加强评估材料建设，注重收集和整理过程性材料，提高材料的精准度	

评估专家组成员：汪开寿　杨　萍　张淮江　朱益群　邱广东　李家胜　杨　鼻

撰　写　人：杨　鼻

2011年××学院"国培计划"项目绩效评估报告

<table>
<tr><td>院校/机构</td><td colspan="2">××学院</td><td>评估时间</td><td>2011年12月12日</td></tr>
<tr><td>评估项目</td><td colspan="2">"国培计划（2011）"——安徽省农村骨干教师培训项目绩效考评项目</td><td>培训班名称</td><td>安徽省农村骨干教师集中培训</td></tr>
<tr><td rowspan="3">业务考评</td><td>组织领导</td><td colspan="3">组织机构：
成立了校长吴先良为组长的"国培计划"领导小组，负责"国培计划"的实施和协调；成立了分管副校长吴昕春为组长的培训工作执行团队，分工负责；组建了以常务副校长杨世国为组长的远程培训项目领导小组，成立了远程教育中心，具体负责"工作站"的管理、协调和指导等工作。建立"一把手"负责制，由分管校领导负责、继续教育学院牵头、相关院系承办、职能部门配合的组织领导和培训实施运行机制，实行责任追究制度
制度建设：
制定《质量管理手册》，严格执行各项管理制度，明确管理机构及管理人员工作职责，明确学员管理与考核办法，实施质量全程控制</td></tr>
<tr><td>项目设计</td><td colspan="3">目标定位：
短期培训的目标定位为两个重点、一个提升、四项能力，即以"学科教学"和"教师培训"为重点，提升教师师德修养和专业素养，提高学科课堂有效教学实施能力，诊断与解决学科教学重难点问题能力，学科行动研究和专业发展能力、学科培训和指导青年教师能力。置换研修目标定位为四环节、四提升，即通过"问题诊断—专题研修—蹲点实践—反思延伸"四个环节，着力提升实施新课程的素质能力，提升解决教学重难点问题能力，提升优化能力，提升行动研究能力
方案研制：
开展培训需求调研活动，以学员需求为基本依据，充分论证、研制和修改培训方案；根据省专家组评审反馈意见，结合学员需求，精心设计、论证培训方案，及时报省项目办审查定稿。培训课程以实践性课程为主体，做到必修与选修结合，专业性课程、实践性课程与拓展性课程结合，聚焦问题，突出实践</td></tr>
<tr><td>实施过程</td><td colspan="3">师资团队：
培训团队确保高水平，省域外专家超过三分之一，中小学一线优秀教师超过40%。首席专家通过邮件、电话等方式指导方案研制、过程实施，发挥了较大作用。置换脱产研修项目实行"双导师"制，"影子教师"环节落实到人，要求明确</td></tr>
</table>

（续表）

业务考评	实施过程	培训内容： 目标设置符合项目要求，针对学员需求和组织需要定位，突出“有效课堂教学”，分层次设定目标，明确具体。师德为先，重视安全教师，注重问题解决。必修课程理论与实践结合，为学员提供学习资源，有一定拓展性 培训模式： 实行小班教学。构建“嵌入实践与行动研究相结合”的培训模式，创新短期集中培训“13天+2天”两段模式，落实行动研究和校本研修。采用专家主导性研讨、案例研讨、主题论坛、观摩研修、工作坊研修、户外拓展、微格教学、优质课大赛、作业评价等多种方式，实效性强 培训资源： 注重开发本土资源，实现优质资源共享，且目标明确、操作规范；校地合作共建联系密切，国培实践基地遴选认真，跟岗研修、带教导师工作落实较好 培训考核： 有效落实训前、训中、训后三段考评制，考核方式多样，注重过程性评价，能够解决突出问题，促进学员有效学习 过程监控： 通过座谈、访谈、课堂观察等形式全程跟踪培训教学和学习指导；能够根据培训实际和培训者建议合理安排教学；关注师范生顶岗实习工作，影子教师跟岗研修工作落实得好 培训保障： 能够充分利用校内资源满足培训需要，学员住宿条件良好
	实施成效	完成任务： 任务完成较好，分段教学2011年的培训任务正在完成 学员满意度： 学员对项目整体评价的满意度为100%，2～7项培训教学综合满意度达96.8% 总结表彰： 各项目均有总结，有的项目进行了表彰 媒体宣传： 注重媒体宣传 资料建设： 资料整理有序，学员在校期间过程性的管理资料不够充实
财务考评	经费预算执行	项目经费预算方案： 预算方案比较合理、规范，符合实际情况，项目预算细化程度高；能够分类别、分项目、分学科按科目与规定预算。调研与方案研制预算比例过高 项目经费支出情况： 项目经费与预算批复基本一致，经费支出与项目进度协调一致；严格执行经费管理办法，未向学员收取任何费用；经费支出结构基本合理，经费使用效益比较高 预算资金调整： 预算支出有少量调整，能够提供预算调整说明

（续表）

财务考评	财务管理	财务管理制度： 制定了培训项目资金管理实施细则，能够执行资金预决算；财务管理制度基本规范健全 财务管理具体措施： 能够贯彻执行资金管理和财务管理制度，但存在报账不及时问题，2010 年暂付款为 24 万、2011 年暂付款 68 万；财务审批报销等环节规范、有序，项目资金监管有待加强，缺少审计报告
	会计信息质量	会计核算： 建立专项资金台账，会计核算认真细致 项目财务资料： 项目财务资料真实、可信，会计资料基本完整；极少数大额支出缺少附件说明，2010 年 12 月 14 日的 405 号凭证支出 15 万住宿费无附件说明
亮点、特色与创新	1．“三段施训，嵌入实践与行动研究相结合”模式影响广泛 2．首创短训项目分阶段施训（13 天＋2 天） 3．实行学员档案袋评价办法 4．财务核算认真细致，辅助账记载详细 5．把“安全教育”纳入培训内容	
评估组意见与建议	学校认真贯彻落实国家和我省有关文件精神，领导高度重视，健全组织机构，成立“国培计划”项目领导小组，实行一把手负责制；坚持需求导向，聚焦培训目标，短期培训的目标定位为两个重点、一个提升、四项能力，置换研修目标定位为四环节、四提升；认真开展培训需求调研活动，以学员需求为基本依据，充分论证、研制和修改培训方案，同时，根据省专家组评审反馈意见，结合学员需求，精心设计、论证培训方案，并及时上报省项目办；制定《质量管理手册》，严格执行各项管理制度；培训团队水平高，“343”师资结构合理；实行小班教学，构建“嵌入实践与行动研究相结合”的培训模式；能够有效落实训前、训中、训后三段考核，考核方式多样，注重过程性评价；关注师范生顶岗实习工作，影子教师跟岗研修工作落实得好；注重开发本土资源，实现优质资源共享；能够根据培训实际和培训者建议合理安排教学；充分利用校内资源满足培训需要，学员住宿条件良好 学校项目开展的整体情况良好，但也存在一些不足，建议继续完善网络研修平台，充分发挥平台作用；进一步加强与地方师资部门的沟通联络，并落到实处，使其真正发挥培训指导者和监督员的作用；加强暂付款管理，及时报账，大额支出都要有附件说明	

评估专家组成员：汪开寿　汪文华　邹　林　张　英　周　红　严　萍

撰　　写　　人：严　萍

2011年淮北师范大学“国培计划”项目绩效评估报告

<table>
<tr><td>院校/机构</td><td colspan="2">淮北师范大学</td><td>评估时间</td><td>2011年12月14—15日</td></tr>
<tr><td>评估项目</td><td colspan="2">“国培计划（2011）”——安徽省农村骨干教师培训项目绩效考评项目</td><td>培训班名称</td><td>安徽省农村骨干教师培训班（短期集中培训、置换脱产）</td></tr>
<tr><td rowspan="3">业务考评</td><td>组织领导</td><td colspan="3">组织机构：
成立“国培计划”工作领导小组，校长任组长，分管教学和后勤工作的副校长任副组长；成立“国培计划”培训工作执行团队，分管副校长任负责人；办公室、教务处、财务处、后勤集团、文学院、外国语学院、教育学院和继续教育学院等各承担培训任务的校系部门负责人为成员。继续教育学院负责项目具体实施工作
制度建设：
制定了《国培计划培训项目管理制度》《国培计划培训项目首席专家绩效考核管理办法》《国培计划项目经费的管理办法》《学员管理办法》《培训考核管理办法》等8项规章制度</td></tr>
<tr><td>项目设计</td><td colspan="3">目标定位：
以“示范引领、雪中送炭、促进改革”为宗旨，结合学校的办学定位和办学优势，面向全省农村中小学骨干教师，定位准确、明确，以培养高素质专业化农村骨干教师队伍为培训目标，着力提升培训对象的师德水平和教育教学能力、教学研究能力、开展校本研修和教学指导能力，培训目标具有可操作性和可测性
方案研制：
学校组织了各学科专家组分别赴合肥、阜阳、安庆和亳州等地区一线中小学开展问卷等形式调查，紧密联系淮北市教育局教研室，多次召开有关管理人员和骨干教师座谈会，认真分析研究，制订了齐全规范的分学科培训方案，并根据培训对象的实际需要，不断修改完善培训内容，着力提高骨干教师培训的针对性和实效</td></tr>
<tr><td>实施过程</td><td colspan="3">师资团队：
培训教学团队水平较高，优先遴选学科领域内高水平专家，教师队伍省外专家和一线优秀教师（教研员）高于规定结构比例，建立首席专家制度，采取校外和校内双首席专家制，首席专家能够全方位参与培训方案策划、论证、过程指导、活动策划等工作，深受学员好评；切实落实双导师制，过程指导充分，作用明显。挖掘校本资源，加强本校培训者队伍建设</td></tr>
</table>

（续表）

<table>
<tr><td rowspan="2">业务考评</td><td>实施过程</td><td>培训内容：
针对需求，培训目标定位准确，注重理论与实践相结合，基于学科，解决问题；开设选修课程模块，专业性、实践性、拓展性课程合理搭配，内容丰富；针对学员需求和现有水平，尝试个性化教学
培训模式：
创新模式，坚持集中、跟踪和校本相结合，打造“理论学习—观摩实践—理论提高”三段式培训，坚持理论拓展、案例分析、示范教学、专家评析和学员互动相结合，以学员和指导教师的同课异构比武、竞赛为载体，观课、听课、评课、研课，重构参训教师教学理念，转变教学行为，提高教学能力，实效显著。坚持小班教学，尝试分层教学
培训资源：
1. 注重开发本土资源，生成性资源较丰富，实现优质资源共享
2. 校地合作共建联系密切，国培实践基地遴选认真
3. 建立了网络研修平台，交流研讨、资源提供、跟踪指导作用发挥充分。跟岗研修、带教导师工作落实较好，对影子学校投入较多，带教老师对学员指导充分
培训考核：
有效落实训前、训中、训后三段考评制，各项目能依据学科特点制定培训考试细则。考核方式多样，注重过程性评价，能够解决突出问题，促进学员有效学习
过程监控：
建立了督导组工作制度，通过座谈、访谈、课堂观察等形式全程跟踪培训教学和学习指导；能够根据培训实际和培训者建议合理安排教学；关注师范生顶岗实习工作，影子教师跟岗研修工作落实得好
培训保障：
能够充分利用校内资源满足培训需要，学员住宿条件良好</td></tr>
<tr><td>实施成效</td><td>完成任务：
采用多种途径提前通知学员参训，按培训方案和教学计划完成培训任务，预期学员合格率可达100%
学员满意度：
发放学员调查问卷30份，有效回收30份。学员对项目整体评价满意度为100%，2～7项培训教学综合满意度为96.4%，8～11项培训服务综合满意度为96%
总结表彰：
能够及时总结项目实施工作，按照程序和要求评选优秀学员
媒体宣传：
认真做好宣传工作，在省级媒体上有相关报道
资料建设：
定期编发《培训简报》32期，重视项目档案建设，对培训成果的集结、收集比较完善</td></tr>
</table>

（续表）

财务考评	经费预算执行	项目经费预算方案： 预算方案合理、规范，符合实际情况，项目预算细化程度比较高；能够分类别、分项目、分学科按科目与规定预算 项目经费支出情况： 经费支出与项目进度基本一致；能够执行经费管理办法，未向学员收取任何费用；经费支出结构基本合理，经费使用效益比较高 预算资金调整： 预算支出有少量调整，但未能按照规定程序报批
	财务管理	财务管理制度： 制定了培训项目资金管理办法，财务管理制度规范、健全 财务管理具体措施： 能有效贯彻执行资金管理和财务管理制度，财务审批报销等环节规范、有序，项目资金监管方面，缺少审计报告
	会计信息质量	会计核算： 会计核算能认真细致，缺结余资金的使用说明资料 项目财务资料： 项目财务资料真实、可信，会计资料有待完善
亮点、特色与创新	1. 培训教学团队水平较高，广泛邀请学科领域内知名专家、一线名师（教研员），以学员和指导教师的同课异构比武、竞赛为载体，重构参训教师教学理念，有效提升参训教师教育教学能力；首席专家和双导师有制度、有落实、有绩效考核，指导充分 2. 成立由校、职能管理部门、承训院系、地方教育师训部门组成的专项教学督导组，深入课堂、实习基地，开展学员座谈，及时反馈，限期整改；以实习学校指导手册、双导师指导手册、学员及影子学校研修手册等五册一体为抓手，落实全程导控机制 3. 密切校地联系，有效整合当地师训部门、教研部门优质资源，与项目实施无缝对接 4. 实行经费支出目标管理	
评估组意见与建议	全校上下高度重视“国培计划”项目，校长亲自抓、负总责，分管副校长挂帅的执行团队工作能力强，教务处负责人牵头的教学督导组督查有方，制度全、方案细、目标准、师资团队水平高、生成性资源丰富、后勤保障给力，学校、承训学院、实习基地和参训学员的工作与学习热情高，形成学校有任务、有压力、有动力，争做一流；承训学院有目标、有考核、有对比，积极争先；实习基地抓指导、促教研、搞竞争，不甘落后；参训学员学知识、长技能、提素质，加倍努力的良好工作局面。学员满意度高，培训效果好。 学校制订的培训方案科学细致，做到每个学科培训方案在充分调查研究、广泛征求意见基础上，联系教研员、一线教师、专家名师共同设计、指导、把关、修订和完善，并报校国培领导小组和教学督导组审核；制定的培训目标准确，针对性强，即：紧紧围绕解决学员最想解决的问题、提升学员最需提升的教学能力、提高学员最想提高的素质与教学研究能力，安排契合需求的培训内容	

（续表）

评估组意见与建议	组建的师资团队中专家名师荟萃，一线教师云集，教学理念先进，授课精彩，震撼力强，学员反响大。跟岗研修工作落实到位，专门制定实习基地学校手册及指导教师指导手册，影子教师的带教导师责任心强，思想境界高，学员收获很大 注重过程性监督和指导，教学督导组全程指导和监督培训内容、培训方式，制定了《国培计划（2011）项目实施准备情况评估标准（试行）》《淮北师范大学教师培训项目课堂观察评价标准》《淮北师范大学“国培计划”首席专家绩效考核管理办法》等考核标准和办法，夯实训前、训中、训后三段考核，考核方式多样。注重成果积累，培训过程资料翔实、收集整理规范 学校尤其注重加强网络平台建设，各承训学院都建立了网上交流平台，为学员与专家、教师之间，学员与学员之间搭建跟进指导实践的互动平台，共享优质培训资源 积极加强同市级师训部门、教研部门的沟通交流，形成了同心协力、同心同德服务国培项目的互助协作、敢于担当的工作机制 学校的教学设施能优先满足培训教学需要，为学员提供了良好的食宿等生活条件，并注重细节管理，处处体现人文关怀。学员反映通过培训，在理念、知识、技能、能力、情意等方面收获颇丰 学校项目开展的整体情况良好，但也存在一些不足，希望把培训与本校学科教师的教学能力的提升结合起来，进一步规范资金的使用，项目结束要进行专项资金审计，继续完善财务资料

评估专家组成员：武庆鸿　杨　萍　傅　民　何正迎　周　红　徐光武
撰　　写　　人：武庆鸿　徐光武

2012年××师范学院“国培计划”项目专项督查报告

院校/机构	××师范学院	督查时间	2013年3月20日
督查项目	义务教育学校骨干教师培训项目 幼儿园园长、教师培训项目	总　　分	94

一级指标	二级指标	三级指标	现场督查情况	赋分
业务考评	管理服务	项目管理	1. 成立了校党委书记为组长、校长和副校长为副组长、相关职能部门负责人为成员的项目工作领导组，项目办公室设在继续教育学院，成立项目管理服务协调组和项目教学运行协调组，统筹协调和组织管理全校项目工作，印发文件，统一工作部署，明确项目教学工作组、项目服务保障工作组、子项目组等工作职责和要求，权责明晰，分工合作，协同管理机制有效 2. 统计分析培训对象共性需求，制订切实可行的培训计划和实施方案，并且制定《培训方案实施细则》，规范训前、训中和训后各阶段培训实施流程和要求；为提高项目管理质量，制定项目实施细则、管理机构及管理人员工作职责、教学管理办法、学员管理办法、班级管理办法、考核评价办法以及项目档案管理办法等等一系列规章制度，并汇编成册，有效保障教学教务顺利实施和后勤管理服务质量 3. 实施“团队管理、班级管理、学员管理”三位一体管理模式。落实教学班主任和生活班主任双班主任制，每班还另备一名由项目办公室工作人员担任的联系班主任；实施班主任工作日志制度，完成教学辅导和班级管理，组织交流研讨，收集学员问题并及时反馈，实施考勤和生活服务	6
		后勤服务	1. 遴选校园附近性价比高的住宿场所，生活条件教好，网络等生活设备设施比较齐全，学员凭“学员证”借阅图书、接受医疗保健服务，校内的图书资料、网络机房、体育场馆等对学员免费开放 2. 凭卡在学生餐厅就餐，安全、卫生。强调以人为本，倡导微笑国培，注重细节服务，2013年春节还给537名学员寄送新春贺卡，管理服务态度好，满意度高	4

（续表）

一级指标	二级指标	三级指标	现场督查情况	赋分
业务考评	培训实施	专家团队	1. 承担的中西部义教国培和幼教国培项目共9个学科领域基本上都有本校教授学者担任学科首席专家，校长亲自担任首席专家，并全程参与项目申报、培训方案研制修订、实施协调会、授课、教学督查、学员座谈会等工作 2. 组建了高水平的学科培训师资队伍，团队结构比较合理 3. 组建学科培训及辅导指导团队，落实高校专家导师和一线骨干导师“双导师制”，置换项目1∶4、短期项目1∶8，落实顶岗实习指导团队，注重本校培训团队的培养培训和项目学科专家库建设	5.5
		培训资源	1. 充分整合校内优质资源和项目生成性资源，注重专家学者报告教学案例数字影像资料留存，给每位参训学员提供完整的授课教师PPT和教学案例；上报优秀课例资源7个 2. 结合地域特点，开发有针对性的本土资源和生成性资源，编撰成果集《××师范学院国培教育数学论文集》 3. 利用学校网站国培专栏、QQ等网络手段实现优质资源共享，支持学习共同体建设和校本研修的开展，落实跟踪指导和资源服务。实现了教师的单项指导，师生双项互动欠缺	6.5
		模式方法	1. 结合教学实际，围绕主题，针对学员需求，设计培训课程，研制培训方案，强化案例教学，多形式实施培训，培训实效性强 2. 创新模式方法，以“问题”为核心，以实践—理论—实践的完整循环为路径，结合不同学员和不同研修专题，采取多种方式和手段实施培训。训后岗位行动研修和校本研修跟踪指导工作细致 3. 加强学习共同体建设，通过班会、座谈会、走访、问卷调研、QQ群等方式开展交流互动研修，进一步提高教师行动研修能力和专业发展能力	7.5
		质量监控	1. 落实训前需求调研、训中跟进调研、训后实效调研，通过座谈、访谈、课堂观察等形式全程跟踪培训教学和学习指导，根据培训实际、培训者反馈和学员意见，及时适度、合理调整教学安排，改进管理行为 2. 形成有效的质量管理监控体系，制度健全，管理过程精细，确保了培训过程各个环节顺畅 3. 采用档案袋评价方法，运用项目执行手册，在训前需求提交、训中培训表现和训后培训绩效三个阶段，对学员实施全方位管理、跟踪考核和指导研修 4. 通过座谈、访谈、课堂观察、调查问卷、QQ群、面对面交流、满意度调查等多种形式，加强培训质量监控 5. 组建一支符合国培项目实施要求的培训专家和指导教师团队，落实对培训者和管理者的培训和管理考核，为培训质量提高提供基础保障	8

（续表）

一级指标	二级指标	三级指标	现场督查情况	赋分
业务考评	培训实施	示范创新	1. 学校在管理服务和培训实施方面有亮点和特色，对地方教师培训组织实施起到示范引领作用 如：班级管理，精细求新，实行“多重班主任制”，确保培训过程顺畅有序。加强实践，形式多样，在培训过程中，大力创设“参与式学习”的教学情境，深受学员欢迎 2. 提交“国培计划”资源库评审的优质生成性课程资源	3
		目标达成	1. 注重理论与实践相结合，课程设置与方案制定，针对农村骨干教师专业发展要求，围绕主题，从专业理论与师德修养、专业知识和专业能力三个维度设计与实施。符合“国培计划”课程标准的规定和要求 2. 学员参训率均达88%、合格率均达100% 3. 学员综合满意度均达90%以上	7
	档案建设	材料整理	1. 申报书、培训方案、教学计划、规章制度、管理办法、工作总结、实施过程性材料齐全 2. 培训简报共8期，短期集中培训和置换脱产培训简报数量符合要求。简报容量大，内容丰富，包括专家讲坛、评课案例、学员感悟、名师教案等 3. 学校网站发布7篇通讯稿，《淮河早报》《安徽青年报》先后报道学院开展国培培训情况 4. 与安徽数学研究会合作编印《安徽教学教育××师院国培教育教学论文专集》（上、下册）	5
		档案管理	1. 未建立学员档案袋，分班级建立学员作业档案、作业、学员评价表、学习笔记、心得体会等，培训者和管理者分别记录教学日志和管理日志。优秀学员申报材料单独归档 2. 分类分项建立项目档案，资料齐全，便于查阅	4.5
财务考评	预算决算	预算编制	预算编制合理规范，符合实际情况。项目预算细化程度高，能够分类别、分子项目，按科目与规定编制预算	8
		预算调整	预算执行基本上与预算相符	3
		预算执行和决算	独立建账、能做到专款专用，账目明细合理，严格预算执行，能够比较完整、准确地编制决算	11

（续表）

<table>
<tr><th>一级指标</th><th>二级指标</th><th>三级指标</th><th>现场督查情况</th><th>赋分</th></tr>
<tr><td rowspan="4">财务考评</td><td rowspan="2">财务管理</td><td>过程监管</td><td>1. 制定了学院及分院项目资金管理细则，严格项目资金预决算制度。财务管理制度规范、健全，学院实行严格的审批报销制度，“国培计划”项目资金每笔支出由经手人、证明人、审核人、分管领导、学院院长签字方可报销
2. 能按照政府信息公开规定，向社会公开培训资金使用管理情况，“国培计划”的大额支出项目如住宿、餐饮等均请纪委监察参与谈判，做到公开、透明，在保证质量的前提下努力降低培训成本，提高专项资金使用效益
3. 未发现虚报、冒领、挤占、挪用培训资金的现象</td><td>8</td></tr>
<tr><td>会计核算</td><td>1. 会计核算认真细致，能准确核算资金收支情况
2. 结余资金 66.59 万元，有使用结余资金的方案，但需进一步细化</td><td>3</td></tr>
<tr><td rowspan="2">档案建设</td><td>材料整理</td><td>建立了专项资金台账，但未按资金性质、用途分类记账</td><td>2</td></tr>
<tr><td>档案管理</td><td>财务档案管理规范，经费预算、支出、决算能做到分类归档</td><td>2</td></tr>
<tr><td colspan="2">存在问题</td><td colspan="3">有些支出报账不及时，如学员食宿费 2013 年 1 月份才办理报销手续</td></tr>
<tr><td colspan="2">专家组意见与建议</td><td colspan="3">学校认真贯彻落实国家和我省有关文件精神，领导高度重视，健全组织机构，成立了校党委书记为组长、校长和副校长为副组长、相关职能部门负责人为成员的项目工作领导组，实行一把手负责制；以学员需求为基本依据，根据“三标”，精心研制、充分论证和修订培训方案；制定项目实施细则、管理机构及管理人员工作职责、教学管理办法、学员管理办法、班级管理办法、考核评价办法以及项目档案管理办法等一系列规章制度并汇编成册，管理者和学员人手一册，有效保障教学教务顺利实施和后勤管理服务质量；主要领导全程指导培训工作，主持召开工作布置、协调及推进会，通过随机听课、参与培训活动、召开座谈会、检查评估等多种形进行有效督导；师资团队水平较高，结构合理，基本符合要求，建立了首席专家制度，置换脱产研修项目实行“双导师”制；实行小班教学，注重实践实验与点评指导，各班级采取“示范—诊断—提升”的实践培训模式，广泛开展“学员课堂教学汇报”“十人同上一节课”等活动；能够有效落实训前、训中、训后三段考核，考核方式多样，注重过程性评价；注重影子实践基地遴选和师范生顶岗实习工作，影子教师跟岗研修工作落实得好；注重开发本土资源，实现优质资源共享；能够根据培训实际和培训者建议合理安排教学；充分利用校内资源满足培训需要，为每个学员办理学员证，提供免费上机和图书借阅服务，学员住宿条件好；注重发挥国培示范和辐射作用，持续 3 年为界首市代培中小学骨干教师
学校项目开展的整体情况良好，但也存在一些不足。部分学科要加强本校培训团队的培养培训；需进一步细化影子学校带教导师的遴选工作，加强与一线实践基地有效链接；完善研修交流平台建设，实现网络研修和学习共同体形成；建议按资金性质和用途建立专项资金台账，认真分析、科学使用结余资金，进一步细化使用方案</td></tr>
</table>

评估专家组成员：杨　萍　杨　鼻　周　红

撰　　写　　人：杨　鼻

高校发展专项经费绩效自评汇总报告

根据《安徽省财政厅关于开展2013年省级财政支出项目绩效自评工作的通知》（财监〔2013〕783号）要求，我厅组织相关领域专家研制了高校发展专项经费绩效考评指标体系，制定了绩效考评实施方案，印发了《安徽省教育厅关于做好高校发展专项经费绩效自评工作的通知》（皖教秘财〔2014〕24号），组织各项目院校开展高校发展专项经费绩效自评工作，并对各项目院校报送的自评情况进行了核查。根据项目院校自评情况和核查情况，汇总形成了高校发展专项经费绩效自评报告。

一、项目基本情况

（一）项目立项

根据《中共安徽省委、安徽省人民政府关于建设高等教育强省的若干意见》（皖发〔2010〕9号）、《教育部、财政部关于实施高等学校本科教学质量与教学改革工程的意见》（教高〔2007〕1号）和《教育部关于全面提高高等职业教育教学质量的若干意见》（教高〔2006〕16号）精神，结合安徽省高等教育发展实际，省教育厅、省财政厅决定实施“安徽省高等学校教学质量与教学改革工程”（以下简称“质量工程”）。根据《安徽省教育厅关于公布2013年度高校发展专项经费的通知》（皖教财函〔2013〕25）规定，高校质量工程专项经费2013年以“高校发展专项经费”名称批复下达。2013年部门预算安排高校发展专项经费8965万元，其中：高校发展专项经费7110万元，重点学科建设经费1855万元，共121个项目高校，资助2649个项目。其中，教学成果奖483个、教学研究项目900个、紧缺人才培养基地6个、精品开放课程1个、精品视频公开课55个、精品资源共享课202个、实训中心224个、数字图书馆13个、特色专业358个、校企合作实践教育基地101个、应用型教师教学能力发展中心12个、优秀教学管理单位31个、优秀教学管理工作者60个、质量工程管理经费2个、专业综合改革试点151个、卓越人才教育培养计划50个。

各高校均依据省教育厅项目经费管理办法、项目申报指标及政策要求，组织项目申报，项目立项经过充分论证、风险评估、集体决策，每个项目均经校学术委员会专家论证推选、省教育厅邀请函评专家评议、省教育主管部门审定立项并下达项目及其经费等程序。项目建设目标和内容符合我省建设高等教育强省的决策部署，契合项目单位职责和现状，建设成果符合正常的业绩水平，项目建设思路清晰、人才培养模式改革等项目分年度细化具体目标，分配项目资金使用科目，资金使用预定目标合理，预算确定的项目投资额或资金量基本匹配，科学编制经费预算表，重点支出科目清晰。

（二）项目执行

1. 项目管理制度健全，执行有力。为加强高校发展专项经费项目管理，省教育厅、省财政厅联合出台了《安徽高等学校省级教学质量与教学改革工程项目管理暂行办法》，共同成立“质量工程”领导小组，按照“统一规划、健全体系，突出特色、整体申报”的原则严格项目审批，制订实施方案，对项目建设过程中的重大问题进行决策，全面领导“质量工程”工作。领导小组下设办公室，负责“质量工程”具体组织管理和日常事务。项目承担学校或单位设立专门机构具体负责本单位项目建设的规划、实施、管理和检查等工作。大部分高校制定了专门的项目管理制度，依托教务处等部门具体负责本单位项目建设的规划、实施、管理和检查等工作。实行项目负责人负责制，项目实施有具体计划，立项后项目变更的，符合相关条件并按项目申请渠道履行报批手续，项目申报书、验收报告、技术鉴定等资料齐全并及时归档。项目实施过程监控到位，中期检查、项目建设期满验收执行有力。如安庆师范学院制定出台了实施教学质量与教学改革工程的意见、项目管理及考核办法，教务处、学科及研究生教育处作为专门机构，具体负责项目建设的规划、实施、管理和检查工作。

2. 项目资金使用合规，及时到位。为加强项目经费管理，充分发挥项目资金效益，各项目高校均能结合本校实际，制定较为完备的项目经费管理制度，明确经费管理和财务报销办法。如安徽理工大学等高校实行“项目负责人制”和校、院两级管理体制，项目负责人支出专项经费时必须严格按照项目申报书和任务书中的预算开支，相关票据须经所在学院和发展规划处主要领导签字审核后方可到财务处进行报销。专项资金开支范围和标准严格执行国家和省有关财经法规的规定，应实施政府采购的支出项目执行有关规定。单件（套）设备与软件购置费超过（含）200万的，组织专家论证。项目经费划拨规范，经费支出有着严格的审批程序和手续，资金使用符合项目预算批复或申报书规定的用途，未发现用于土建、各种罚款、还贷、捐赠赞助、对外投资以及与“质量工程”项目无关的其他支出，未发现挪用、挤占、虚列支出、虚构经济业务或以非法手段套取项目经费现象。财务、审计和纪检等部门在经费使用、管理、监督过程中，职责和权限得到落实，财务监控机制健全，运行有力，经费支出审核严格，手续履行到位，报销票据真实合法，未发现使用假票据现象。

3. 项目执行合乎规范，进展顺利。从高校自评和省厅组织专家对各校自评材料审核情况来看，大部分项目已按照既定建设周期分阶段组织实施，学校还依托各种有效手段不断加强对项目建设过程的监控与管理，以定期检查和随机抽查相结合，兑现奖惩制度，保证项目建设成效。如阜阳师范学院强化质量工程建设过程监控，采取“项目自查＋单位审核＋汇报答辩＋专家审查”的形式完善检查程序。通过“查阅材料＋听取汇报＋专家反馈＋评议等级”的验收程序，重点考察各项目取得的标志性成果、示范效果及其对办学定位和特色的支撑情况。上级主管部门的立项资金能及时到位，项目执行情况良好，进展顺利，项目中期研究成果丰富，水平较高。但因研究周期未到，部分项目还未进行验收。但从完成研究周期的项目来看，项目结题程序规范，均有验收报告和总结，重点项目结项有专家鉴定记录。

二、项目绩效及评价结论

根据省财政厅《安徽省财政厅关于开展 2013 年省级财政支出项目绩效自评工作的通知》(财监〔2013〕783 号)和《安徽省教育厅关于做好高校发展专项经费绩效自评工作的通知》(皖教秘财〔2014〕24 号)的相关规定和要求，对照《安徽省高校发展专项经费绩效评价指标体系》中的评价内容，从投入、过程、产出、效果 4 个一级指标和相应的项目立项、资金落实、业务管理、财务管理、项目产出、特色专业建设等二级指标对本项目展开自评，我省高校发展专项项目建设目标明确，经费预算编制科学合理，基本按计划开展相关工作。制定了项目管理、经费管理等有关制度，管理规范，进展顺利，取得了较多的阶段性成果。自评总得分 95 分，综合评价结论为：优秀。

(一) 推进了人才培养模式改革

各类质量工程项目建设紧紧围绕学校的办学目标，推进了高校专业人才培养模式改革的理论与实践创新。例如，安徽师范大学推进专业人才培养模式改革的理论与实践创新。部分教师教育类专业改革人才培养模式，探索本科生与研究生的一体化培养；部分应用型专业打破专业间的限制，探索专业联合培养机制；部分专业积极主动与企业洽谈，拓宽校企合作人才培养的路径；部分专业增加短学期，专门用于实践教学活动，取得良好效果。安徽水利水电职业技术学院牵头组建了江淮(工程)职教集团，在职业教育的办学体制、管理机制和人才培养模式综合改革方面进行积极探索，人才培养模式改革成果在省内外有关高职院校进行推广，取得良好效果。黄山学院通过开设“创新实验班”和“卓越班”，进行办学体制、管理体制和人才培养模式综合改革实验。蚌埠学院以特色专业建设为引领，深化教学改革，探索和创新人才培养模式，较好地促进了学院特色发展。

(二) 提升了课程建设质量

通过项目建设探索出有利于增强实际教学效果的新方法，提升了课程教学质量。一些学校精品课程建设网络平台，实现教学课件、实验教学录像等教学资源的网络化，供广大的师生学习交流。部分课程组织优秀教师进修实验教师录像拍摄工作，对于规范实验操作起到了很好的示范作用。各门精品课程均按照计划对课程的内容进行更新，将本学科领域的最新成果、先进的教学经验和内容融入到课程教学之中。借助质量工程项目建设的契机，开发出一大批优质课程教材。如阜阳职业技术学院构建国家、省和校级三级质量工程项目建设体系，建有 3 门省级精品课程，7 门省级精品开放课程。

(三) 优化了实验实训教学体系

根据经济社会发展对于人才培养的实际需要，通过项目建设，优化了实验实训教学体系，为培养学生的实验技能以及综合分析和解决问题的能力创造了良好的环境。如皖西学院生物工程专业积极探索校企共同培养的人才培养模式，建立 20 多个产学研合作基地，实践性教学环节已达总学分的 50%，其应用性核心课程构建、特色课程开发的专业改革举措已经辐射到制药工程、食品质量与安全等相关专业。安徽工商职业学院部分专业已建立起适应本学科特点，以能力培养为主线，分层次、分模块、完整的实验实训课程体系，部分专业的现有实验学时数已超过专业理论学时数，综合性和设计性实验的开设比例明显提高。

(四) 推动高校学科专业发展和教师团队建设

通过项目实施，促进了高校学科和专业发展，推进了重点高校、重点学科和特色专业建设，培养了一批省级教学创新团队、学术创新平台、学科带头人、教学名师、教坛新秀等，形成了一些科研成果突出、合力明显的研究团队，专业教师的年龄、职称、学历、学缘结构持续优化，教学能力不断提升。一批年青教师在项目的资助下开展了一系列的基础研究，为进一步申报国家级、省部级课题奠定了良好的基础，实现专业成长。大量研究生参与导师的课题研究，培养了研究生的科研水平。如阜阳师范学院“汉语系列课程教学团队”通过轮休的方式，为团队成员提供“学术假”，保证其有充裕、集中的时间开展研究工作，实施“博士化工程”，团队成员学历层次和学术水平明显提升。安徽理工大学在2013年度高校发展经费项目的实施基础上，成功获批机械工程实践教育中心、地质工程实践教育中心2个国家级工程实践教育中心；机械工程实验教学中心成功入选国家级实验教学示范中心；机械设计制造及其自动化、电气工程及其自动化、矿物加工工程3个专业入选教育部卓越工程师教育培养计划；采矿工程、安全工程2个专业入选国家级专业综合改革试点。入选国家百千万人才工程人选1名，获批安徽省高校引进领军人才一类计划1项，获得国家博士后科学基金资助和安徽省博士后研究人员科研活动经费资助项目22项。学生获省部级以上学科竞赛奖励近445项，其中国家级奖励176项。

（五）提高高校服务经济社会水平

通过项目实施，推动校企合作、产学研对接，促进了本地区整体科技水平的发展与提高。以项目为依托的课题研究报告被政府部门采纳，部分科研成果被大中型企业等应用于生产实践，顺利实现转化，产业化前景较好，对相关行业和产业发展、社会建设起到积极推动作用。增强了高校为行业发展与区域经济服务的能力，带来一定的直接或间接经济社会效益。安徽农业大学坚持服务“三农”的办学方向，致力于科教兴农、科教兴皖事业，走出了一条享誉全国的富民、兴校、创新、育人的“大别山道路”，为推动现代农业发展和地方经济社会建设作出了突出贡献。

三、考评发现的问题

1. 部分项目进展较慢，经费使用欠合理。有些项目前期统筹规划未能到位，立项之初质量工程建设方案前瞻性不够，且未随着学校改革和建设发展做出相应的调整，后续进展进程较慢，项目建设缺乏前后连贯性，经费也未能得到合理使用，个别项目经费还有一定滞留，也有少数项目经费使用较多却未能取得实质性进展。

2. 项目建设成效还未充分彰显。少数高校未能结合学校办学定位统筹规划质量工程建设，部分建设项目立项后项目过程管理未跟上，有的项目负责人对项目建设内容理解不透彻、建设的思路和理念还不够清晰科学，项目建设与校外企业间的联系程度还不够紧密，依托或联合社会资源共同开展项目建设的氛围尚未真正形成。影响了质量工程建设的质量和水平，项目本身应有的辐射、带动和示范作用没有得到充分发挥。项目成果转化还存在不少障碍。项目研究成果形式还显单一，注重研究论文，对专利、产品等直接应用成果注重的不够；与企业或行业联系不紧密，应用型研究成果转化方面做的不够等问题。

3. 教学资源的重复建设有待进一步研究。自评中也发现，各类项目尤其是集体类项目都或多或少存在一定的实体如实验室、实训场所、仪器设备等建设和购置，目前，这些实体还处于一种零散状态，归属于某一项目和某个院系，但有的实体可作为全校共享教学资源使用，对此，如何进行资源有效整合且不与各项目建设本身相冲突，同时又能最大限度减少经费支出、提高经费使用绩效，这些问题有待进一步研究解决。

4. 预算安排及绩效自评工作有待培训。在自查过程中发现预算安排有待进一步完善，缺乏合理安排经费的经验，少数项目经费使用和预算的一致性不够，工作开展了，经费使用滞后。一些项目自评报告中财政拨款到位数填列不准，项目计划安排及支出数与资金到位数、实际支出数不一致，一些项目考评报告填写经济科目不规范、不正确，少数项目资金支出部分不符合规定。

四、相关意见与建议

1. 注重顶层设计，实施分类指导。加强建设项目的科学性和前瞻性研究，坚持项目建设统筹规划，合理设置，实施分类指导，分层管理。引导项目建设合理定位，形成自己的特色和优势，增强人才培养适应社会需要能力。制定科学、合理的项目评价标准和考核要求，建立合理机制促进项目成果推广和转化，通过项目实施，真正发挥“质量工程”的示范、辐射和引领作用，将学校领导和广大教师的注意力、精力引导到教育教学改革中来，从而使项目建设起到真正的实质性促进作用。

2. 加强教学资源共享和统筹管理。建设高校数字化资源中心和数字化学习中心，推进各类教学资源及其管理的网络化、开放化；整合网上课程及其他教学资源，研究开发现代远程教育管理系统；推进省内高校课程互选、学分互认机制，建立健全高校优质教育教学资源共享体系；建设国家、省级教育教学统筹管理平台，改进教育教学管理方式方法，提升管理效率。同时，进一步完善质量工程网站建设，提高网站的信息化水平，增强网站在成果展示、专家库遴选、项目申报评审、检查验收等方面的积极作用，有效弥补现有管理的盲点，进一步提高管理水平和效益。

3. 加强质量监控、注重过程管理。目前，质量工程项目虽有宏观的省厅建设指导意见，但具体建设成效尚无明确的评价标准与衡量标尺。为此，应进一步加强研究，组织制定对应各项目的建设质量标准和评价指标体系，同时，要强化项目的过程管理，组织好各类项目的选题与立项、实施过程、结题与验收和成果申报等工作，保证各级各类项目的顺利进行和圆满完成，不断提高学院的教科研水平。

4. 进一步加强评建结合，完善经费资助滚动管理机制。在合理有限的范围内给予教师一定的经费使用灵活性，提高教师项目建设的积极性。同时，建立科学明晰的经费资助滚动机制，将项目建设、检查评估与绩效紧密挂钩，进一步完善激励奖惩，引导教师多出成果，多出优质成果。进一步加强项目建设检查力度，通过定期组织开展质量工程建设检查，确保项目建设按照要求开展，保证建设目标的顺利实现。

5. 建立和完善项目资金财务管理制度。加强支出预算管理与审核，规范项目支出经济责任制，加强项目申报与财务预算安排与执行密切沟通与联系，加强校内项目考评力度，指导项目负责人规范资金支出内容。

6. 扩大项目建设成果的宣传。使建设成果更有效的服务于本校其他专业或本地区主导产业，支撑区域经济发展。

附件：

安徽省财政支出项目绩效考评报告

项目名称：高校发展专项经费

项目单位：各高等学校

主管部门：安徽省教育厅

评价类型　事前评价□　事中评价☑　事后评价□

评价方式：部门（单位）绩效自评☑　财政部门组织评价□

评价机构：中介机构□　部门（单位）评价组☑　财政评价组□

安徽省财政厅（制）

2014 年 3 月 12 日

一、项目基本概况

<table>
<tr><td>项目负责人</td><td></td><td>联系电话</td><td colspan="2"></td></tr>
<tr><td>地　　址</td><td colspan="2"></td><td>邮编</td><td></td></tr>
<tr><td>项目起止时间</td><td colspan="4"></td></tr>
<tr><td>计划安排资金（万元）</td><td></td><td colspan="2">实际到位资金（万元）</td><td></td></tr>
<tr><td>其中：中央财政</td><td></td><td colspan="2">其中：中央财政</td><td></td></tr>
<tr><td>省财政</td><td></td><td colspan="2">省财政</td><td></td></tr>
<tr><td>市县财政</td><td></td><td colspan="2">市县财政</td><td></td></tr>
<tr><td>其他</td><td></td><td colspan="2">其他</td><td></td></tr>
<tr><td>实际支出（万元）</td><td colspan="4"></td></tr>
</table>

二、项目支出明细情况（略）

三、项目评价情况

（一）项目基本概况

1. 项目立项

2013年部门预算安排高校发展专项经费累计8965万元，其中，高校发展专项经费7110万元，重点学科建设经费1855万元，共121个项目高校，资助2649个项目。其中，教学成果奖483个、教学研究项目900个、紧缺人才培养基地6个、精品开放课程1个、精品视频公开课55个、精品资源共享课202个、实训中心224个、数字图书馆13个、特色专业358个、校企合作实践教育基地101个、应用型教师教学能力发展中心12个、优秀教学管理单位31个、优秀教学管理工作者60个、质量工程管理经费2个、专业综合改革试点151个、卓越人才教育培养计划50个。

各高校均依据省教育厅项目经费管理办法、项目申报指标及政策要求，组织项目申报，项目立项经过充分论证、风险评估、集体决策，每个项目均经校学术委员会专家论证推选、省教育厅邀请函评专家评议、省教育主管部门审定立项并下达项目及其经费等程序。项目建设目标和内容符合我省建设高等教育强省的决策部署，契合项目单位职责和现状，建设成果符合正常的业绩水平，项目建设思路清晰、人才培养模式改革等项目分年度细化具体目标，分配项目资金使用科目，资金使用预定目标合理，预算确定的项目投资额或资金量基本匹配，科学编制经费预算表，重点支出科目清晰。

2. 项目执行

（1）项目管理制度健全，执行有力。为加强高校发展专项经费项目管理，省教育厅、省财政厅联合出台了《安徽高等学校省级教学质量与教学改革工程项目管理暂行办法》，共同成立“质量工程”领导小组，按照“统一规划、健全体系，突出特色、整体申报”的原则严格项目审批，制订实施方案，对项目建设过程中的重大问题进行决策，全面领导

“质量工程”工作。领导小组下设办公室，负责“质量工程”具体组织管理和日常事务。项目承担学校或单位设立专门机构具体负责本单位项目建设的规划、实施、管理和检查等工作。大部分高校制定了专门的项目管理制度，依托教务处等部门具体负责本单位项目建设的规划、实施、管理和检查等工作。实行项目负责人负责制，项目实施有具体计划，立项后项目变更的，符合相关条件并按项目申请渠道履行报批手续，项目申报书、验收报告、技术鉴定等资料齐全并及时归档。项目实施过程监控到位，中期检查、项目建设期满验收执行有力。如安庆师范学院制定出台了实施教学质量与教学改革工程的意见、项目管理及考核办法，教务处、学科及研究生教育处作为专门机构，具体负责项目建设的规划、实施、管理和检查工作。

（2）项目资金使用合规，及时到位。为加强项目经费管理，充分发挥项目资金效益，各项目高校均能结合本校实际，制定较为完备的项目经费管理制度，明确经费管理和财务报销办法。专项资金开支范围和标准严格执行国家和省有关财经法规的规定，应实施政府采购的支出项目执行有关规定。单件（套）设备与软件购置费超过（含）200 万的，组织专家论证。项目经费划拨规范，经费支出有着严格的审批程序和手续，资金使用符合项目预算批复或申报书规定的用途，未发现用于土建、各种罚款、还贷、捐赠赞助、对外投资以及与“质量工程”项目无关的其他支出，未发现挪用、挤占、虚列支出、虚构经济业务或以非法手段套取项目经费现象。财务、审计和纪检等部门在经费使用、管理、监督过程中，职责和权限得到落实，财务监控机制健全，运行有力，经费支出审核严格，手续履行到位，报销票据真实合法，未发现使用假票据现象。

（3）项目执行合乎规范，进展顺利。从高校自评和省厅组织专家对各校自评材料审核情况来看，大部分项目已按照既定建设周期分阶段组织实施，学校还依托各种有效手段不断加强对项目建设过程的监控与管理，以定期检查和随机抽查相结合，兑现奖惩制度，保证项目建设成效。如阜阳师范学院强化质量工程建设过程监控，采取“项目自查＋单位审核＋汇报答辩＋专家审查”的形式完善检查程序。通过“查阅材料＋听取汇报＋专家反馈＋评议等级”的验收程序，重点考察各项目取得的标志性成果、示范效果及其对办学定位和特色的支撑情况。上级主管部门的立项资金能及时到位，项目执行情况良好，进展顺利，项目中期研究成果丰富，水平较高。但因研究周期未到，部分项目还未进行验收。但从完成研究周期的项目来看，项目结题程序规范，均有验收报告和总结，重点项目结项有专家鉴定记录。

（二）综合评价意见

根据省财政厅《安徽省财政厅关于开展 2013 年省级财政支出项目绩效自评工作的通知》（财监〔2013〕783 号）和《安徽省教育厅关于做好高校发展专项经费绩效自评工作的通知》（皖教秘财〔2014〕24 号）的相关规定和要求，对照《安徽省高校发展专项经费绩效评价指标体系》中的评价内容，逐个项目开展了自评工作。从各项目单位自评情况来看，自评结论为优秀的占 81%，自评结论为良好的占 19%，无自评不合格项目。结合高校自评和省教育厅组织专家对上报材料审核及实地抽查情况来看，2013 年度高校发展专项经费项目立项规范，项目建设目标明确，目标和资金设立的依据充分、合理。项目管理制度健全，项目资金使用规范，审核报销程序较为规范，绝大部分项目资金支出符合原定项目计划和预期目标，财务信息准确完备，资料完整。项目执行情况良好，成果丰富，水平较高，项目实施经济社会效益高。自评总得分 95 分，综合评价结论为：优秀。分项一级指标得分见下表：

绩效考评得分表

投入指标得分	过程指标得分	产出指标得分	效果指标得分	项目总得分
11	35	11	38	95

分指标评价分析

1　投入（满分 12 分，自评得分 11 分）

1－1　项目立项（满分 6 分，自评得分 6 分）

1－1－1　立项规范性（满分 2 分，自评得分 2 分）

根据《中共安徽省委、安徽省人民政府关于建设高等教育强省的若干意见》（皖发〔2010〕9 号）《教育部、财政部关于实施高等学校本科教学质量与教学改革工程的意见》（教高〔2007〕1 号）和《教育部关于全面提高高等职业教育教学质量的若干意见》（教高〔2006〕16 号）《高等学校创新能力提升计划》精神，结合安徽省高等教育发展实际，省教育厅、财政厅决定实施“安徽省高等学校教学质量与教学改革工程”（以下简称“质量工程”）。根据安徽省教育厅《关于公布 2013 年度高校发展专项经费的通知》（皖教财函〔2013〕25）规定，高校质量工程专项经费 2013 年以“高校发展专项经费”名称批复下达。各项目申报单位根据《关于做好 2013 年度高等学校省级质量工程项目申报工作的通知》（皖教秘高〔2012〕54 号）要求，组织开展项目申报工作，经申报人汇报答辩、专家评审论证、校质量工程项目领导小组审定，确定推荐项目名单。立项项目提交材料符合相关文件要求。省教育厅联合省财政厅共同成立“质量工程”领导小组，按照“统一规划、健全体系，突出特色、整体申报”的原则审批立项。

1－1－2　目标合理性（满分 2 分，自评得分 2 分）。

项目建设目标和内容符合我省建设高等教育强省的决策部署，符合学校的办学定位与特色，对我省加强应用型高校和专业建设，提高对区域经济发展的贡献度；开发优质教学资源，提高精品课程的共享度；深化人才培养模式改革，增强对人才培养质量提升的支持度等方面具有重要的促进作用。遴选推荐的项目具有较好的建设基础，项目建设目标契合项目单位职责和发展状况。各项目均制定了较为科学的建设规划与分阶段建设计划，建设目标合理，举措合理可行，建设内容可细化、可衡量。

1－1－3　指标明确性（满分 2 分，自评得分 2 分）。

所立项项目的建设目标明确，建设思路清晰，项目建设内容丰富，可量化可考核，项目建设方案可行，经费预算合理。

1－2　资金落实（满分 6 分，自评得分 5 分）。

1－2－1　资金到位率（满分 3 分，自评得分 3 分）。

省级质量工程项目实际到位资金与计划投入资金相符，项目单位按规定足额拨付配套经费。

1－2－2　到位及时率（满分3分，自评得分2分）。

专项经费根据项目申报书及项目建设进度支付，支出科目、金额、进度和预算批复相符，并对经费的使用进行监督，保证经费支出的合理性。

2　过程（满分36分，自评得分35分）

2－1　业务管理（满分16分，自评得分16分）

2－1－1　管理制度健全性（满分3分，自评得分3分）

省教育厅联合省财政厅共同成立“质量工程”领导小组，负责项目审批，制订实施方案，对项目建设过程中的重大问题进行决策，全面领导“质量工程”工作。领导小组下设办公室，负责“质量工程”具体组织管理和日常事务。高校成立“质量工程”管理办公室，制定了项目建设与管理办法，对与质量工程有关的项目建设与管理规定予以系统化，从政策安排、组织架构、经费落实、绩效评定等方面予以规范，形成了有利于质量工程建设的体制机制，并不断完善。

2－1－2　制度执行有效性（满分7分，自评得分7分）

省教育厅“质量工程”办公室研发质量工程管理系统，搭建管理平台，加强项目管理。高校依托教学管理部门具体负责学校“质量工程”项目建设的规划、实施、管理和检查等工作，通过制定年度建设计划，组织落实项目立项、过程检查和结项验收。对立项项目负责人等重要事项需要变更的，按照省教育厅关于项目变更的有关要求履行报批手续。认真做好项目申报书、建设任务书、结项报告和附件材料等纸质材料的收集归档工作，并将相关电子材料上传至教育厅质量工程管理系统。

2－1－3　项目质量可控性（满分6分，自评得分6分）

加强对项目实施过程监控，对所有立项项目开展不定期检查，包括年度检查和中期检查，了解项目的进展、成效和资金使用情况，并将检查情况反馈给项目负责人，对建设不力的项目要求限期整改。每年对校级、省级和国家级质量工程项目进行全面检查，对到期项目进行结题验收。

2－2　财务管理（满分20分，自评得分19分）

2－2－1　管理制度健全性（满分4分，自评得分4分）

为加强高校发展专项经费项目管理，省教育厅联合省财政厅出台了《安徽高等学校省级教学质量与教学改革工程项目管理暂行办法》各高校制定相应的项目资金管理办法，项目资金管理办法和会计核算方法符合相关财务会计制度的规定，各类专项项目经费，均纳入学校财务管理部门统一管理，并实行专款专用，任何单位或个人不得截留或挪用。

2－2－2　资金使用合规性（满分7分，自评得分6分）

专项经费资金到账后由高校财务部门编制项目代码，建立专项核算，资金支付严格执行相关规定。设备采购符合政府集中采购目录及限额标准的一律纳入政府采购，并严格按照固定资产管理规定办理资产的登记验收和入账手续，统一纳入学校资产管理。未发现项目经费用于土建、各种罚款、还贷、捐赠赞助、对外投资以及与“质量工程”项目无关的其他支出，未发现挪用、挤占、虚列支出、虚构经济业务或以非法手段套取项目经费现象。

2－2－3　财务监控有效性（满分6分，自评得分6分）

高校按照专项经费管理管理办法，对专项资金进行专项核算，严格报销手续。财务、审计和纪检等部门在经费使用、管理、监督过程中，职责和权限得到落实，财务监控机制健全，运行有力，经费支出审核严格，手续履行到位，报销票据真实合法，未发现使用假票据现象。

2－2－4 财务资料完整性（满分3分，自评得分3分）

专项经费支出手续完备，财务资料规范完整。使用专项经费购置的仪器设备，需经学校招标购买，并严格按照固定资产管理规定办理资产的登记验收和入账手续，专项经费形成的资产统一纳入学校资产管理。未发现私自转让、非法占有等问题。

3 产出（满分12分，自评得分11分）

3－1 项目产出（满分12分，自评得分11分）

项目负责人及团队成员按照任务书制定的项目建设规划推进项目建设工作，任务实际完成率、完成及时率、质量达标率和成本节约率均较高。省质量工程办公室和高校在对项目的阶段检查和结项验收时，严格按照立项申报书和建设任务书，对其中的建设内容、建设目标和预期效果的质和量进行比对，对阶段检查不达标的项目要求限期整改，对结项验收不达标的项目要求延期结项，直至完成申报书和任务书承诺的预期目标，延期后仍达不到建设目标的项目予以撤项。

4 效果（满分40分，自评得分38分）

4－1 重点高校、重点学科和特色专业建设（满分6分，自评得分6分）

4－1－1 重点建设高校（满分2分，自评得分2分）

共资助紧缺人才培养基地6个。通过项目建设推动，安徽大学、安徽师范大学、安徽农业大学三所高校实现省部共建，安徽大学获批安徽省振兴计划有特色高水平大学建设项目，省部共建和有特色大学建设进一步凸显优势和特色，不断提高教育质量和科研水平，使之成为优秀教师和高素质人才培养、高质量社会服务以及高水平科学研究和成果转化的重要基地，有利于带动全省高等教育整体水平的提升。

4－1－2 省级重点专业（满分2分，自评得分2分）

在坚持“高起点、高水准、有特色”基础上，形成布局合理、优势突出的省级重点学科体系，在人才培养模式改革、师资队伍建设、课程教学内容和教学方法改革、教材建设等方面取得了显著成效，支撑区域经济发展，服务当地主导产业发展。

4－1－3 特色专业建设（满分2分，自评得分2分）

共资助特色专业358个，专业综合改革试点151个。通过项目建设，推进培养模式、教学团队、课程教材、教学方式、教学管理等专业发展重要环节的综合改革，促进人才培养水平的整体提升，形成一批省级特色专业点。各专业通过加强人才培养模式研究，不断丰富和完善个性化人才培养方案，改革教学方法，加强实践教学，人才培养质量不断提升。对本校其他专业或同类型高校相关专业的改革建设起到示范作用。

4－2 教学团队和高素质教师队伍建设（满分6分，自评得分6分）

4－2－1 教学团队建设（满分3分，自评得分3分）

各类项目通过完善团队运行与发展机制，改革教育教学内容和方法、开发教学资源等举措在提升本团队教师教学能力发展的同时，有效促进了专业与课程建设，盘活、整合社会、企业优质人才资源，建立高校与企业、科研院所之间专家学者互派、互访机制。。出现了一批值得推广的成果与举措。

4－2－2　高素质教师队伍建设（满分3分，自评得分3分）

共资助应用型教师教学能力发展中心12个、优秀教学管理单位31个、优秀教学管理工作者60个、卓越人才教育培养计划50个。通过项目建设推动，推动高层次创新人才和中青年学术和技术带头人的培养，引进培育一批在国内外有重要影响的领军人才，高学历、高职称教师比例和“双师型”人才数量逐年增加。

4－3　精品课程和数字图书馆建设（满分6分，自评得分5分）

4－3－1　省级精品课程（满分3分，自评得分3分）

共资助精品开放课程1个、精品视频公开课55个、精品资源共享课202个。建成以校级精品课程为基础、省级精品课程为骨干、国家精品课程为龙头，涵盖不同层次、不同门类、开放共享的三级精品课程体系，加强精品课程的内涵建设，实现精品课程的教案、大纲、习题、实验、参考资料、教学录像等教学资源上网开放。精品课程（精品开放课程、双语课程）在网站建设，开展教学改革，扩大学生受益面等方面取得了明显的成效。

4－3－2　数字图书馆（满分3分，自评得分2分）

共资助数字图书馆13个。开发优质教学资源共享系统和数字化图书馆建设，逐步形成文献信息资源的合理布局和共建、共知、共享的运行机制。

4－4　实验实训实习基地建设（满分6分，自评得分5分）

4－4－1　省级示范实验实训中心（满分3分，自评得分3分）

共资助省级示范实训中心224个。建成一批达到国内先进水平的实习实训中心，成为培养应用型、创新型人才的基地，成为知识创新和推动科研成果向现实生产力转化的中心，辐射、带动全省高校进一步提升综合实力、办学活力和服务能力，实现高等教育强省建设的阶段性目标（3分）

4－4－2　省级校企合作实践教育基地（满分3分，自评得分2分）

共资助校企合作实践教育基地101个。通过建设实践教育基地，深化教育教学改革，推动了教学与科研紧密结合、学校与社会密切合作，提高大学生解决实际问题的实践能力和创新创业能力。

4－5　人才培养模式实验区建设（满分6分，自评得分6分）

4－5－1　教学改革研究（满分2分，自评得分2分）

共资助教学研究项目900个。各项目根据建设任务书确定的研究内容和研究方向，重点在人才培养模式改革、课程建设及教学内容与方法改革、实验教学等方面开展了深入的研究。产生了一批有一定深度和推广价值教学研究论文、教学课件、调研报告、人才培养方案、教学大纲、讲义、习题库与试题库等成果。

4－5－2　教学成果奖（满分2分，自评得分2分）

共资助教学成果奖483个，质量工程管理经费2个。

4－5－3　人才培养模式创新实验区（满分2分，自评得分2分）

组建教育集团或教育联盟，进行办学体制、管理体制和人才培养模式综合改革实验。

中科大、安徽大学等高校发起成立“安徽省高等学校教师教学发展联盟”。铜陵学院等省内14所新升本科组成安徽省应用型本科高校联盟，一些高职院校联合发起成立商业、农业等职业教育集团，实现教学，师资，硬件资源共享。

4-6　教学评估与教学质量监控体系建设（满分5分，自评得分5分）

高校以高等教学基本状态数据填报工作为基础建立教学基本状态动态数据库，开展评估技术和方法研究，制定评估质量标准实施综合或专项的教学评估，建立了针对教学全过程和全方位的质量监控体系。

4-7　满意情况（满分5分，自评得分5分）

4-7-1　社会评价较好（满分2分，自评得分2分）

质量工程实施以来，全省分层分类的高校重点建设体系日臻完善，师资队伍建设成效显著。300多项国家级、6000多项省级、3万多项校级质量工程项目付诸实施。安徽在全国率先发布高等教育质量报告，中央领导多次批示推广安徽改革经验，教育部专门组织中央主流媒体赴皖调研宣传，安徽高等教育在全国的话语权、竞争力显著提升。

4-7-2　教师满意度（满分3分，自评得分3分）

省教育厅及高校在教学质量与教学改革工程方面的激励政策得到了广大教师的支持和响应，教师投身教育教学改革的热情也与日俱增。

（三）评价发现的问题

1. 存在重立项轻建设的现象。少数项目单位存在着重视项目立项、轻视项目建设过程的现象，没能履行项目建设与管理相关工作职责，督促检查工作还没有到位。特别是少数二级教学单位领导重视程度不够，没有质量工程项目建设的配套经费，质量工程项目建设质量有待进一步提高。

2. 项目建设的研究与思考不足，建设实质认识不清。有些项目建设周期较长，立项之初质量工程建设方案前瞻性不够，且未随着学校改革和建设发展做出相应的调整。一些高校未能结合学校办学定位统筹规划质量工程建设，影响了质量工程建设的质量和水平。一些项目负责人对项目本身的认识和理解尚不透彻，对如何全面科学的组织建设、如何建、建哪些内容等不是非常清楚，建设的思路和理念还不够清晰科学，创新性和新颖性不足，建设的动力特别是外向开拓动力不足，项目建设与校外企业间的联系程度还不够紧密，依托或联合社会资源共同开展项目建设的氛围尚未真正形成。

3. 部分项目进展较慢，经费预算及使用欠合理。有些项目前期统筹规划未能到位，后续进展进程较慢，项目建设缺乏前后连贯性，经费也未能得到合理使用，有些项目经费还有一定滞留，也有少数项目经费使用较多却未能取得实质性进展。

4. 项目建设的效用还未完全发挥。一些建设项目被列为省级立项项目后，项目过程管理的措施还未跟上，项目建设水平有待进一步提高，未形成一批标志性成果，项目本身应有的辐射、带动和示范作用没有得到充分发挥。项目成果转化还存在不少障碍。项目研究成果形式还显单一，注重研究论文，对专利、产品等直接应用成果注重的不够；与企业或行业联系不紧密，应用型研究成果转化方面做的不够等问题。

5. 教学资源的重复建设有待进一步研究。自评中也发现，各类项目尤其是集体类项目都或多或少存在一定的实体如实验室、实训场所、仪器设备等建设和购置，目前，这些实体还处于一种零散状态，归属于某一项目和某个院系，但有的实体可作为全校共享教学资源使用，对此，如何进行资源有效整合且不与各项目建设本身相冲突，同时又能最大限度减少经费支出、提高经费使用绩效，这些问题有待进一步研究解决。

6. 预算安排有待培训。在自查过程中发现部分项目预算安排有待进一步完善，缺乏合理安排经费的经验，少数项目经费使用和预算的一致性不够，工作开展了，经费使用滞后。一些项目自评报告中财政拨款到位数填列不准，项目计划安排数与资金到位数、实际支出数不一致，计划支出数与资金到位数、实际支出数不一致，考评报告填写经济科目不规范、不正确，有些项目资金支出部分不符合规定。

（四）相关意见与建议

1. 注重顶层设计，实施分类指导。加强建设项目的科学性和前瞻性研究，坚持项目建设统筹规划，合理设置，实施分类指导，分层管理。引导项目建设合理定位，形成自己的特色和优势，增强人才培养适应社会需要能力。制定科学、合理的项目评价标准和考核要求，建立合理机制促进项目成果推广和转化，通过项目实施，真正发挥“质量工程”的示范、辐射和引领作用，将学校领导和广大教师的注意力、精力引导到教育教学改革中来，从而使项目建设起到真正的实质性促进作用。

2. 加强教学资源共享和统筹管理。建设高校数字化资源中心和数字化学习中心，推进各类教学资源及其管理的网络化、开放化；整合网上课程及其他教学资源，研究开发现代远程教育管理系统；推进省内高校课程互选、学分互认机制，建立健全高校优质教育教学资源共享体系；建设国家、省级教育教学统筹管理平台，改进教育教学管理方式方法，提升管理效率。同时，进一步完善质量工程网站建设，提高网站的信息化水平，增强网站在成果展示、专家库遴选、项目申报评审、检查验收等方面的积极作用，有效弥补现有管理的盲点，进一步提高管理水平和效益。

3. 加强质量监控、注重过程管理。目前，质量工程项目虽有宏观的省厅建设指导意见，但具体建设成效尚无明确的评价标准与衡量标尺。为此，应进一步加强研究，组织制定对应各项目的建设质量标准和评价指标体系，同时，要强化项目的过程管理，组织好各类项目的选题与立项、实施过程、结题与验收和成果申报等工作，保证各级各类项目的顺利进行和圆满完成，不断提高学院的教科研水平。

4. 进一步加强评建结合，完善经费资助滚动管理机制。在合理有限的范围内给予教师一定的经费使用灵活性，提高教师项目建设的积极性。同时，建立科学明晰的经费资助滚动机制，将项目建设、检查评估与绩效紧密挂钩，进一步完善激励奖惩，引导教师多出成果，多出优质成果。进一步加强项目建设检查力度，通过定期组织开展质量工程建设检查，确保项目建设按照要求开展，保证建设目标的顺利实现。

5. 建立和完善项目资金财务管理制度，加强支出预算管理与审核，规范项目支出经济责任制，加强项目申报与财务预算安排与执行密切沟通与联系，加强校内项目考评力度，指导项目负责人规范资金支出内容。

6. 扩大项目建设成果的宣传，使建设成果更有效的服务于本校其他专业或本地区主导产业，支撑区域经济发展。

（五）相关附件

1. 绩效考评办法、依据。

2. 绩效考评指标、评分标准、分值和结果。

3. 考评机构认为需要作为考评报告附件的有关文件、资料等，以进一步解释和证明报告所反映的相关内容。

四、评价人员

姓名	职称/职务	单 位	签 字
汪开寿	主任、研究员	安徽省教育评估中心	
林禄明	副主任、高级经济师	省教育厅评估中心	
徐光武	高级经济师	省教育厅评估中心	

评价组组长（签字）：

2014 年 3 月 12 日

自评单位负责人或评价机构负责人
（签字并盖单位章）：

2014 年 3 月 12 日

撰稿人：林禄明

中小学校舍维修改造经费绩效自评汇总报告

根据《安徽省财政厅关于开展2013年省级财政支出项目绩效自评工作的通知》（财监〔2013〕783号）要求，我厅组织相关领域专家研制了中小学校舍维修改造专项经费绩效考评指标体系，制定了绩效考评实施方案，印发了《安徽省教育厅关于做好中小学校舍维修改造专项经费绩效自评工作的通知》（皖教秘财〔2014〕25号），组织各地市开展中小学校舍维修改造专项经费绩效自评工作，并对各地市报送的自评情况进行了核查。根据自评情况和核查情况，汇总形成了中小学校舍维修改造专项经费绩效自评报告。

一、项目基本概况

（一）项目立项

1. 年度目标。根据2013年初报送的部门预算财政支出绩效目标申报表，全省2013年中小学校舍维修专项经费预算安排省级资金51100万元，年度目标为维修改造农村中小学校舍面积32.6万平方米，安排资金31100万元；另20000万元计划归还农村中小学危房改造国家开发银行贷款。

2. 资金分配下达与投资计划安排情况。经省教育厅与省财政厅会商，2013年全省农村中小学校舍维修改造省级专项资金51100万元按农村义务教育在校学生数和校舍面积两因素分配资金，各占总额的50%。其中：为加大对皖北三市七县教育的支持力度，在资金分配中予以适度倾斜，将皖北三市七县农村义务教育在校学生基数提高20%纳入因素分配。

2013年3月底，省财政厅、省教育厅以财教〔2013〕368号将专项资金下达各地，其中用于归还开行贷款15872万元，用于校舍维修改造35228万元。

根据财教〔2013〕368号文件要求，各地于5月底向省教育厅报送了2013年农村中小学校舍维修改造省级专项资金投资计划表。经审核，全省安排投资计划项目学校数1008所，涉及单体项目数1019个，计划投入资金51459万元，其中：省级专项资金51100万元，县级专项资金183万元，其他资金176万元。

按计划资金投向，用于校舍日常维修4220万元，大修改造4368万元，抗震加固1201万元，重建新建25567万元，归还危房改造开行贷款15872万元，归还危房改造财政间隙资金231万元。

按计划建设规模，全省维修改造校舍面积53.7万平方米，其中：维修加固改造29万平方米，重建新建 24.7 万平方米；按校舍用途，建设教学及辅助用房 42 万平方米，学生宿舍 1.3 万平方米，学生食堂 1.1 万平方米，其他（围墙、大门、厕所）9.3 万平方米。

（二）项目执行

1. 项目进展情况。截至 2013 年 12 月底，全省已开工项目数 1006 个，开工率 99%，开工面积 52 万平米；已完工项目数 885 个，完工率 87%，完工面积 40.5 万平方米，占年度目标任务的 124%；项目完成投资 40110 万元（其中归还危房改造开行贷款 15872 万元，归还危房改造财政间隙资金 231 万元，校舍维修改造 24007 万元），项目投资完成率 78%。

2. 制度建设情况。为加强农村中小学校舍维修改造项目管理，省教育厅和省财政厅 2007 年就出台了《关于加强农村中小学校舍维修改造项目管理的指导意见》和《安徽省农村中小学校舍维修改造专项资金管理暂行办法》。多年来，我省在校舍维修改造项目管理中，坚持实行以县为主“五统一”的项目管理模式（即统一规划、立项，统一勘探、设计，统一招标、监理，统一资金管理，统一验收和决算审计），所有项目落实“四制”（即法人责任制、招投标制、工程监理制和合同管理制）。

为规范和加强中小学校舍管理养护工作，2013 年 9 月，省教育厅印发了《安徽省中小学校舍管理养护暂行办法》（皖教办〔2013〕23 号），办法明确规定了管养体制、管养范围、管养职责、管养措施和程序、管养资金和监督与惩处。11 月份，国务院办公厅转发了教育部等 12 部门《关于建立中小学校舍安全保障长效机制的意见》（国办发〔2013〕103 号），省教育厅等部门立即抓紧制定全省的实施方案，2014 年 2 月，省政府办公厅印发了《安徽省人民政府办公厅转发省教育厅等部门关于建立中小学校舍安全保障长效机制实施意见的通知》（皖政办〔2014〕7 号）。

除了上述规范性文件和制度，在日常项目管理中，省教育厅还建立了季报制度、调度制度和督查制度等，如“三人小组”不定期对全省项目实施情况进行明察暗访，及时掌握项目动态，确保工程进度和质量。

二、项目绩效及考评结论

根据《安徽省财政厅关于开展 2013 年省级财政支出项目绩效自评工作的通知》（财监〔2013〕783 号）要求，省教育厅及时组织全省 16 个市和 2 个省直管县对照《安徽省中小学校舍维修改造专项经费绩效评价指标体系》，认真开展了项目绩效自评工作。省教育厅组织专家对各市县材料进行了审核并验证，自评综合得分 96 分，自评等次为优秀。

与年初制定的年度目标相比，2013 年全省实际超额完成农村中小学校舍维修改造面积 7.9 万平方米。通过实施校舍维修改造项目，极大地改善了全省中小学尤其是农村义务教育阶段的办学条件，为校舍安全建立了长效机制；同时，项目建设也推进了全省义务教育均衡发展的进度，极大提高了社会对教育的满意度。据调查，各地群众的满意度均在 90%以上。

从督查评估情况看，各地工程质量能达到国家《建筑工程质量管理条例》的规定要求，抗震设防按照国家《建筑工程抗震设防分类标准》（GB50023－2008）、《建筑抗震设计规范》2008 年版（GB50011－2001），符合当地设防标准，并验收合格。

三、考评发现的问题

1. 工程项目在立项、勘察、设计、招标等前期准备工作时间相对较长，在一定程度上影响了工程的实施进度，导致部分项目在2013年底尚未完工。

2. 由于校舍维修改造工程项目大多数工程量小，资金少，工程大多为工程审计后拨款，而各地竣工审计工作滞后，导致项目投资完成率稍低。

四、相关意见与建议

一是项目主管部门进一步加强督促指导，对所有尚未完工的项目，在保证工程质量的前提下，倒排工期，加快进度。根据项目绩效评价要求，需要整改完善的，采取得力措施，限期整改到位。如对项目进度严重滞后的阜阳市应实施专项督查。

二是各地教育主管部门要积极协调审计部门，组织力量加快对已完工项目的竣工审计。

三是严格执行国务院和省政府关于建立中小学校舍安全保障机制长效机制的实施意见，在今后中小学校舍维修改造项目管理工作中，真正建立校舍安全年检制度、完善校舍安全隐患排除机制、严格校舍安全项目管理制度、完善项目安全预警机制、建立校舍安全信息通报公告制度、健全校舍安全责任追究制度。

附件：

安徽省预算支出项目绩效考评报告

项目名称：中小学校舍维修改造

项目单位：各地市教育局

主管部门：安徽省教育厅

考评类型　事前考评□　　事中考评☑　　事后考评□

考评方式：部门（单位）绩效自评☑　财政部门组织考评□

考评机构：中介机构□　部门（单位）考评组☑　财政考评组□

安徽省财政厅（制）

2014 年 3 月 14 日

一、项目基本概况

项目负责人		联系电话		
地　　址			邮编	
项目起止时间				
计划安排资金（万元）		实际到位资金（万元）		
其中：中央财政		其中：中央财政		
省财政		省财政		
市县财政		市县财政		
其他		其他		
实际支出（万元）				

二、项目支出明细情况

支出内容（经济科目）	计划支出数	实际支出数
国内债务还本		
大型修缮		
支出合计		

三、项目考评情况

（一）项目基本情况

1. 项目立项

(1) 年度目标

根据2013年初报送的部门预算财政支出绩效目标申报表，全省2013年中小学校舍维修专项经费预算安排省级资金51100万元，年度目标为维修改造农村中小学校舍面积32.6万平方米，安排资金31100万元；另20000万元计划归还农村中小学危房改造国家开发银行贷款。

(2) 资金分配下达与投资计划安排情况

经省教育厅与省财政厅会商，2013年全省农村中小学校舍维修改造省级专项资金51100万元按农村义务教育在校学生数和校舍面积两因素分配资金，各占总额的50%。其中：为加大对皖北三市七县教育的支持力度，在资金分配中予以适度倾斜，将皖北三市七县农村义务教育在校学生基数提高20%纳入因素分配。

3月底，省财政厅省教育厅以财教〔2013〕368号通知将专项资金下达各地，其中用于归还开行贷款15872万元，用于校舍维修改造35228万元。

根据通知要求，各地于5月底向省教育厅报送了2013年农村中小学校舍维修改造省级专项资金投资计划表。经审核，全省安排投资计划项目学校数1008所，涉及单体项目数1019个，计划投入资金51459万元，其中：省级专项资金51100万元，县级专项资金183万元，其他资金176万元。

按计划资金投向，用于校舍日常维修4220万元，大修改造4368万元，抗震加固1201万元，重建新建25567万元，归还危房改造开行贷款15872万元，归还危房改造财政间隙资金231万元。

按计划建设规模，全省维修改造校舍面积53.7万平方米，其中：维修加固改造29万平方米，重建新建24.7万平方米；按校舍用途，建设教学及辅助用房42万平方米，学生宿舍1.3万平方米，学生食堂1.1万平方米，其他（围墙、大门、厕所）9.3万平方米。

2.项目执行

（1）项目进展情况

截至2013年12月底，全省已开工项目数1006个，开工率99%，开工面积52万平米；已完工项目数885个，完工率87%，完工面积40.5万平方米，占年度目标任务的124%；项目完成投资40110万元（其中归还危房改造开行贷款15872万元，归还危房改造财政间隙资金231万元，用于校舍维修改造24007万元），项目投资完成率78%。

（2）制度建设情况

项目实施，制度先行。为加强农村中小学校舍维修改造项目管理，省教育厅和省财政厅2007年就出台了《关于加强农村中小学校舍维修改造项目管理的指导意见》和《安徽省农村中小学校舍维修改造专项资金管理暂行办法》。多年来，我省在校舍维修改造项目管理中，坚持实行以县为主“五统一”的项目管理模式（即统一规划、立项，统一勘探、设计，统一招标、监理，统一资金管理，统一验收和决算审计），所有项目落实“四制”（即法人责任制、招投标制、工程监理制和合同管理制）。

为规范和加强中小学校舍管理养护工作，2013年9月，省教育厅印发了《安徽省中小学校舍管理养护暂行办法》（皖教办〔2013〕23号），办法明确规定了管养体制、管养范围、管养职责、管养措施和程序、管养资金和监督与惩处。11月份，国务院办公厅转发了教育部等12部门《关于建立中小学校舍安全保障长效机制的意见》（国办发〔2013〕103号），省教育厅等部门立即抓紧制定全省的实施方案，2014年2月，省政府办公厅印发了《安徽省人民政府办公厅转发省教育厅等部门关于建立中小学校舍安全保障长效机制实施意见的通知》（皖政办〔2014〕7号）。

除了上述规范性文件和制度，在日常项目管理中，省教育厅还建立了季报制度、调度制度和督查制度等，如“三人小组”不定期对全省项目实施情况进行明察暗访，及时掌握项目动态，确保工程进度和质量。

（二）综合考评意见

根据《安徽省财政厅关于开展2013年省级财政支出项目绩效自评工作的通知》（财监〔2013〕783号）要求，省教育厅及时组织全省16个市和2个省直管县对照《安徽省中小学校舍维修改造专项经费绩效评价指标体系》，认真开展了项目绩效自评工作。省教育厅组织专家对各市县材料进行了审核并验证，自评综合得分 96 分，自评等次为优秀。分项一级指标得分见下表：

绩效考评得分表

投入指标得分	过程指标得分	产出指标得分	效果指标得分	项目总得分
20	35	21	20	96

分指标评价分析

1 投入（满分 20 分，自评得分 20 分）

1-1 项目立项（满分 15 分，自评得分 15 分）

1-1-1 项目立项规范性（满分 5 分，自评得分 5 分）。各地能严格执行省教育厅、省财政厅《关于加强农村中小学校舍维修改造项目管理的指导意见》（教助〔2007〕1 号）和省财政厅、省教育厅《关于下达 2013 年农村义务教育阶段学校校舍维修改造长效机制省级补助资金（指标）的通知》（财教〔2013〕368 号）精神，规范完成项目申报立项。

1-1-2 项目目标合理性（满分 6 分，自评得分 6 分）。全省在 2007—2008 年有农村中小学危房改造国家开发银行贷款本金未还清的县区共 43 个，能将分配下达的专项资金及时按协议归还开发银行贷款本金，没有支付贷款利息情况；其他无农村中小学危房改造国家开发银行贷款的县区，以及国家开发银行贷款本金还清后有结余专项资金的县区，都将下达资金专项安排用于农村中小学校舍维修改造，项目细化到具体学校，没有偿还其他债务情况。

1-1-3 项目指标明确性（满分 4 分，自评得分 4 分）。各地能将专项资金全部用于农村义务教育阶段学校校舍及其附属设施的日常维修、大修改造和抗震加固等方面，并优先安排布局调整保留的教学点。

1-2 资金落实（满分 5 分，自评得分 5 分）

1-2-1 资金到位率（满分 3 分，自评得分 3 分）。省财教〔2013〕368 号文件下达后，全省实际到位资金 51459 万元（其中，省级资金 51100 万元，市县资金 183 万元，其他资金 176 万元），实际到位资金占计划投入资金的比率为 100%。

1-2-2 到位及时率（满分 2 分，自评得分 2 分）。各项目县区严格按照省、市、县资金管理办法，按照工程进度，分阶段拨付工程款，做到资金拨付与工程进度同步。

2 过程（满分 35 分，自评得分 35 分）

2-1 业务管理（满分 20 分，自评得分 20 分）

2-1-1 管理制度健全性（满分 6 分，自评得分 6 分）。省、市、县均制定了完善的校舍维修改造项目管理制度，坚持以县为主的“五统一”管理模式，即统一规划、立项，统一勘探、设计，统一招标、监理，统一资金管理，统一验收和决算审计；工程项目实行“四制”，即法人责任制、招投标制、工程监理制和合同管理制；落实项目报告制度、通报制度、调度制度、督查制度和责任追究制度等工作机制。

2-1-2 制度执行有效性（满分 4 分，自评得分 4 分）。各地在项目具体实施中，从立项、设计、招标、合同签订等，都严格遵守相关法律法规和业务管理规定，项目建设内容真实合法，实际实施项目与投资计划保持一致。各地按照《全国中小学校舍安全工程档案管理办法（试行）》要求，专门建立档案室，派专人负责工程档案管理。如宿州市按照工程准备阶段文件、监理文件、施工文件、竣工验收文件、竣工图和声像文件细化分类，规范建档。

2-1-3 项目质量可控性（满分10分，自评得分10分）。各项目县区借鉴中小学校舍安全工程的成功经验，严格执行基本建设程序，委托具有相应资质的设计单位，严格按照《农村普通中小学建设标准》（建标109—2008）、《建筑工程质量管理条例》、《建筑工程抗震设防分类标准》（GB50023—2008）、《建筑抗震设计规范》2008年版（GB50011—2001）等规范要求，进行施工图设计。同时，加强工程质量检查，严格验收管理，确保符合当地设防标准和综合防灾要求。如亳州市在项目工程实施过程中，采取“人员包保到位、质量监管到位”工作措施，确保工程顺畅实施。

2-2 财务管理（满分15分，自评得分15分）

2-2-1 管理制度健全性（满分4分，自评得分4分）。我省早在2007年就制定了《安徽省农村中小学校舍维修改造专项资金管理暂行办法》（财教〔2007〕197号），各地结合地方实际均制定了相应的资金管理办法。

2-2-2 资金使用合规性（满分5分，自评得分5分）。各地项目投资计划的编制，严格按照省统一部署，由县区摸底排查，按照轻重缓急的原则，由各级财政和教育部门联合盖章逐级审核备案，在省教育厅审核备案后，再具体实施。资金使用分账核算、专款专用。工程款拨付实行报账制，由施工单位按照进度及时填写工程资金拨款申请书，经项目学校、监理单位、质检单位签字盖章、教育局审核、财政局复核，最后由财政局直接将工程款拨至企业账户。暂未发现存在截留、挤占、挪用等情况。

2-2-3 财务监控有效性（满分6分，自评得分6分）。专项资金实行项目公示、工程预算和竣工决算审计制度，建立责任追究制度，严格控制支出，切实提高投资效益。各地投资计划确定后，通过网站、公开栏等形式及时向社会公示，资金拨付实行教育、财政两家“双审核”制度，对项目实施进行全程跟踪检查、定期和不定期检查以及绩效评价。同时，建立经费管理责任追究制度，有的地方还层层签订责任书，杜绝违规违纪行为。

3 产出（满分25分，自评得分21分）

3-1 项目产出（满分25分，自评得分21分）

3-1-1 实际完成率（满分10分，自评得分8分）。根据省级日常抽查情况，绝大多数项目单位招投标实际维修改造校舍面积和投资额与投资计划相比，基本保持一致。个别地方如阜阳市工程进度滞后影响全省实际完成率，扣2分。

3-1-2 完成及时率（满分6分，自评得分4分）。截至2013年9月底，全省项目开工率86%，按指标体系扣1分；12月底竣工率为87%，按指标体系扣1分。

3-1-3 质量达标率（满分6分，自评得分6分）。各地项目工程质量能达到国家规定要求并验收合格。

3-1-4 成本节约率（满分3分，自评得分3分）。各地能严格按照基本建设程序进行管理，实行工程预决算制度，严格控制项目建设成本。如六安市严格程序，实行预决算制度，控制建设成本。工程验收采取分步进行，实行先预验收，预验收过后，才组织相关人员正式验收，前一步验收不合格，下一步程序不启动，项目工程质量达到国家规定要求并验收合格，项目决算资金和预算资金基本一致。

4　效果（满分 20 分，自评得分 20 分）

4－1　项目效益（满分 20 分，自评得分 20 分）

4－1－1　社会经济效益（满分 10 分，自评得分 10 分）。全省农村中小学校舍维修改造专项资金，按照均衡发展九年义务教育的要求，统筹规划，突出重点，因地制宜，循序渐进，加强科学化精细化管理，着力提高资金使用绩效，坚持从困难地方做起，从薄弱环节入手，立足改善薄弱学校基本办学条件，深入推进义务教育学校标准化建设，严禁资金向少数优质学校集中。同时，坚持勤俭办学，满足基本需要的原则，满足教育教学和生活的基本需要，杜绝超标准建设校舍，整体提升义务教育发展水平。项目资金专项用于农村（含县镇）义务教育阶段公办中小学的教学及教学辅助用房、生活服务用房等校舍的维修改造，其中布局保留的教学点优先安排。如广德县通过实施中小学校舍维修改造工程，使一些项目学校焕然一新，缓解了校舍不足的局面，学生搬进了宽敞明亮、安全舒适的新校舍。项目实施后，增加学位 800 个，增加寄宿生 150 人。学校硬件设施的改善，为实施素质教育、推进教育均衡发展、提高教育教学质量创造了有利条件，使之成为让人民群众满意的惠民工程。

4－1－2　社会公众或服务对象满意度（满分 10 分，自评得分 10 分）。我省将校舍维修改造长效机制纳入教育民生工程义务教育保障机制改革的一个重要方面，加大宣传力度，加强项目管理，得到了人民群众拥护和支持，经调查群众的知晓度和满意度均达到 90％以上。

（三）考评发现的问题

1. 工程项目在立项、勘察、设计、招标等前期准备工作时间相对较长，在一定程度上影响了工程的实施进度，导致部分项目在 2013 年底尚未完工。

2. 由于校舍维修改造工程项目大多数单体项目工程量小，资金少，且在工程审计后拨款，而各地竣工审计工作滞后，导致项目投资完成率稍低。

（四）相关意见与建议

一是进一步加强督促指导，对所有尚未完工的项目，在保证工程质量的前提下，倒排工期，加快进度。根据项目绩效评价要求，需要整改完善的，采取得力措施，限期整改到位。如对项目进度严重滞后的阜阳市应实施专项督查。

二是各地教育主管部门要积极协调审计部门，组织力量加快对已完工项目的竣工审计。

三是严格执行国务院和省政府关于建立中小学校舍安全保障机制长效机制的实施意见，在今后中小学校舍维修改造项目管理工作中，真正建立校舍安全年检制度、完善校舍安全隐患排除机制、严格校舍安全项目管理制度、完善项目安全预警机制、建立校舍安全信息通报公告制度、健全校舍安全责任追究制度。

四、考评人员

姓名	职称/职务	单　位	签　字
武庆鸿	副主任	安徽省教育评估中心	
周红	副科长	宁国市教育局财务科	
李品华	副处级督导专员	利辛县教育局督导室	

评价组组长（签字）：

年　　月　　日

自评单位负责人或评价机构负责人
（签字并盖单位章）：

年　　月　　日

撰稿人：武庆鸿　叶光权　李品华